Os Símbolos do Centro

Coleção Estudos
Dirigida por J. Guinsburg

Equipe de realização – Edição de texto: Marcio Honorio de Godoy; Revisão de provas: Luiz Henrique Soares; Sobrecapa: Sergio Kon; Produção: Ricardo Neves e Raquel Fernandes Abranches.

Raïssa Cavalcanti

OS SÍMBOLOS DO CENTRO
IMAGENS DO *SELF*

 PERSPECTIVA

Dados Internacionais de Catalogação na Publicação (CIP)
(Câmara Brasileira do Livro, SP, Brasil)

Cavalcanti, Raïssa
    Os símbolos do centro: imagens do self / Raïssa
Cavalcanti. – São Paulo: Perspectiva, 2008. – (Estudos; 251 /
dirigido por J. Guinsburg)

    ISBN 978-85-273-0823-6

    1. Espiritualidade 2. Evolução humana 3. Psicologia
junguiana 4. Psicologia sagrada 5. Psicologia transpessoal
6. Psicoterapia 7. Signos e símbolos 8. Self (Psicologia) I.
Guinsburg, J. II. Título. III. Série.

08-04989   CDD-150.1
                Índices para catálogo sistemático:

        1. Imagens do Self: Psicologia   150.1

Direitos reservados à
EDITORA PERSPECTIVA S.A.

Av. Brigadeiro Luís Antônio, 3025
01401-000 São Paulo SP Brasil
Telefax: (011) 3885-8388
www.editoraperspectiva.com.br

2008

Sumário

INTRODUÇÃO XI

1. A IMPORTÂNCIA DOS SÍMBOLOS SAGRADOS 1

2. SÍMBOLOS DO CENTRO: O PONTO, O CÍRCULO,
   O QUADRADO 13

   O Ponto 15

   O Círculo 17

   O Quadrado: A Quadratura do Círculo 21

3. A CRUZ: SÍMBOLO DA MANIFESTAÇÃO ESPAÇO-TEMPORAL 31

4. O TEMPLO: A IMAGEM DO COSMO 45

   Os Templos Cristãos: As Catedrais e as Igrejas 54

5. O MANDALA: CENTRO DIVINO DE CONVERGÊNCIA 59

6. A MONTANHA: O EIXO DO MUNDO 73

7. O PARAÍSO: IMAGEM DA PLENITUDE..85

   O Mito de Shambhala...93

8. A ÁRVORE CÓSMICA 101

9. A FONTE: O CENTRO DOS CENTROS 113

10. O LABIRINTO: CAMINHO INICIÁTICO PARA O CENTRO 127

11. O CORAÇÃO: O CENTRO REAL DO SER...................................139

12. O SANTO GRAAL: A JORNADA PARA A PERFEIÇÃO.................153

13. O SOL: O SÍMBOLO LUMINOSO DO CENTRO 165

    O Sol na Antiguidade 167

    O Sol na Idade Média..171

14. AS DANÇAS SAGRADAS: A COMUNICAÇÃO
    COM O CENTRO..175

    A Dança de Jesus...180

    A Dança dos Dervixes Rodopiantes......................................183

    A Dança Sagrada dos Hexagramas..187

15. O CENTRO ENERGÉTICO NO CORPO HUMANO 189

    O *Hara* na Tradição Japonesa 192

    O *Hara* na Terapia Iniciática de Karlfried Dürckheim.........194

PÓSFÁCIO 199

Dedico este trabalho a todas as pessoas que me inspiraram, que me demonstraram o seu amor, a sua fé, a sua entrega. Sou imensamente grata a todas as pessoas que junto comigo criam um espaço onde as nossas almas podem se manifestar, permitindo o seu reconhecimento e o desenvolvimento de sua função no mundo.

Se as portas da percepção fossem desobstruídas, cada coisa pareceria ao homem como é, infinita. O homem se mantém enclausurado, pois enxerga todas as coisas através das estreitas fendas em sua caverna.

The Marriage of Heaven and Hell
WILLIAM BLAKE

Introdução

A visão que privilegia o desenvolvimento material em detrimento do espiritual comprometeu o desenvolvimento integral do homem e foi determinante na criação de um tipo de comportamento predatório em relação à natureza e que se estendeu para outros setores da vida, permeando, inclusive, as relações humanas, criando um mundo violento e desumano.

A ciência, no último século, vem corrigindo a exacerbação da consciência mecanicista-dualista que dissocia o aspecto material do espiritual e fragmenta todo o conhecimento. A física quântica teve uma importância fundamental na transformação da visão mecanicista e na construção de um novo pensamento, não dualista e não racionalista, que vê o universo unido em uma totalidade inter-relacionada e significativa. Esse novo modelo conceitual concebe a natureza como um sistema de energias organizado no espaço-tempo formando um todo unificado e inter-relacionado.

Ao propor o novo modo de conceber a realidade como uma totalidade integrada, da qual o homem faz parte, a nova física mostrou a interdependência do ser humano com a natureza, com todas as formas de vida, com o cosmo e a sua responsabilidade com o seu destino e com o destino do planeta. A concepção holística assume, atualmente, importância fundamental na restauração da unidade e da integração de todo o saber, ao mostrar a relação entre o conhecimento da natureza, objeto das ciências exatas, com o conhecimento do homem, objeto das ciências humanas e das ciências espirituais antigas. A visão da totalidade integrada da vida, que inclui o aspecto espiritual, foi determinante na criação de um novo paradigma na ciência.

Ao reinvestir o mundo de seu aspecto sagrado, essa nova forma de conceber a realidade uniu o antigo conhecimento ao novo e confirmou muitas das verdades contidas na sabedoria das antigas tradições, retomando, assim, o universo de valores espirituais que essas continham. A esse respeito, o físico Fred Alan Wolf comenta: "Armados com o antigo conhecimento e com a visão moderna que provém da física moderna, em particular da física quântica, nós podemos redescobrir o que os antigos podem ter conhecido. Tudo o que precisamos são algumas concepções básicas – uma nova maneira de ver o antigo caminho"[1].

Neste último século, a psicologia, ao adotar a visão da totalidade integrada da realidade, deu um grande salto e realizou um avanço no que se refere à ampliação da concepção de homem e das possibilidades de desenvolvimento da consciência. Jung logo percebeu a importância das idéias que surgiram da física quântica e o conhecimento contido nas antigas tradições de sabedoria.

Jung mostrou que a ciência se aproximava, cada vez mais, de uma idéia unitária do ser, caracterizada por espaço e tempo, de um lado, e por causalidade e sincronicidade de um outro. Segundo Jung:

> O conflito surgido entre ciência e religião, no fundo não passa de um mal entendido entre as duas. O materialismo científico introduziu apenas uma nova hipótese, e isto constitui um pecado intelectual. Ele deu um novo nome ao princípio supremo da realidade, pensando, com isso, haver criado algo de novo e destruído algo antigo. Designar o princípio do ser como Deus, matéria, energia, ou o que quer que seja, nada cria de novo. Troca-se apenas de símbolo. O materialista é um metafísico, *malgré-lui*[2].

Ao reconhecer as representações simbólicas que estão na base das diversas formas de religião e da arte como conteúdos arquetípicos da alma humana e ver nas antigas tradições um valioso conhecimento que contém um caminho psicológico de crescimento interior, Jung contribuiu para a unir a psicologia à arte e à espiritualidade. Dessa forma, ele ajudou a fazer a integração entre as várias áreas do saber, concebendo um novo modelo de desenvolvimento humano mais integral, que inclui o aspecto espiritual e que chamou de processo de individuação.

Segundo esse modelo, o pleno desenvolvimento do homem deve incluir a realização criativa do potencial humano no mundo e a promoção da dimensão espiritual da psique, levando à progressiva aproximação do homem com o divino. A concepção junguiana de desenvolvimento busca o equilíbrio entre o mundo interno e o mundo

---

1. Fred Alan Wolf, *A Conexão entre Mente e Matéria*, São Paulo: Cultrix, 2003, p. 13.
2. Carl Gustav Jung, *Psicologia e Religião Oriental*, Petrópolis: Vozes, 1980, p. 3.

INTRODUÇÃO   XIII

externo, entre o imanente e o transcendente, o material e o espiritual. Os objetivos terapêuticos são, então, ampliados para o alcance do estado de Totalidade, que pressupõe a consciência da realidade da alma e do Self e a sua realização no mundo.

Atualmente as psicoterapias de abordagem holística, (junguiana e transpessoal) têm focalizado os seus objetivos terapêuticos no resgate da dimensão anímica e espiritual da consciência. A busca da alma é compreendida como a finalidade do verdadeiro autoconhecimento, dessa forma, o indivíduo pode ampliar a sua identidade e reconhecer o Espírito presente em si. A alma é a centelha de Deus de forma individualizada e o reconhecimento dessa realidade leva o indivíduo de volta para casa, para o Centro de si mesmo.

A religação com a alma, a autêntica individualidade, abre as portas para o Espírito e reorienta o processo de identificação com o ego e com seus valores para a alma, para os valores espirituais, para o Self. Nesta perspectiva, o processo terapêutico implica, naturalmente, no trabalho de reformulação de valores, na substituição de valores materiais, ligados ao ego, por valores humanos espirituais que acrescentam um significado profundo à existência, redimensionando a vida de forma diferente.

As abordagens que partilham dessa concepção de homem e de desenvolvimento se definem por possuir um caráter iniciático. Dessa forma, vêem buscando nas antigas tradições de sabedoria, além do valioso conhecimento psicológico e espiritual facilitador do desenvolvimento, o resgate de valores humanos espirituais, que norteiam a vida de forma mais harmoniosa. Trilhando esse caminho, descobriram que o uso de técnicas como a meditação, o relaxamento profundo, a visualização criativa e a visualização de símbolos arquetípicos, cria uma passagem para os estados superiores de consciência, para o substrato da alma e do Self, aumentando a percepção do indivíduo, sobre si mesmo e sobre a vida.

Os símbolos arquetípicos têm o poder de mobilizar a abertura para os estados superiores da consciência, para o numinoso, pois condensam os conteúdos espirituais da psique, funcionando como ampliadores da percepção comum e limitada do ego, para a consciência de Totalidade. É através dessa abertura ao numinoso, proporcionada pelos símbolos que penetram profundamente na alma, que o homem pode reconhecer em si a presença do Espírito. Segundo a tradição iniciática, os momentos numinosos revelam a verdadeira natureza do homem, a beleza presente em sua divindade interna esquecida e podem ser alcançados através da vivência simbólica.

Por meio dos símbolos sagrados criados pelo Self e mediados pela alma é construída a ponte entre a personalidade temporal e a eternidade de Deus. Então, o homem se religa ao Ser, se torna religioso. Segundo Jung: "o termo religião designa a atitude particular

XIV   OS SÍMBOLOS DO CENTRO

de uma consciência transformada pela experiência do numinoso"[3]. A vivência simbólica tem o poder de causar um impacto sobre a psique; ao revelar a beleza e a verdade última da vida, provoca a transformação da consciência e a reconexão com a alma e com o Self.

Neste livro, *Símbolos do Centro - Imagens do Self*, são consideradas as diversas representações simbólicas que se referem a um Centro numinoso, presentes nas mais distintas tradições culturais e espirituais. Esses símbolos transcendentes, representações do Self, são compreendidos como as várias formas através das quais Deus se revela ao homem, como Ele deseja ser visto. O contato com os símbolos do Centro, presentes na cultura e atuantes na psique, cria a oportunidade para que a consciência se abra para a percepção da totalidade do Self, como parte essencial do Ser.

As imagens arquetípicas do Centro, pelo seu caráter numinoso constituem importantes veículos simbólicos, através dos quais o homem pode ter acesso ao Self, ao Centro divino do Ser e se reconciliar com o Espírito. Este livro indica, portanto, um roteiro para a experiência interna dessas imagens referentes ao Centro, que podem ser vivenciadas como uma realidade espiritual interna a qual se pode ter acesso. Através da experiência simbólica intuitiva, que vai além do conhecimento teórico e racional, as imagens numinosas adormecidas no interior da psique são despertadas e, assim, é mobilizada a reconexão da alma com o Self e o alcance da percepção da Totalidade significativa.

A ampliação da consciência através de seus vários níveis, psíquico e espiritual, até o nível da Unificação se torna possível através do caminho simbólico e é determinante na superação do sentimento de alienação, separação e desamparo. Esses momentos numinosos podem operar uma grande transformação, pois religam o homem ao mistério do seu Ser, relembrando-o de sua origem e essência divina. "O símbolo é um estímulo capaz de transportar quem o recebe do plano fenomenológico e existencial para o plano do absoluto e eterno"[4].

A experiência simbólica sempre conduz para as dimensões superiores da consciência, para a essência da alma, para o Centro. Dessa forma, o homem pode corrigir o reducionismo ao qual foi submetido, que o descreveu como um ser puramente racional e material, preocupado apenas com a sua subsistência biológica, e então recuperar a sua inteireza, a sua beleza, a dimensão sagrada do seu Ser.

A vivência com os símbolos do Centro tem como finalidade principal refazer o vínculo com a alma e com o Self, recuperando o homem da queda, levando-o de volta para casa. A queda é a ilusão

---

3. C. G. Jung, *Psicologia e Religião*, Petrópolis: Vozes, 1978, p. 10.
4. Introdução de Jaime Cobreros e Júlio Peradejordi ao livro de Ananda K. Coomaraswamy, *El Tiro com Arco*, Barcelona: Ediciones Obelisco, 1991, p. 7.

da separação, é a permanência na consciência limitada do ego que determina a perda do contato com o fundamento essencial do Ser, e o afastamento do homem de Deus. A alienação do homem em relação a sua alma e ao fundamento sagrado do Self gera todo tipo de medo, de sentimento de inferioridade e de desamparo e, por sua vez, os mecanismos de defesa e de compensação contra esses sentimentos.

No entanto, tudo que é fruto da ignorância pode ser dissolvido pelo conhecimento real. O que leva à cura do medo, da divisão e da separação é o que conduz o indivíduo para além do enredamento com o ego, para a alma, para o limiar do Self, para o Centro, e, finalmente, para a transformação da consciência egóica profana em consciência sagrada de união com o divino.

Através das abordagens que enfatizam a dimensão espiritual da vida, a psicologia tem a importante função de oferecer uma visão de mundo e de homem mais completa que inclua o lado espiritual. E assim liderar a recuperação e a reconstrução de um universo de valores inspirado no código ético presente nos sistemas metafísicos das antigas tradições espirituais.

É esse conhecimento tradicional, juntamente com o seu universo de valores espirituais, que nesse livro desejo retomar, e, através das vivências simbólicas, oferecer ao indivíduo a oportunidade de reformulação da sua vida, de retorno ao Centro. Somente através da construção de uma concepção espiritual da vida e da mudança profunda de valores é possível a transformação individual e social. De outro modo o homem está condenado a colher os frutos da sua própria ignorância, descrença, desesperança e desespero.

1. A Importância dos Símbolos Sagrados

A percepção de uma realidade transcendente foi continuamente intuída e experienciada por todos os povos e transmitida simbolicamente. Em todas as épocas, o homem sempre usou símbolos para falar de verdades eternas e essenciais e para expressar idéias ou princípios abstratos profundos que transcendem o intelecto e a compreensão racional. Os símbolos são, portanto, os meios mais apropriados, tanto para revelar quanto para ocultar o sentido espiritual que está presente em todas as coisas e que não pode ser comunicado através da razão e representado convencionalmente.

Portadores de um significado transcendente profundo, os símbolos resumem a complexidade de um discurso em uma única representação, constituindo importantes códigos de acesso à essência espiritual do Ser. Representam, assim, a força viva que abre as portas para a compreensão dos domínios do Espírito. "O símbolo abre o campo da consciência fazendo perceber todos os aspectos da realidade: o visível e o velado, o manifesto e o oculto, o consciente e o inconsciente"[1].

Com o intuito de transmitir os fatos espirituais universais e levar o homem a estabelecer a comunicação com o transcendente, as grandes escrituras sagradas de diferentes religiões e as tradições de sabedoria foram concebidas em linguagem simbólica. As mais diferentes culturas

---

1. Introdução de Jaime Cobreros e Júlio Peradejordi ao livro de Ananda K. Coomaraswamy, *El Tiro com Arco*, Barcelona: Ediciones Obelisco, 1991, p. 7.

OS SÍMBOLOS DO CENTRO

construíram um rico acervo simbólico de imagens que indicam o significado metafísico apreendido intuitivamente pelo homem. Isto explica o fato dos símbolos estarem presentes nos mitos, na arte e na literatura sagrada de todos os povos, exercendo a função de ampliar a percepção para o mistério do Ser, para a revelação dos distintos graus de manifestação do Princípio Eterno.

Através dos símbolos sagrados, a expressão artística tradicional revela a presença da estrutura divina que está por trás do universo sensível e material e que permeia toda a vida. As representações simbólicas mais constantes na arte sagrada e nos mitos são as que se referem a essa realidade numinosa, profunda e vívida, o fundamento último de todas as coisas, o Self. Os símbolos sagrados são um produto espontâneo do Self que guarda o mistério do inefável.

O Self cria símbolos para se fazer conhecido no mundo temporal das formas. Em sua eternidade, em sua infinitude, o Self se revela no mundo finito, através das imagens simbólicas, expressivamente vivas, assumindo o aspecto como deseja ser visto e ser reconhecido. O conjunto desses símbolos constitui a sua fenomenologia, as múltiplas formas que o Self utiliza para o seu aparecimento no mundo humano. As imagens sagradas do Self, as múltiplas faces do Deus invisível, reveladas no mundo visível, desvendam as verdades eternas e são, ao mesmo tempo, os veículos através dos quais o homem pode se ligar ao numinoso.

A mais alta forma de sabedoria é a simbólica, pois é a linguagem do Self e da alma. Assim sempre impulsiona o homem a entrar em contato com o reino espiritual que tanto está fora quanto está dentro. Pertencendo à realidade do Espírito e fluindo através da alma para a consciência, os símbolos numinosos promovem a criação de formas artísticas, estabelecendo a ligação do homem com a dimensão profunda e sagrada da psique.

As imagens simbólicas, presentes na arte de todos os povos, são os veículos para a criação do relacionamento com a realidade interna profunda. No livro *Resposta a Jó*, Jung afirmou:

> É verdade que podemos conceber a Deus não só como um agir em perpétuo fluxo, transbordante de vitalidade, que se transfunde em um número interminável de formas, mas também como um Ser eternamente imóvel e imutável. Mas, a única certeza de que dispõe a nossa inteligência é a de que trabalha com imagens, representações que dependem da fantasia humana e de seus condicionamentos tanto em relação ao espaço quanto ao tempo[2].

Projetado no mundo fenomenal através da criação artística, em inúmeras aparências simbólicas, o Self se revela, sobretudo, por

2. C. G. Jung, *Resposta a Jó*, em *Obras Completas*, Petrópolis: Vozes, 1979, v. xi, p. 3.

A IMPORTÂNCIA DOS SÍMBOLOS SAGRADOS

meio dos símbolos do Centro. As imagens do Self, como o Centro Supremo, são freqüentemente encontradas nas mais diversas culturas e tradições, favorecendo a relação do homem com a divindade e ampliando a sua consciência sobre o mistério do invisível. A presença de Deus se manifesta tanto no exterior quanto no interior da psique, por meio dos símbolos do Centro. Jung, por meio dos sonhos de seus pacientes, observou a manifestação do arquétipo do Centro na psique humana e afirmou a existência de um núcleo oculto, presente em todo indivíduo, no qual habita o Centro que o constitui: "a premonição de um Centro da personalidade, um tipo de ponto central dentro da psique, a que tudo está relacionado, porque todas as coisas são arranjadas, e que em si é uma fonte de energia [...] Este Centro não é sentido nem pensado como sendo o ego, porém se alguém o pode assim expressar, como o Self"[3].

No *Aion*, Jung descreveu o Self como a imagem de Deus projetada nas profundezas da alma, ocupando uma posição central. Segundo ele, existe um arquétipo de completude, a imagem de Deus na psique, que se manifesta espontaneamente através de sonhos e das criações artísticas. "Todas essas imagens manifestam-se na experiência psicológica como expressões da totalidade unificada do homem"[4].

Presentes no mundo interior da alma e no mundo exterior dos sentidos, as imagens do Centro são as expressões de um Centro espiritual encontradas nas mais diversas culturas. Difundidas universalmente através dos mitos e da arte sagrada de todos os povos, as imagens do Centro indicam a relação de significado existente entre as expressões artísticas e espirituais, entre Deus e o homem.

Os símbolos do Centro se referem ao processo de criação do mundo, à cosmogênese. Toda cultura possui uma concepção simbólica de "Centro", como um lugar sagrado, o ponto de origem, onde os deuses se manifestaram pela primeira vez, o local que marca a gênese do mundo. Segundo Mircea Eliade, o Centro é, acima de tudo, a zona do sagrado, a zona da realidade absoluta, da unificação dos opostos.

O Centro marca a origem da manifestação da criação, é o lugar da condensação das energias saturado de força sagrada. Os símbolos do Centro concentram em si mesmos os significados: de Início, da Realidade da criação divina que se manifestou de forma visível, do Real absoluto, da totalidade do conhecimento e da totalidade do Ser. O Centro é o *Alfa* e o *Omega*, o Princípio e o Fim[5].

---

3. Idem, *Aion. Estudos sobre o Simbolismo do Si-Mesmo*, em *Obras Completas*, Petrópolis: Vozes, 1982, v. IX/2, p. 186.

4. Idem, *Mandala Symbolism*, Princeton University Press, 1972, p. 75. (Bollingen Series).

5. Mircea Eliade, *Tratado de História das Religiões*, Lisboa: Edições Cosmos, 1977, p. 330.

4   OS SÍMBOLOS DO CENTRO

Essas duas letras gregas representam o primeiro e o último e contêm o código para o conhecimento do universo, das suas origens, irradiações e finalidade.

O Centro encerra o significado da imagem da Unidade Primordial, de onde tudo se originou e para onde tudo retorna. O Centro sinaliza o começo de todas as coisas, onde aconteceu pela primeira vez a emergência do sagrado, o desdobramento da Totalidade primordial. E, por se tratar de uma concepção de grande complexidade, abstrata e intuitiva, esse símbolo é universalmente conhecido como o Centro do Ser, sem forma e sem dimensão. O Centro é o lugar da revelação da divindade, antes da criação e depois da criação e, por isso, considerado um espaço Santo. Deus sempre foi considerado O "Centro dos Centros".

Constituindo uma complexa e universal fenomenologia de rico significado simbólico, as imagens do Centro aparecem representadas de forma espontânea, através de uma variedade de imagens abstratas; de símbolos numéricos, de figuras geométricas, como o ponto, o círculo, ou o quadrado, e de imagens figurativas; o umbigo, a árvore, a montanha, o templo, o altar, o pilar, a cruz, os mandalas, a fonte, o paraíso, o coração, o sol. Reflexos dos vários semblantes de Deus, os símbolos do Centro são os espelhos por meio do quais o Self se revela e se olha.

Muitas tradições culturais explicam a criação do mundo como surgindo a partir de um Centro, concebido como um ponto ou como um círculo, no qual se deu, pela primeira vez, a manifestação da energia divina e a partir do qual o mundo é ordenado. "A descoberta ou a projeção de um ponto fixo – O Centro – equivale à criação do mundo"[6].

Em outras culturas, a criação do mundo é descrita como surgindo a partir de um umbigo e desse ponto a manifestação da energia criadora se espalha nas quatro direções. O Centro do Mundo é então concebido como um *Omphalós*, o umbigo do mundo. A tradição judaica diz que Deus criou o mundo a partir do umbigo, à semelhança de um embrião, e a partir desse ponto tudo foi se irradiando e crescendo.

O Centro, como o ponto inicial da criação, pode ser marcado simbolicamente por um pilar ou por uma coluna, que une o céu e a terra. O Centro do Mundo era, assim, imaginado como um eixo vertical, o *Axis-Mundi*, que se levantava no meio do universo e unia as três zonas cósmicas (céu, terra e regiões inferiores), permitindo a comunicação entre os três níveis. E em outros casos, o *Axis- Mundi* é um eixo que se prolonga no sentido vertical até a Estrela Polar e para baixo, até um ponto central abismal. O eixo central podia, também, ser representado por uma montanha, um pilar, ou por uma árvore. Nessas culturas, a demarcação e a instalação do pilar ou coluna correspondiam a um ato de criação cosmogônica.

6. Idem, *O Sagrado e o Profano*, Lisboa: Edição Livros do Brasil, p. 36.

A IMPORTÂNCIA DOS SÍMBOLOS SAGRADOS

Concebido como um símbolo da origem primordial de todas as coisas, o Centro, o *Axis-Mundi*, era o lugar que estabelecia a comunicação do homem com o transcendente, relembrando-o constantemente de sua ligação com Deus, para que a sua existência tivesse um significado profundo. Dessa forma, em volta desse eixo, a imaginação do homem antigo o ajudava a se religar a sua origem divina, ao Centro, para que sua vida não ficasse reduzida à banalidade e dispersão do cotidiano profano.

Os índios Hopi descreviam o universo como uma criação contínua, a partir de um eixo central que sustenta os vários mundos, uns encaixados sobre os outros e ao qual eles supunham se estender a totalidade do mundo criado. Eles acreditavam ser possível a viagem para estes mundos e que essa possibilidade estava dentro de cada um, pois existe um eixo vibratório subjetivo que torna provável a circulação entre esses universos.

Toda cultura antiga possuía uma concepção de Centro do Mundo, que estava localizado geograficamente nas mais diversas regiões. Segundo Mircea Eliade, o fato de o Centro do Mundo se tratar de um espaço sagrado e não de um espaço profano, o qual é outorgado por uma hierofania e construído ritualmente, a pluralidade dos "Centros da Terra", existentes em vários lugares, não oferecia nenhuma contradição. Os judeus consideravam a Palestina, a Terra Santa, o Centro do Mundo. A denominação de Terra Santa, o protótipo de todas as outras Terras Santas, corresponde ao simbolismo do Centro como o lugar sagrado por excelência. A Jerusalém sagrada estava situada no Centro da Palestina. E o santuário no Centro de Jerusalém, o templo no meio do santuário, a arca da aliança no centro do templo e a pedra fundamental do mundo diante da arca, porque o mundo foi criado a partir dela. Ainda hoje, esta pedra de mármore, representando o Centro do Mundo, se encontra em Jerusalém, na Igreja do Santo Sepulcro.

Nas sociedades tradicionais, a concepção sagrada da vida estava presente em todas as formas de atividades humanas; assim a vida era organizada em torno de um Centro, a representação simbólica do sagrado. A construção de qualquer edifício se iniciava a partir da fixação de um Centro, que era visto como a materialização no tempo e no espaço do Centro do Mundo, o *Omphalós,* o Umbigo do Mundo. E esse Centro deveria conferir o significado santo da relação do homem com Deus, da terra com o Céu.

De acordo com essa concepção, toda cidade se encontrava no Centro do Mundo e era considerada um símbolo vivo do Centro, um lugar de ordem, de civilização e de transformação. "A Babilônia era um *Bâb-ilâmî,* porta dos deuses, o lugar por onde os deuses desciam à terra"[7]. Um antigo mapa mostra a cidade de Babilônia no centro de um grande território circular, cercado pelo rio Amer. Todas as cidades

---

7. Idem, *O Mito do Eterno Retorno,* Lisboa: Edições 70, 1969, p. 29. (Perspectivas do Homem)

indianas são construídas de acordo com o modelo arquetípico da cidade celeste. A cidade de Varanasi, na Índia, era considerada sagrada, pois reproduzia o arquétipo celeste do Centro.

As tradições culturais da América pré-colombiana igualmente consideravam a cidade como um Centro sagrado. A capital asteca Tenochitlán, segundo essa tradição, foi construída de acordo com um ideograma divino. Quatro vias concêntricas, que representavam as quatro divindades principais, demarcavam os bairros e terminavam num ponto central cerimonial, representando o Centro do Mundo.

Além da arquitetura, a concepção do Centro sagrado permeava outros aspectos da vida dos povos antigos, como as danças. As danças sempre se realizavam em torno de um eixo ou ponto central, representando o Centro, o Self. Dessa forma, era pontuado o local onde ocorreu pela primeira vez a manifestação da energia criadora divina, o surgimento e a ordenação do mundo. Os bailarinos dispostos em torno desse ponto central formavam um círculo. Ao mesmo tempo, a emergência espontânea do círculo formado pelos bailarinos acentuava o caráter transcendente do Centro que se formava em torno do ponto central. A vivência do Centro através do círculo que surgia na dança manifestava o desejo do homem de união com o divino, com a energia criadora e de reencontro com o Centro.

A apreensão do significado transcendente do símbolo do Centro e a participação vívida e emocional na experiência que ele oferecia por meio da dança forneciam a experiência corporal desse símbolo e, ao mesmo tempo, provocava a abertura da percepção, a mudança da consciência egóica racional para a consciência intuitiva. Por isso as danças sagradas foram usadas nas tradições iniciáticas como meios facilitadores de contato com o transcendente, com o Centro interno.

Através da experiência com os símbolos do Centro pode ser criado um caminho na psique que conduz para além do nível racional de compreensão, para o nível intuitivo e espiritual. O contato com os símbolos sagrados sempre provoca um tipo de impacto sobre a psique, amplia a percepção para o transcendente, favorece a manifestação dos níveis mais elevados da consciência e possibilita a criação de uma entrada para a dimensão sagrada da psique.

Os símbolos constituem, portanto, refinadíssimos artefatos psíquicos capazes de ampliar, transformar e estruturar a consciência em uma forma superior. A vivência dos símbolos sempre aponta a existência de níveis elevados de consciência, aos quais o indivíduo pode ter acesso. Por meio dos símbolos sagrados do Centro o homem pode restabelecer o diálogo com a sua alma e com o Self e, a partir desse contato, ampliar a sua experiência no mundo, corrigindo as distorções e as limitações de sua personalidade.

Na Antiguidade, as tradições iniciáticas tinham uma concepção de desenvolvimento espiritual, como o resgate da conexão com a

A IMPORTÂNCIA DOS SÍMBOLOS SAGRADOS   7

alma e o restabelecimento da ligação com a essência divina, com o Centro, presente em cada indivíduo. Os processos iniciáticos tinham todos o mesmo objetivo: a cura da dispersão, da dualidade, a recuperação do estado de união, a religação ao Centro transcendente, para que o homem pudesse voltar ao estado de integridade perdido.

A iniciação do ponto de vista simbólico é um processo contínuo de purificação e aprofundamento do autoconhecimento que liberta o indivíduo da consciência egóica de separação, da futilidade e da alienação para a revelação da ligação significativa com a alma e com o Self. O aumento progressivo do autoconhecimento que pressupõe a reconexão com a alma, eleva a consciência para níveis superiores, leva à busca do significado de uma vida mais elevada espiritualmente e, finalmente, conduz ao Centro, ao encontro com o Self.

Para a tradição iniciática, a religação com o Centro interno divino restituía a integridade, a sanidade e a pureza que foi perdida no processo de individualização da consciência. Neste contexto, a purificação era entendida como o trabalho de dissolução dos aspectos sombrios da personalidade, das defesas e da identificação egóica, que mantêm o indivíduo preso na periferia de si mesmo e impedem a identificação com o Centro, com a essência real do Ser. Os processos iniciáticos da antiguidade estavam voltados para a busca da superação da limitação da visão do ego e o alcance da consciência unificada, na qual podemos experimentar a união da alma com Deus.

O caminho em direção ao Centro corresponde a uma iniciação, porque diminui o predomínio da consciência egóica profana e ilusória e dá lugar ao surgimento da consciência da alma e do Self que é sagrada. E como comenta Mircea Eliade: "O caminho é árduo, semeado de perigos, porque é efetivamente um rito de passagem do profano para o sagrado; do efêmero e ilusório à realidade e à Eternidade; da morte à vida, do homem à divindade"[8].

Os símbolos sagrados do Centro foram usados pelas tradições iniciáticas como meios de expressão e instrumentos de conexão com a realidade divina oculta presente no universo. Deixar-se tocar por esses símbolos é permitir a realização do poder dessas imagens de fluírem através da psique, criando a possibilidade de superação da divisão e de alcance do estado de Totalidade. A consciência egóica divide e multiplica, a consciência do Self unifica. Os símbolos do Centro habitam a dimensão mais profunda da psique, o reconhecimento e o contato com esses símbolos promovem a ampliação da percepção, abrindo o caminho para a reunificação e para a saúde psíquica espiritual.

Existem lugares dentro de cada um que podem ser curados, quando a psique se abre às dimensões superiores da consciência, do Self. Quando isso acontece, é encontrado um espaço de felicidade interna

8. Idem, p. 33.

8 OS SÍMBOLOS DO CENTRO

que os místicos hindus chamavam *Ananda*, felicidade em sânscrito. Somente na mente purificada é gerado o conhecimento absoluto. Através do reencontro consigo mesmo, com a sua dimensão anímica e divina, o indivíduo pode recuperar a condição original, a verdadeira essência, a integridade; ele se purifica e se cura.

Na ioga, a retirada da atenção do exterior e a sua centralização constituía o objetivo de sua prática. Esse processo é que permitia o contato com os símbolos sagrados e com os princípios superiores que passavam a influenciar a personalidade. A compreensão simbólica sempre une os fatos em uma coerência significativa, ampliando a percepção.

A vivência dos símbolos do Centro, representada através de suas inúmeras formas, correspondia a um processo iniciático. A iniciação era compreendida, portanto, como a jornada simbólica para dentro de si, um caminhar interno em direção ao Centro psíquico e espiritual, ao Self, ao lugar no qual o homem podia reconhecer a sua verdadeira essência e identidade.

Platão foi o filósofo da antiguidade que mais transmitiu as concepções presentes nos mistérios que falam do Centro, da Unidade transcendente. No *Symposium*, ao discorrer sobre o Amor transpessoal, diz que o homem se sente como a metade de uma esfera, mas que o homem busca incessantemente um Centro perdido, que ele sente que está próximo, mas, ao mesmo tempo, distante. O verdadeiro Centro está oculto em cada um, no núcleo do ser, no coração. A via de retorno ao Centro se encontra no próprio homem, no Self, na identificação com a sua natureza divina.

A filosofia depois de Platão, com os neoplatônicos, conseguiu manter, por algum tempo, a concepção sagrada da vida, da Unidade transcendente, do Centro como o fundamento do Ser. Plotino, (205-270), um dos principais filósofos neoplatônicos, descrevia a alma como um círculo. "Pois se a alma é um círculo, não o é como uma figura geométrica, mas é porque a natureza original está nela e ao redor dela, e porque a alma provém de um princípio (*ankhê*) análogo a um Centro – e mais ainda quando as almas estão totalmente separadas do corpo"[9]. Para Plotino, a alma deveria juntar o seu Centro interno com o Centro de todas as outras coisas que é Deus.

Plotino na sua obra *Tratado das Enéadas*, citando Platão afirma:

> Quando uma alma chega a conhecer a si mesma, vê que seu movimento não se dá em linha reta (exceto quando sofre uma ruptura), mas que o movimento conforme a sua natureza é como um círculo ao redor de algo – não de algo exterior, mas de um Centro, a partir do qual provém o círculo. Então essa alma se moverá ao redor desse Centro, do qual ela provém e dependerá dele, dirigindo-se para esse Centro para o qual todas as almas deveriam se dirigir, mas para o qual só as almas dos deuses se dirigem de

9. Plotino, *Tratado das Enéadas*, São Paulo: Polar Editorial e Comercial, 2002, p. 137.

A IMPORTÂNCIA DOS SÍMBOLOS SAGRADOS 9

maneira contínua. É justamente por se dirigirem para esse Centro que eles são deuses, e o que coincide com esse Centro é Deus. Porém o que se afasta muito dele é o homem comum e os animais selvagens[10].

Apolônio de Tiana, filósofo que viveu no primeiro século depois de Cristo, ensinava que toda a religião, em seus primórdios, possuía símbolos sagrados capazes de ajudar o ser humano a se religar com Deus. Já na sua época, Apolônio percebeu que o trabalho com os símbolos tinha o poder de mobilizar a revelação direta do Centro espiritual interno.

A noção de Unidade, de retorno ao Centro, presente na tradição iniciática, é um parâmetro da saúde psíquica retomada atualmente pela psicologia. A partir de Jung, a psicologia está recuperando o conhecimento existente nas antigas tradições espirituais, nos mitos e na filosofia perene e reconhecendo, nesse saber e nos seus símbolos, um valioso instrumento de re-conexão com o Self e de promoção da saúde psíquica.

Como expressões arquetípicas do Self, os símbolos do Centro tanto descrevem um nível superior de percepção, a consciência da Totalidade, da Unidade, quanto são veículos capazes de promover a expansão da consciência para essa dimensão. O uso do símbolo como instrumento amplificador da percepção interna faz parte de um conhecimento antigo, hoje usado pelos terapeutas de diversas abordagens.

A entrada na dimensão simbólica provoca a transformação da consciência, eleva a percepção e torna possível a emergência da realidade psíquica oculta e desconhecida. O alcance do sentido transcendental do símbolo e a participação vívida e emocional na experiência que ele oferece, por sua vez, transmutam a consciência racional em consciência intuitiva. Os símbolos sempre causam a expansão da consciência para além da ilusão da dualidade, para a percepção da unidade e da integração entre todas as coisas.

A percepção do Centro como uma realidade espiritual presente no inconsciente, como parte inerente do Ser, não pode ser aprendida com os olhos da carne, mas somente através dos olhos do Espírito. Portanto, exige a mudança da consciência egóica. No entanto, quando o homem olha com os olhos do Espírito, ele se religa ao Centro, a essência mais profunda do Ser.

O alquimista Dorneo diz que nada é mais semelhante à divindade do que o Centro, pois este não ocupa espaço algum, razão pela qual não pode ser apreendido, visto ou medido pela razão. A presença de Deus pode ser intuída através da vivência das imagens simbólicas do Centro. Assim, o homem pode realizar o trabalho de re-conexão com a sua alma e se aproximar da realidade divina do Self. Esses símbolos são os testemunhos da realidade de Deus atuantes na vida humana e

10. Idem, p. 136.

10   OS SÍMBOLOS DO CENTRO

ajudam o homem a reconhecer a presença do Espírito. A esse respeito
Jung, no seu livro *Mysterium Coniunctionis*, afirma que o Self como
Centro deve se tornar o *"spiritus rector"* da vida cotidiana[11].

A experiência interna dos símbolos, como mediadores entre o numinoso e o humano, leva o indivíduo a criar uma abertura para a percepção da dimensão sagrada da psique. Em aramaico a palavra abertura
e porta têm a mesma raiz (*ptah*) e pode significar a comunicação entre vários mundos (níveis de consciência). Este aumento de percepção
favorece a superação da condição limitada de dualidade e separação,
característica da percepção do ego, e o alcance da Totalidade, da união
com o Self, o estado de consciência unificada.

A principal finalidade da experiência simbólica é a transformação da consciência e o alcance de um nível superior de desenvolvimento. Por meio da vivência dos símbolos sagrados, o homem pode
resgatar a sua identidade anímica mais profunda e se religar ao Self,
ao aspecto espiritual do Ser. E, desta maneira, perceber que a vida
não é um amontoado de fatos que se sucedem sem significação e sem
nenhuma conexão entre si, mas que possui uma inter-relação e um
sentido espiritual profundo. Levar o indivíduo ao alcance desse nível
de percepção resgata o significado maior da existência.

Para Jung o cerne e a finalidade de sua psicologia era o processo de
individuação. A individuação é compreendida como a experiência simbólica que leva à ampliação da percepção sobre si, sobre a vida e ao reconhecimento da Totalidade significativa à qual o indivíduo está ligado e
da qual participa. Dessa forma, a vida adquire uma significação espiritual
cuja meta é a realização da individualidade como participante do projeto
evolutivo do Self, do reencontro com o Deus que está dentro de cada um.

Quando o Self é compreendido como uma realidade espiritual infinita, mas que pode ser vivenciada, ocorre a grande transformação na
personalidade; o reconhecimento da Totalidade, da interconexão significativa entre tudo o que existe no universo, a percepção do Self como
manifestação do amor, da beleza e da harmonia em que tudo está imerso.
Dessa forma, o indivíduo pode superar o sentimento de dispersão e alienação, característico do ego, alcançar o ideal grego de ser *eukratoi,* isto é,
a pessoa equilibrada e harmoniosa, no corpo, na mente e no espírito.

Os símbolos do Centro, reflexos da realidade numinosa do Self,
mostram o grande poder de transformação física, psíquica e espiritual, contidos em sua essência. A vivência dos símbolos do Centro é a
grande via de revelação do sagrado, através da qual o homem pode se
religar à sua natureza mais profunda, recuperar a integridade e a plenitude perdidas no processo do desenvolvimento da individualidade
da consciência e se curar da divisão.

11. C. G. Jung, *Mysterium Coniunctionis*, em *Obras Completas*, Petrópolis: Vozes, 1985, v. XIV/1, p. 77.

A IMPORTÂNCIA DOS SÍMBOLOS SAGRADOS 11

O resgate da dimensão transcendente da consciência, por inter-médio da mediação dos símbolos sagrados presentes na alma, facilita a re-conexão com os níveis mais altos da dimensão psíquica, com o Self. A aquisição desse nível de percepção é tanto psíquica quanto espiritual e necessária para o equilíbrio e saúde global. Por meio da vivência dos símbolos do Centro, o homem pode realizar a cura da di-visão, da dualidade, da sua alienação em relação à sua essência mais profunda que é espiritual e se religar com o impulso natural para a evolução, completude e plenitude e com o seu verdadeiro Ser.

A visão unificada foi descrita por Paramahansa Yogananda, no seu livro *Autobiografia de um Yogue*, como "Centro em todo lugar, circunferência em lugar nenhum". E segundo Frithjof Shuon: "Deus é a mais ofuscante das evidências. Tudo tem um Centro; por conseguin-te, o conjunto das coisas – o mundo – possui igualmente um Centro. Estamos na periferia de algo absoluto, e esse algo não pode ser menos potente, menos consciente, menos inteligente do que nós"[12].

Cada pessoa pode descobrir em si mesma esse Centro, que está escondido na profundidade do inconsciente ou do coração, mas que só pode ser encontrado através dos meios corretos, como comenta o místico inglês William Law (1686-1781):

Teus sentidos naturais não podem conhecer Deus nem se unir a ele; nem mesmo tua faculdade interna de entendimento, vontade, e memória podem servir de sua mora-da em ti, mas apenas ansiar por ele. Mas, há uma raiz ou profundidade em ti de onde provêm todas essas faculdades, como linhas de um centro ou galho do tronco de uma árvore. Ela se chama o Centro ou Fundo da alma, e é a unidade, a eternidade – eu ia quase dizer o infinito da alma: pois é tão infinito que nada pode satisfazê-la ou dar-lhe qualquer repouso se não o infinito de Deus[13].

Terapeutas de diferentes abordagens observaram o efeito curativo dos símbolos arquetípicos e a necessidade de ampliação da consciên-cia para além do nível egóico, como o psiquiatra R. D. Laing:

A verdadeira sanidade acarreta, de um modo ou de outro, a dissolução do ego normal, do falso eu competentemente adaptado à nossa realidade social alienada: o surgimento dos mediadores arquetípicos interiores do poder divino e, por meio dessa morte, um renascimento e, finalmente, o restabelecimento de uma nova espécie de fun-cionamento do ego, sendo o ego agora um servo do Divino, não mais seu traidor[14].

A percepção da manifestação da dimensão sagrada, da *Imago Dei*, presente no simbolismo do Centro, pode operar uma profunda mudança na consciência, no conhecimento essencial da natureza divina de cada um. Essa mudança se refletirá na personalidade, ampliando-se para a

12. Frithjof Shuon, *O Homem no Universo*, São Paulo: Perspectiva, 2001, p. 154.
13. Citado por Bede Griffiths em *Retorno ao Centro*, São Paulo: Ibrasa, 1992, p. 113.
14. Citado por Ken Wilber em *O Projeto Atman*, São Paulo: Cultrix, 1996, p. 182.

OS SÍMBOLOS DO CENTRO

vida cotidiana e levando o indivíduo ao redirecionamento da vida e à transformação na forma de relacionamento com o mundo. Para Jung existia uma relação dialética entre o homem e a imagem simbólica de Deus. "A imagem de Deus tem condições de modificar a consciência, como essa pode fazer correções na sua percepção de Deus"[15].

A apreensão do significado espiritual que os símbolos do Centro contêm proporciona a transformação da consciência profana em sagrada e mostra que é possível restaurar a comunicação direta e definitiva com o Self divino. O contato com os símbolos do Centro sempre leva a uma profunda reflexão, à mudança da consciência e à re-conexão com a Unidade interna. Dessa forma, a experiência com os símbolos do Centro se reveste de importância fundamental na criação da abertura para a percepção da realidade sagrada do Self, restabelecendo o estado de união com o Si-Mesmo.

A volta ao Centro, ao estado de Unidade, pode ser reconstruída através da experiência simbólica do Centro como uma dimensão interna sagrada a qual se pode ter acesso. A jornada simbólica em direção ao Centro corresponde a uma iniciação, cujo término é o estado reconciliatório com o Self, e a libertação de limitações da consciências. A religação com o Centro interno divino restitui a integridade, a sanidade e a pureza que foram perdidas.

O Centro é o lugar no qual o homem pode reconhecer a sua verdadeira identidade e recuperar a consciência da sua unidade com o universo e com Deus, libertando-se do sentimento de alienação e isolamento. Os símbolos do Centro têm o poder de promover, na consciência, a experiência de Deus, restituindo assim o estado de unidade, de plenitude e de totalidade perdida onde Deus, o homem e o universo eram uma só coisa.

---

15. C. G. Jung, *Aion. Estudos sobre o Simbolismo do Si-Mesmo*, em *Obras Completas*, Petrópolis: Vozes, 1982, v. IX/2, p. 185.

2. Símbolos do Centro: o Ponto, o Círculo, o Quadrado

Na antiguidade, a geometria era considerada uma ciência sagrada. Acreditava-se que ela continha em seus traçados e formas a expressão de um plano divino e que os seus princípios refletiam a gênese e a estrutura do cosmo. De acordo com essa concepção, toda forma geométrica corporificava um significado simbólico transcendente e encerrava o pensamento divino existente na complexidade do universo. O fundamento mais profundo do simbolismo geométrico concebia as formas geométricas como expressões simbólicas do pensamento do Deus invisível, cuja revelação aparecia nos objetos visíveis e materiais.

As figuras geométricas eram consideradas representações simbólicas das verdades eternas e o conhecimento dessas formas constituía o conjunto da ciência oculta da geometria sagrada. Concebida como um saber secreto, a geometria sagrada compunha o corpo de conhecimento dos vários sistemas iniciáticos antigos. Mas, devido ao voto de segredo obrigatório, presente nessas tradições, esse conhecimento só podia ser transmitido aos iniciados. Assim, grande parte desse conhecimento se perdeu, restando apenas poucos fragmentos da antiga concepção geométrica do universo. Contudo, através da obra de Pitágoras e de Platão, esses fragmentos puderam ser resgatados.

Segundo Pitágoras, a geometria era a chave que revelava os mistérios do cosmo, pois continha as regras da construção do universo e as suas leis naturais. De acordo com Platão, os símbolos geométricos se referiam à gênese do universo, à origem primordial de todas as coisas e nas formas geométricas estavam codificados todos os estados da matéria. Para ele, o círculo e o quadrado eram formas absolutamente belas em si mesmas; o círculo simbolizava a divindade e o quadrado era o símbolo que representava a terra e o homem na sua relação de perfeita harmonia com o universo divino.

Ainda segundo a concepção cosmológica de Platão, o mundo é constituído a partir de cinco formas geométricas que ele chamou de sólidos e de cinco elementos correspondentes a essas formas. O tetraedro era associado ao fogo, o cubo à terra, o octaedro ao ar, o icosaedro à água e o dodecaedro ao universo. O dodecaedro era considerado a forma mais sagrada, seu nome só podia ser pronunciado por aqueles que tinham permissão e não podia ser falado em voz alta. O cubo ou o hexaedro, derivado do quadrado, era uma das figuras básicas da geometria pitagórica e platônica.

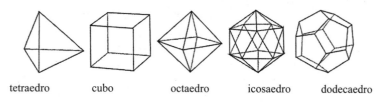

tetraedro   cubo   octaedro   icosaedro   dodecaedro

Figura 1

Embora, tenha restado um conhecimento parcial da antiga geometria sagrada, a concepção de sua natureza divina perdurou até a Idade Média. Dessa forma, a fidelidade a esse princípio preservou o caráter sagrado das leis da natureza, pois se acreditava que elas continham a proporção e a harmonia universal e por meio delas se podia encontrar o caminho até Deus. Segundo Johannes Kepler, a geometria é o arquétipo da beleza do mundo, as formas geométricas sintetizam e revelam as qualidades espirituais infinitas e eternas inapreensíveis ao olho profano. No seu trabalho *Harmonices mundi* (1619), ele comenta: "A geometria já existia antes da criação das coisas, eterna como o espírito de Deus, é o próprio Deus e foi Ele quem deu os protótipos para a criação do mundo"[1].

Nesse universo conceitual, as figuras geométricas eram vistas como os continentes para a essência do Ser, as possibilidades simbólicas que Deus encontra de descrever-se a si mesmo, sem que sua essência e infinitude sejam ao mesmo tempo limitadas por elas. O ponto e o círculo eram concebidos como as formas geométricas mais simples e, ao mesmo tempo, as mais complexas; simbolizavam o Deus eterno e guardavam, em si, a própria definição do sagrado. "A palavra em aramaico usada para sagrado; *kadash* combina duas raízes

---

1. Alexander Roob, *Alquimia e Misticismo. o museu hermético*, Lisboa: Taschen, 1997, p. 623.

SÍMBOLOS DO CENTRO: O PONTO, O CÍRCULO, O QUADRADO   15

semíticas. A primeira *Kd* indica o pivô, ou ponto sobre o qual todas as coisas giram. A segunda *Ash*, sugere um círculo que se desdobra a partir desse ponto com poder e calor"[2].

O PONTO

De acordo com a geometria sagrada, o ponto era o menor sinal simbólico concebido como representação da Unidade, do Centro transcendente, manifestado no mundo visível. E sendo o ponto a menor parte do todo, possui em si a totalidade e a perfeição. Deste modo temos que a representação do Centro primordial se dá a partir do ponto, de onde tudo se origina e se irradia, de onde flui incessantemente a energia criativa que alimenta a vida. É no ponto, a representação do Eterno, do Infinito, onde todas as coisas entram e saem da multiplicidade, adquirem e perdem a diferenciação, saem e retornam à Unidade.

O ponto no meio de um círculo representava o primeiro momento da criação do tempo, quando Deus ordenou: "Faça-se a Luz". A criação do espaço, a partir do ponto e do círculo, significava a instauração do sagrado, a fundação do Centro ordenador. Muitas tradições antigas imaginaram o ponto no meio do círculo como um símbolo do sol, como o Centro, o princípio divino manifestado no mundo fenomenal.

No *Zohar,* o começo da criação divina é imaginado como um ponto ou círculo. O Rabi Shimon bar Yochai (século II d. C.) descreve a visão que teve do profeta Elias quando este lhe revelou o segredo:

> Quando o Misterioso dos Misteriosos desejou manifestar-se, produziu um simples ponto, o qual foi transmitido em pensamento, e neste pensamento executou inúmeros esboços e burilou inúmeras gravuras. Depois fez sair a Santa Centelha, de um esboço muito misterioso e muito sagrado, uma maravilhosa obra originária do melhor do pensamento. Foi chamada *MI* e constitui a origem da obra, existindo e não existindo, profundamente oculta impossível de conhecer [...][3].

O ponto simbolizava a luz e o fogo e também a divindade, pois a luz seria a representação de Deus. Esta concepção cabalista cosmológica em nada se alterou, mesmo séculos depois. Segundo o cabalista, Rabi Isaac Luria (século XVI):

> O universo foi criado do Nada a partir de um único ponto de luz. Esse Nada é chamado de Mundo Infinito. O Mundo Infinito era preenchido com a Luz Infinita. A Luz foi então restringida a um único ponto, criando o espaço primordial. Além desse ponto nada é conhecido. Sendo assim, o ponto é chamado de início. Depois da

---

2. Neil Douglas-Klotz, *O Evangelho Segundo Jesus Aramaico*, São Paulo: Novo Século, 2003, p.76.

3. René Tryom-Montalambert; Kurt Hruby, *A Cabala e a Tradição Judaica*, Lisboa: Edições 70, 1999, p. 61.

16   OS SÍMBOLOS DO CENTRO

resistência, o Mundo Infinito emitiu um raio de Luz. Esse raio de Luz então rapidamente se expandiu. Toda a matéria emanou desse ponto[4].

A ciência moderna explica de forma semelhante o surgimento do universo. Segundo os cientistas da natureza, antes do universo existir não havia o tempo, não havia o espaço, não havia nada. O universo começou num único ponto e esse ponto era cercado pelo nada. Nesse ponto irrompeu uma explosão de força inimaginável, expandindo-se à velocidade da luz como uma bolha. Essa energia por fim se resfriou e se aglutinou, transformando-se em matéria-estrelas, galáxias e planetas. A esse respeito o físico Amit Goswami afirma: "Tradições espirituais falam de geometrias sagradas e do significado e, por isso, talvez seja o caso de prestarmos mais atenção a essas coisas"[5].

Para Demócrito, a forma mais perfeita é a redonda e essa se baseia no ponto. Deus formou a esfera de luz em torno de si mesmo, assim, o sol é redondo, como também o fogo, a saber, os *globuli ignei* (glóbulos ígneos) que o compõem. O ponto simboliza a luz e o fogo como também simboliza a divindade por ser a luz um *simulacrum dei* ou *exemplar deitat*, um simulacro de Deus, ou um exemplar da divindade.

Os alquimistas concebiam o ponto como a representação da substância arcana, a substância primordial divina e aconselhavam ao iniciado, no exercício da sua arte, que procurasse encontrar Deus na natureza. No entanto, os alquimistas preveniam contra os enganos com o metal comum. Segundo o alquimista John Dee (1678): "Na base do ponto e da mônada é que primeiramente tiveram início as coisas e o sentido. O centro da natureza é o *punctum divinitus ortum* (o ponto surgido da divindade)"[6]. O ponto é a *sapientia*, o momento inicial da criação, assim, contém o significado da pureza da Unidade essencial e, por isso, é semelhante ao ouro.

Segundo São Boaventura: "*Deus est figura intelectualis, cujus centrum est ubique circunferentia vero nusquan*" (Deus é uma figura intelectual, cujo centro está em toda parte, mas cuja circunferência não está em lugar nenhum)[7].

Dante na *Divina Comédia* (Paraíso, canto XVII,17) faz referência a este ponto inicial, no qual todos os tempos estão presentes (*il punto a cui tutti li tempi son presenti*). Ele descreve esse ponto, como um ponto de luz flamígera, ao redor do qual rodava um círculo de fogo muito rapidamente. Nesse ponto, tudo é perfeito e completo e tudo está onde sempre esteve, pois ele é a Plenitude, o Tempo Eterno, a Totalidade.

4. Rabi Yehuda Berg, *O Poder da Cabala*, Rio de Janeiro: Imago, 2001, p. 88.
5. Amit Goswami, *A Física da Alma*, São Paulo: Aleph, 2005, p. 137
6. Citado por C. G. Jung, *Mysterium Coniunctionis*, em *Obras Completas*, Petrópolis: Vozes, 1985, v. XIV/1, p. 41-42.
7. Citado em idem, p. 43.

SÍMBOLOS DO CENTRO: O PONTO, O CÍRCULO, O QUADRADO   17

Jung comentou ser o ponto um símbolo muito complexo, indicando um Centro misterioso e criador na natureza. Segundo ele, o ponto da natureza se refere ao Centro, ao Self, que tanto está dentro como fora, e não ao ego como um centro vulgar. O ponto é uma representação do Centro de todas as coisas, e a mais sintética metáfora da imagem de Deus.

No livro *Misterium Coniunctionis*, Jung cita um antigo tratado alquímico chamado *Novum lúmem* para demonstrar a sua tese. "Mas tu, amado leitor, antes de qualquer coisa, fixarás os olhos no ponto da natureza [...] e isto te bastará; mas toma cuidado de não procurar aquele ponto dos metais comuns (*metallis vulgi*) onde ele não está..."[8].

O CÍRCULO

Na geometria sagrada, a forma considerada a mais perfeita é a redonda e essa deu origem ao simbolismo do círculo como o Centro transcendente. Deus é representado assim, como uma esfera, um símbolo tridimensional, e, como um círculo, um símbolo bidimensional.

O círculo com um ponto no meio simbolizava, nessa concepção, o Início, o primeiro momento da criação. O circulo é a representação da eternidade de Deus e o ponto é a concentração da energia divina no tempo, no momento da criação. O círculo com um ponto é, portanto, um símbolo de Totalidade e da relação criativa do macrocosmo com o microcosmo.

No *Timeu*, Platão descreveu a esfera como a mais perfeita forma geométrica, semelhante ao ouro e à *anima mundi*, a luz da criação inicial, e afirmou que é a partir dessa esfera que se desenvolve a geometria da criação. O universo, segundo Platão, foi feito pelo criador; "*in forma rotunda et globosa*" (*Timeu*, c. 410 a.C.). De acordo com Platão, todas as outras formas geométricas, o triângulo, o eqüilátero, o quadrado, o hexágono e o pentágono se desenvolveram a partir da esfera ou do círculo inicial.

O pensamento cosmológico de Platão exerceu grande influência sobre muitos outros filósofos. Plotino (205-270), considerado o pai do neoplatonismo, nas *Enéadas,* no capítulo sobre o Bom e o Uno compara a alma a um círculo e fala da consciência que a alma deve ter da sua origem divina, do Centro do seu Ser: "devemos nos elevar com a parte de nós que não está mergulhada no corpo (alma) e, por meio dela, juntar o nosso Centro com algo que é o Centro de todas as coisas: do mesmo modo que os centros dos círculos coincidem com o centro da esfera que os contêm"[9].

---

8. Citado em idem, p. 41.
9. Plotino, *Tratado das Enéadas*, São Paulo: Polar Editorial, 2002, p. 137.

Pseudo-Dionísio, o Areopagita, filósofo neoplatônico (c. 500 d. C) comparou a perfeição de Deus com o círculo. No próprio centro do círculo, a unidade é perfeita, ao se afastar da unidade central tudo se divide e se multiplica. O círculo é a forma mais adequada para descrever o Princípio divino presente em todas as coisas, o sopro eterno da Divindade sem princípio nem fim, assim, representa os atributos divinos como a Unidade Ilimitada, a Infinitude, a Eternidade, o Estado Absoluto do Ser, a Suprema Realidade, a Perfeição e a Plenitude.

De acordo com a concepção geométrica, a criação do mundo é apresentada a partir da Unidade e Perfeição do círculo original. O universo surgiu do desdobramento da Unidade, do círculo inicial, que a partir da projeção de si mesmo para fora, criou dois círculos unidos pelo meio, representantes das polaridades masculina e feminina em comunhão. No ponto de união entre os dois círculos se formou uma elipse, a *Vesica Piscis*, também chamada bexiga de peixe, ou mandorla (figura geométrica em forma de amêndoa), representando a primeira divisão dentro da Unidade, a trindade e a fertilidade divina.

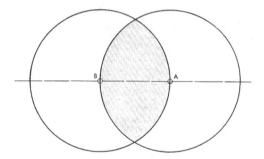

Figura 2. O círculo inicial se multiplica criando dois círculos unidos pelo meio, representantes das polaridades masculina e feminina em comunhão. No ponto de união entre os dois círculos se formou uma elipse, a Vesica Piscis.

A expansão da Unidade original criou a primeira divisão, a polarização representada pelas duas esferas iniciais e a trindade como o resultado do nascimento dos pólos. A trindade, por sua vez, representa o desenvolvimento da criatividade divina; faz a síntese das polaridades e, ao mesmo tempo, gera a multiplicidade criando, em seguida, a quarta, a quinta e a sexta esfera. Os seis círculos criam então uma flor de seis pétalas, em volta do centro do círculo inicial . O seis é o número arquetípico do processo da criação, o sete representa o criador, a presença de Deus, que está no centro de todas as coisas, correspondendo aos sete dias da criação.

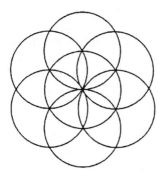

Figura 3. Os seis primeiros dias da criação.

A criatividade divina prosseguiu se multiplicando, criando uma figura geométrica composta de 19 círculos entrelaçados entre si, formando uma rosácea, envolvida, ainda, por dois círculos concêntricos. Dessa maneira, a geometria sagrada explicava o modo como se deu a amplificação do pensamento criativo divino. Esta rosácea foi chamada na antiguidade de "Flor da Vida" e é encontrada em alguns templos da antiguidade, como nos templos egípcios. Também está presente no plano arquitetônico das catedrais góticas, nos seus vitrais representando o modelo arquetípico divino da criação.

Figura 4. A Flor da Vida.

O círculo como símbolo do Princípio divino criativo assumiu, desde os tempos mais remotos, o significado do Centro Imanente do Ser. Amplamente encontrado em muitas tradições espirituais, e em muitas culturas, o círculo representa o estado inicial, o tempo das origens, as divindades mais arcaicas do mundo, na sua imutabilidade, infinitude e eternidade, antes que o mundo existisse. O Uroboros é um círculo em forma de serpente que morde a própria cauda e simboliza o círculo infinito do vir a ser, da Eternidade.

As imagens míticas do Paraíso geralmente têm forma circular, indicando a idéia da completude e perfeição em sua eternidade. Entre os hindus o símbolo da roda da vida e da roda das coisas, é bastante conhecido. Para os budistas a roda da Lei corresponde ao movimento cíclico da vida, do eterno retorno.

Na antiguidade, a maior parte das construções era feita em forma circular simbolizando a circularidade de Deus que tudo abarca. Na China, nos palácios imperiais de Pequim, era erguido um grande altar redondo, a céu aberto, dedicado ao sol, representando o Centro e o tempo cíclico sagrado. A imagem da atividade do céu era simbolizada através do círculo, o instrumento da atividade divina, que rege e ordena a vida na terra.

Para os taoístas, aquele que compreendeu o movimento circular da natureza reconhece o Centro que é a sua essência. Toda a arte taoísta podia ser resumida ao símbolo do círculo perfurado no centro. O disco representava o cosmo, enquanto que o vazio de seu centro simbolizava a essência única e transcendente.

Na tradição islâmica, a forma circular é considerada a mais perfeita de todas. Deus é, assim, freqüentemente representado como o círculo perfeito que não tem começo nem fim, nem forma tangível. O círculo como símbolo da perfeição se encontra na maior parte dos autores *sufis*. O poeta e místico Jalal ud-Din Rumi exorta os homens a abandonarem as formas efêmeras, a entrarem no grande círculo divino e eterno representado pelo Amor.

> Sai do círculo do tempo
> E entra no círculo do Amor[...]

Permanecer no tempo profano é estar na periferia do Ser, é ficar afastado do Centro, do sagrado. Esse saber, essa concepção simbólica marcava todos os aspectos das culturas antigas e mantinha o homem em contato com a sua essência primordial, a comunicação com a alma do mundo. Assim, o homem era, constantemente, relembrado da sua ligação com o todo maior, com a eternidade de Deus.

Esse conhecimento se perdeu, para ser relembrado somente mais tarde, por alguns sábios, que intuitivamente retomam esse saber, como Gustav T. Fechner, (1801-1887) físico, matemático e escritor, que escreveu um tratado chamado *Da Anatomia Comparada dos Anjos*, onde ele afirma: "Mas, a esfera permanece a forma fundamental na medida em que todas as mudanças de forma procedem dela como de um Centro, a fim de que variem em todas

SÍMBOLOS DO CENTRO: O PONTO, O CÍRCULO, O QUADRADO   21

as direções possíveis e os anjos possam voltar a ela com toda a tranqüilidade"[10].

O QUADRADO: A QUADRATURA DO CÍRCULO

De acordo com os princípios da geometria sagrada, o círculo simbolizava a atividade do céu e a ordem sagrada do universo revelada pelo movimento circular e regular dos astros. E o quadrado era concebido como a cristalização da eternidade em ciclos temporais, a descida da alma para o mundo material. O quadrado era a representação da alma encarnada.

O funcionamento celeste possuía um movimento circular perfeito e o funcionamento terrestre um movimento retilíneo, quadrado, sujeito à imperfeição. A terra, freqüentemente concebida como quadrada, com seus quatro horizontes, era dividida em quatro regiões, representando as quatro faces da divindade.

A passagem do círculo para o quadrado representava a rotação temporal do mundo, a criação do tempo. O quadrado dentro do círculo significava a solidificação da essência divina no mundo temporal, a criação terrena no tempo e no espaço a partir da perfeição e da eternidade de Deus. Por outro lado, o círculo inscrito dentro do quadrado representava a centelha divina oculta na matéria, animando-a, marcando a interseção dinâmica divina no cosmo e a sua relação com a terra, a causalidade.

A concepção da criação, segundo um modelo divino representado na relação do círculo com o quadrado, serviu de princípio orientador na arquitetura sagrada, traduzindo todo o fundamento cosmológico presente na consciência dos povos antigos. Os edifícios sagrados eram construídos segundo a quadratura do círculo, marcando a idéia da presença divina, que está além de todas as formas, refletida no ritmo temporal, em uma forma cristalizada no espaço, representada pelo quadrado. O círculo celeste abraça o quadrado terreno, o movimento celeste busca a expressão e se exterioriza no quadrado. E o quadrado ou o cubo representante da atividade da terra, fixa e dá estabilidade aos movimentos criativos do céu.

Em Meca, o cubo negro da *Caaba* se ergue sobre um círculo branco mostrando a integração perfeita do quadrado com o círculo. A linha reta do quadrado ou do cubo representa o finito, o limitado, o temporal, na relação com o ilimitado, com o atemporal. Na *Caaba*, o quadrado como um símbolo do Centro representa a estabilização dos movimentos do céu no universo criado, é o reflexo da perfeição divina,

10. T. Gustav Fechner, *Da Anatomia Comparada dos Anjos*, São Paulo: 34, 1998, p. 59.

e o cubo corporifica a divindade, como força e poder criador. Os quatro ângulos da *Caaba* estão orientados para as regiões cardeais e o rito de circum-ambulação (*tawâf*) faz parte da peregrinação dos fiéis mostrando, claramente, a dinâmica do círculo com o quadrado.

Na antiguidade, a relação simbólica entre o círculo e o quadrado estava presente em toda a vida, mostrando a vinculação do homem com Deus e de Deus com o homem. Nessas culturas, as cidades também eram, tradicionalmente, planejadas em forma quadrada, demonstrando que a criação humana tem uma correspondência com o céu e segue o modelo da criação divina. Na Índia, os quatro ângulos da cidade simbolizavam a estabilidade do céu no plano temporal e espacial e correspondiam às quatro regiões da terra e aos quatro braços de *Vishnu* ou de *Shiva*.

A Jerusalém celeste tinha uma forma quadrada derivada da quadratura do círculo, o princípio da arquitetura sagrada dos templos. A imagem da Jerusalém celeste era sustentada por doze pilares, formando um quadrado, ou cubo, em cujo centro habita o Cordeiro Divino. O apóstolo João descreveu as dimensões arquetípicas da Jerusalém celeste calculadas por um anjo arquiteto que usou uma cana de ouro. "O anjo mostrou-me a cidade santa de Jerusalém que descia do céu, junto de Deus. A cidade é quadrangular" (*Apocalipse*, 21: 1-3).

Da mesma forma, o quadrado dentro do círculo era, para os chineses, o símbolo mais perfeito para descrever a relação da terra com o céu. A cidade chinesa é o centro de uma série de quadrados e os quatro planos da cidade correspondem ao traçado de um mandala simples. A casa tradicional chinesa era edificada sobre uma base quadrada, representando a dimensão espacial terrena do Centro. O teto era furado para a saída da fumaça, e a própria coluna de fumaça que se formava desde o solo, para o alto, era um símbolo do Centro. No solo havia um buraco para drenar a água da chuva, dessa maneira formava um eixo central que ligava as dimensões terrestre e celeste. As moedas chinesas também refletiam esse pensamento: ainda hoje elas conservam essa forma; são redondas com um quadrado no centro, mostrando as relações entre o céu e a terra.

A concepção geométrica sagrada também orientava a construção da casa árabe, que era quadrada e fechada em torno de um claustro quadrangular, contendo em seu centro um jardim com uma fonte simbolizando o Paraíso. O homem árabe queria viver numa reprodução simbólica do Paraíso Celeste, para não esquecer de sua origem divina e para manter a ligação com o Centro.

Na criação do espaço sagrado atualizado no seu cotidiano, o homem tradicional procurava relembrar e manter o contato com o mundo divino, com o seu Centro. Marco Vitrúvio Polião, arquiteto e engenheiro romano, que viveu no primeiro século antes da era cristã, na sua obra *Os Dez Livros de Arquitetura* escreveu que se o homem construísse os seus edifícios em harmonia com as estruturas do cosmo, a sua arquitetura deveria estar baseada na geometria do quadrado e do círculo[11].

O quadrado como representação da matéria é, também, identificado ao corpo, como o suporte para a alma e para o espírito. Ainda segundo Vitrúvio, o homem deveria construir os seus templos tendo por base a analogia do corpo humano bem formado, no qual existe uma harmonia perfeita entre todas as partes. E o quadrado deveria formar o quadrilátero do templo, que é o seu coração. O homem dentro do círculo representava, para Vitrúvio, a relação proporcional do universo humano com o divino. As proporções do corpo humano se enquadram perfeitamente dentro do círculo cujo centro é o umbigo. Os desenhos de um homem superposto a um círculo e a um pentagrama são conhecidos até hoje como o homem vitruviano.

Figura 5. A imagem de um homem dentro de um círculo se tornou conhecida como o homem vitruviano.

Leonardo da Vinci conhecia bem as concepções da geometria sagrada. Ele também desenhou uma imagem do homem dentro de um círculo e de um quadrado com proporções perfeitas, representando a proporção áurea, que se tornou um parâmetro na arte (Figura 6).

Cornelius Agrippa, na sua *Filosofia Oculta* disse que Deus criou o homem à sua própria imagem, e como o mundo é a imagem de Deus, também o homem é a imagem do mundo. "Não há uma única parte do corpo humano que não corresponda a um signo do zodíaco, a uma estrela, a uma inteligência, a um nome divino na

---

11. Marco Vitrúvio Polião, *Da Arquitetura*, São Paulo: Hucitec/Annablume, 1999, Livro X, p. 200.

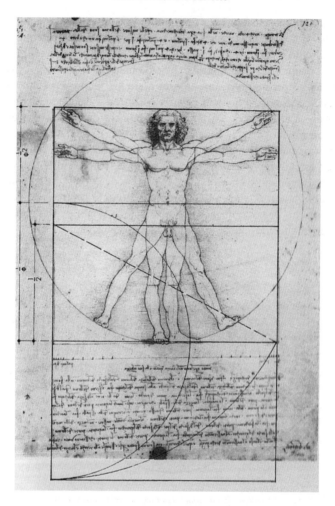

Figura 6. A imagem do homem, dentro de um círculo e de um quadrado com proporções perfeitas, de Leonardo Da Vinci, se tornou um parâmetro na arte.

própria idéia de Deus. A forma global do corpo humano é redonda. Mas, um corpo humano perfeitamente harmonioso forma também um quadrado [...]"[12]. E segundo o artista alemão Albrecht Dürer, as proporções humanas encaixam-se perfeitamente dentro do círculo e do retângulo.

A concepção geométrica sagrada do universo fazia parte do universo de conhecimento tanto da alquimia quanto da Cabala. Os símbolos geométricos foram usados, com bastante freqüência, nos dois sistemas iniciáticos. Para os alquimistas, o círculo era o símbolo da perfeição de

12. A. Roob, op. cit., p. 535.

SÍMBOLOS DO CENTRO: O PONTO, O CÍRCULO, O QUADRADO   25

Deus e do mundo espiritual, em contraste com o quadrado que significava a terra, o mundo material corruptível e das ilusões. O círculo é o Espírito que produz os mundos, mas que permanece transcendente e imutável. E o quadrado é a matéria, a forma contingente e transitória da irradiação do Espírito. Segundo o tratado alquímico *Turba philosophorum*, *o aurum philosophicum* (o ouro filosófico) era redondo. A substância misteriosa, à qual o alquimista tinha acesso, no final do processo, era simplesmente chamada *rotundum* (o redondo)[13].

Para o alquimista Michael Maier (1616), o ouro alquímico tem uma forma circular.

Isto é a linha que reconduz para si mesma, à semelhança da serpente cuja cabeça pega a própria cauda; a partir daí se reconhece com razão aquele pintor e formador altíssimo e eterno, Deus. Mas, o ouro é um *circulus bis sectus*, isto é, dividido em quatro ângulos retos, portanto uma quaternidade; a natureza criou esta divisão para fazer com que os opostos fossem ligados aos opostos[14].

Segundo o pensamento alquímico, Deus se revelou primeiro na criação dos quatro elementos e esses eram simbolizados pelas quatro partes do quadrado. Os quatro lados do quadrado representavam os quatro elementos, as quatro estações, as quatro direções cardeais, os quatro braços da cruz terrena e o cambiante mundo material, percebido através dos cinco sentidos. O quadrado simbolizava a criação de Deus manifestada num nível terreno, as partes, as qualidades e os aspectos do Uno revelados.

A junção do quadrado dentro do círculo era vista, pelos alquimistas, como um símbolo alquímico da união dos opostos, da comunicação do celeste com o terreno, da manifestação da potencialidade do céu na dimensão da terra e da relação que existe entre a criação humana e a criação divina. Em um antigo tratado alquímico chamado *Rosarium philosophorum*, publicado na Alemanha no ano de 1550, de autor anônimo, o *Opus*, o trabalho a ser realizado, é representado numa gravura como uma quaternidade quadrada, formada por quatro estrelas, dispostas em quatro cantos. As quatro estrelas representam os quatro elementos que devem ser transformados para constituir a totalidade.

O *Rosarium philosophorum* recomenda: "Faze um círculo ao redor do homem e da mulher e desenha fora dele um quadrado e fora do quadrado um triângulo. Fazei um círculo ao redor dele e terás a pedra dos filósofos"[15]. O círculo representava o término do *Opus Alquímico*: a transformação do quadrado dos quatro elementos; a terra, o ar, o

13. C. G. Jung, *Psicologia e Religião*, Petrópolis: Vozes, 1978, p. 59.
14. Idem, *Mysterium Coniunctionis*, em *Obras Completas*, v. XIV/1, p. 43-44.
15. Idem, *Psicologia e Religião*, p. 60.

26   OS SÍMBOLOS DO CENTRO

fogo e a água na perfeição da *quintessência* circular do quinto elemento e na cristalização da pedra dos filósofos.

O quadrado dentro do círculo, o *Circulus Quadratus*, de Michael
Maier, se tornou o paradigma máximo da alquimia, representando o
processo realizado no interior do vaso hermético, no interior da psique
e a totalidade alcançada com a união dos opostos. O vaso alquímico
de transformação usado pelos alquimistas era feito de acordo com os
princípios do círculo e do quadrado. Paracelso, um conhecido alquimista, dizia que o vaso alquímico deveria ser construído segundo a
verdadeira proporção e medida geométrica, que é a quadratura do círculo. E se por acaso o vaso fosse feito segundo proporções incorretas,
ele se quebraria em mil pedaços[16].

Segundo o alquimista Dorneo, a forma do homem primordial é
redonda, portanto o vaso alquímico deve ser construído de acordo
com as proporções e medidas geométricas baseada na quadratura do
círculo[17]. Os alquimistas trabalhavam para que desse vaso surgisse a
substância milagrosa, cuja essência podia ser representada por meio
do círculo dividido em quatro partes. No final do processo a centelha divina, *o homo albus* (homem branco), devia nascer do recipiente hermético. Dorneo via o círculo como a representação do Centro
transcendente, como uma *Imago Dei*, uma imagem do Self.

E de acordo com o alquimista Sir George Ripley, quando o homem tornar redondo o quadrado, todo o segredo alquímico será encontrado[18]. Essa afirmação traduzida em termos psicológicos significa que
quando o homem conseguir transformar a consciência do ego, que é
quadrada, em consciência de Self, que é redonda, ele alcançará a redenção.

Os maçons usaram dois sistemas de geometria: o *ad triangulum*,
baseado no triângulo e o *ad quadratum*, baseado no quadrado e nas
suas figuras derivadas, como o octograma. Em cima do quadrado original era colocado um outro quadrado de mesmas proporções, em um
ângulo de 45 graus do primeiro quadrado, o que formava o octograma, um poligrama de oito pontas. Outra derivação do *ad quadratum*
era o *dodecaid*, um poligrama irregular de doze pontas, formado por
dois quadrados entrelaçados, sobre o centro dos quais se colocava um
quadrado maior.

Segundo Jung, o círculo era a imagem arquetípica da totalidade,
do Self e o quadrado era o símbolo da manifestação divina na materialidade da realidade terrena. A quaternidade (a união do quatro em

16. *Paracelsus Selected Writings*, edited by Jolande Jacobi, Princenton: USA,
1951, p. 57. (Bollingen Series XXVIII)

17. C. G. Jung, *Aion. Estudos sobre o Simbolismo do Si-Mesmo*, em *Obras Completas*, v. IX/2, p. 228.

18. *The Bosome Book of Sir George Ripley in the Compound of Alchimy*, Elias
Ashmole: London, 1983 Teatrum Chemicum Britanicum.

SÍMBOLOS DO CENTRO: O PONTO, O CÍRCULO, O QUADRADO   27

um, tal qual os quatro lados de um quadrado), é uma representação do Deus que se manifesta na criação. "A quaternidade tal como é produzida pela psique moderna de forma muito direta, refere-se não somente a um Deus interior, como também à identidade de Deus com o homem"[19].

Jung acreditava que o Self criava símbolos para tornar visíveis os seus atributos e o círculo e o quadrado são a demonstração desse fato. "A totalidade (perfeição) do círculo celeste e a forma quadrada da terra que contém os quatros princípios, ou elementos, ou qualidades psíquicas exprime a perfeição e a união"[20]. Existe, portanto, uma unidade e uma relação significativa entre o homem e o universo e o modelo ontológico que está em Deus.

De acordo com essa concepção o microcosmo é estruturado segundo as mesmas leis e princípios que o macrocosmo. Como afirmou Jung: "A quaternidade é a representação mais ou menos direta de um Deus que se manifesta na sua criação. Por isso, poderíamos concluir que o símbolo produzido espontaneamente nos sonhos do homem moderno indica algo semelhante: o Deus interior"[21].

Como foi observado por Jung, o quadrado dentro do círculo aparece, freqüentemente, na psique individual através dos sonhos.

A quadratura do círculo é um dos numerosos temas arquetípicos que estão na base da configuração de nossos sonhos e fantasias. Distingue-se, porém, de todos os outros, pelo fato de ser um dos mais importantes do ponto de vista funcional. Podemos designá-lo como sendo o arquétipo da Totalidade. Por causa de sua importância a quaternidade do Um é um esquema para todas as imagens de Deus [...][22].

O *quatérnio* é um arquétipo muito importante para a psique do homem; representa o equilíbrio dos opostos e está associado à *tétrakys* de Pitágoras.

A *tétrakys* (quaternidade), para empregar a expressão pitagórica, se refere, de fato, à concentração interior, como bem mostra o sonho do nosso paciente. Em outros sonhos, o símbolo se apresenta, em geral, sob a forma de um círculo dividido em quatro partes, ou que contém quatro partes principais[23].

Segundo a concepção pitagórica, o *quatérnio* abarcava toda a natureza, todas as coisas; é o número dos elementos, das estações do ano, e das idades dos homens. O *quatérnio* se inicia no ponto, que constitui a mônada, o Uno, o início, e inclui o dois, o três e o quatro,

19. Idem, *Psicologia e Religião*, p. 66.
20. Idem, p. 84.
21. Idem, p. 63.
22. C. G. Jung, *Os Arquétipos e o Inconsciente Coletivo*, em *Obras Completas*, v. IX/1, p. 386.
23. Idem, *Psicologia e Religião*, p. 57.

resultando na Década Sagrada. Pitágoras representava o quatro, como a *tétrakys*, um triângulo, formado na base por quatro pontos, pela *tétrada*, pela *tríada*, pela *díada* e pela *mônada* no alto. E de acordo com Platão, no *Timeu*, somente o Demiurgo, o ser perfeito, era capaz de desfazer a *tétrakys* do abraço dos quatro elementos[24].

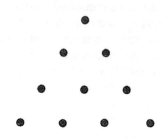

Figura. 7. A tétrakys.

O homem, estando imerso no mundo das formas materiais, pode unir-se ao divino, através da meditação sobre as formas que representam Deus. A reflexão e o uso dessas formas geométricas como objeto de meditação e como exercício imaginativo causa um afrouxamento da identidade egóica, favorecendo a emergência de níveis de consciência muito profundos.

A vivência dos arquétipos sagrados coloca o homem em contato com o aspecto numinoso desses símbolos, possibilitando a religação com os fundamentos arquetípicos da psique, realizando um tipo de redenção, de transformação profunda e, portanto, de cura psíquica e espiritual.

O contato com as imagens do Centro oferecidas pelo próprio Self e tendo como mediadora a alma, eleva a percepção do mundano para uma realidade transcendente, para um nível de consciência superior, que está além do ponto de vista limitado do ego. Sempre que se consegue superar a identidade do ego surge a possibilidade de liberdade e de transformação da consciência.

A apreensão do significado numinoso dos símbolos amplia a consciência do indivíduo sobre si mesmo, sobre o seu processo de desenvolvimento e o movimento evolutivo do universo, do qual ele faz parte. E assim sendo, funciona como um chamado, como um elemento catalisador para que o homem se reconheça na sua essência e integridade, realizando a cura do estado de separação e o alcance da consciência unificada.

---

24. Idem, p. 59.

O impacto das imagens simbólicas na psique pode despertar a curiosidade e o desejo de busca do significado mais profundo da vida. Através da imaginação simbólica, das imagens sagradas em ação, que são partes inerentes do seu ser, o indivíduo pode fazer o reconhecimento da sua alma e realizar o encontro com o Self, com o Centro, a identidade mais profunda do Ser.

A vivência do numinoso sempre possibilita a superação da percepção limitada do ego e a criação de uma abertura da consciência para o reconhecimento da natureza divina de cada um, para a revelação da alma, daquilo que realmente se é, para a manifestação do sagrado, do Deus interno.

3. A Cruz: Símbolo da Manifestação Espaço-temporal

A cruz é um símbolo cosmogônico referente ao Centro transcendente considerado de importância fundamental. Presente universalmente nas mais distintas cosmovisões e nas tradições de sabedoria antigas, a cruz representa a manifestação da potência criativa divina no mundo fenomenal, origem da multiplicidade de todas as coisas. Encontrada desde a Suméria, o Egito, a China, a Grécia, a África, até a América, a cruz foi representada sob as mais diferentes formas hieráticas.

Embora possa assumir também outros significados simbólicos, dependendo da cultura, a cruz sempre conservou o sentido universal do Centro primordial criador, da Unidade original subjacente a tudo. Entre os sumérios, a cruz era representada com um centro vazio, assinalando o Centro Supremo primordial e a transcendência da energia criadora. Era ainda vista como um símbolo do deus Anu, o deus do Céu.

Como representação do princípio da vida infinita do Centro universal, a cruz, em alguns casos, estava ligada à fertilidade de um deus ou de uma deusa. No Egito antigo, a cruz *Ankh* era o símbolo da eternidade, da união dos contrários. Conhecida também como a "Chave da Vida", a *Ankh* significava a vida inesgotável e estava relacionada ao nó de Ísis, um atributo da deusa. O nó de Ísis representava os laços que prendem o ser humano ao mundo terreno, os apegos que devem ser desatados com a ajuda da deusa para que o indivíduo possa alcançar a imortalidade. O desatamento dos nós era um segredo que pertencia a Ísis. No *Livro dos Mortos Egípcio*, uma vinheta mostra a

32 OS SÍMBOLOS DO CENTRO

Ankh com Ísis e Néftis ao seu lado, indicando serem essas deusas as detentoras dos segredos da imortalidade.

A *Ankh* aparece ainda representada na mão de outros deuses, como um símbolo da vida, do sopro divino perene e oculto em todas as coisas. Usada como um símbolo da iniciação, da imortalidade desejada, a *Ankh* costumava ser aplicada na fronte dos iniciados, para lhes conceder a visão eterna ou como proteção conferida a todo aquele que participava dos mistérios sagrados de Ísis. No cristianismo copta (cristianismo do Egito), a *Ankh* se converteu na "Cruz da Vida" ou Cruz ansada.

No judaísmo a cruz era um sinal da salvação, um pacto entre o homem e Deus, ocorrido através da transformação interior, da purificação do coração. Indicava o sinal, o selo de proteção e a aliança entre Deus e aquele que se purificou, que se transformou e se tornou um servo de Deus. A cruz está ligada a vários acontecimentos narrados na *Bíblia*, mostrando o amparo de Deus.

O *Êxodo* (12: 22) conta que durante a décima praga, (a que levou à libertação dos judeus do Egito), Deus recomendou a Moisés que os judeus, ainda escravos, marcassem suas casas com um sinal feito com sangue de cordeiro, como proteção, para evitar que seus primogênitos morressem. *Ezequiel* (9: 4) relata que Iavé, quando resolveu punir Jerusalém pela idolatria praticada, mandou que seus anjos marcassem com um sinal na testa todos aqueles que haviam lamentado esse ato e se tinham mantido fiéis à lei de Deus, assim esses foram poupados da punição[1]. No *Apocalipse*, a cruz, para mim, seria o selo do Deus vivo: "Vi outro anjo que subia do nascente e tinha o selo do Deus vivo". (Ap. 7: 2-3)

Na Grécia, em Creta, foram achados vários tipos de cruzes, a grega, (geralmente de forma quadrada) e a latina. Em Micenas, no palácio de Cnossos, foi descoberta uma grande cruz de mármore, em meio a objetos votivos. E na ilha de Chipre foi encontrada uma estatueta em pedra representando uma deusa-mãe em forma de cruz, datada de 2500 anos a.C. Os gregos usavam ainda a letra *Tau,* a décima nona de seu alfabeto, como um símbolo da cruz e da vida. O *Tau* como símbolo da cruz se difundiu mais tarde para o cristianismo. Um antigo hino cristão à cruz, do século XII, relaciona a cruz ao *Tau*: "Por ti ó cruz, Israel é salvo do extermínio do inimigo, enquanto Ezequiel te prefigurou nos mistérios do *Tau*". Na Grécia pré-helênica, foi ainda encontrada a cruz suástica, como um símbolo de fertilidade.

Entre os povos da raça drávida, ocupantes originais da Índia, anteriores ao povo ariano, era comum o uso da cruz em formato de suástica. Ligada a ritos de fertilidade, a suástica representava o movimento

---

1. Interpreto que estes sinais enunciados na *Bíblia* ficam subentendidos como o sinal da cruz.

A CRUZ: SÍMBOLO DA MANIFESTAÇÃO ESPAÇO-TEMPORAL 33

giratório das estações durante o ano. No budismo hindu, (século VI a.C), a suástica aparece como o selo sobre o coração do Buda e no centro de alguns mandalas. No janaismo, outra religião da Índia criada no século VI, a suástica simbolizava os vários mundos; dos deuses, dos homens, dos animais e dos mortos. Foi encontrada também uma cruz suástica em Mohenjo-daro, no Paquistão, em monumentos com data de cerca de 2000 anos a.c.

Na Ásia Oriental, na China, a cruz suástica era usada no taoísmo, como símbolo da organização quádrupla do mundo, representando a terra localizada no centro da cruz e correspondendo aos quatro pontos cardeais.

Entre os celtas se tem notícias do uso de suásticas nos ritos de fecundidade. Na antiga Lituânia, os camponeses costumavam desenhar suásticas em suas casas, para garantir a fertilidade e a abundância. Na Europa, a suástica foi considerada, durante muito tempo, um símbolo de Cristo e conservou-se como tal, até o final da Idade Média. A suástica foi encontrada ainda entre alguns povos indígenas da América do Norte.

A cruz suástica é um símbolo muito antigo, tanto no Oriente, quanto no Ocidente. No entanto, depois que foi usada de forma deturpada pelo nazismo, tornou-se a marca desse movimento, adquiriu, então, um significado extremamente negativo, e ficou ligada a um episódio histórico deplorável.

Na América do Norte, entre o povo navajo, os xamãs delineiam espaços sagrados, em cujo centro desenham uma cruz que marca as diferentes regiões ocupadas pelos deuses e delimita as sucessivas experiências míticas que devem ser vividas pelo herói ou iniciado. Ainda entre os navajos, a cruz vermelha significa o fogo criador, mas, quando a cruz é da cor azul ou negra representa a madeira que contém o fogo. Na América do Sul, na cidade de Cuzco, numa antiga construção inca, foi encontrada uma cruz quadrada feita de mármore, branca e vermelha, medindo cerca de 50 cm de extensão.

No México, a cruz estava associada ao processo criativo divino. Segundo os astecas, o mundo foi construído no formato de uma cruz, de cujo centro saíam quatro cruzamentos que levavam do leste ao oeste e do norte ao sul. Xiuhtecutli, o deus do fogo, reside no centro da grande cruz cósmica considerado o ponto primordial divino de onde se irradia a energia da criação e também o lugar da realização da síntese, da junção dos opostos. Outra narração de origem asteca, diz que Quetzalcoaltl, o deus do vento, governa o leste e o oeste e se movimenta através dos espaços para morrer e renascer no leste. Quetzalcoaltl era visto também como o deus da aurora e do renascimento e semelhante ao sol. A sua vestimenta era ornada com uma cruz, assim como o seu escudo, para assinalar o seu papel cósmico.

34 OS SÍMBOLOS DO CENTRO

Em todas as suas formas e significados, a presença da cruz é constante na cultura humana indicando, dessa forma, a sua força e importância como símbolo. Em muitos casos, a cruz está ligada a outros símbolos do Centro, como o ponto, o círculo, o quadrado, o labirinto, o mandala, a Árvore da Vida, explicitando o significado da cruz como geradora do processo criativo cósmico e apontando o inter-relacionamento dinâmico entre os diversos símbolos do Centro. A simbologia da cruz naturalmente se liga à Árvore da Vida, e ao Paraíso, como símbolos do Centro.

O Paraíso judaico-cristão é circular como representação do Centro, da Unidade do céu, em cujo centro se encontra a Árvore da Vida, porém, a expansão da energia o dividiu em cruz, gerando os quatro rios e toda a multiplicidade da vida.

Como representação do Centro criador, a cruz descreve, através de suas linhas, o processo criativo cosmogônico, a divisão e desenvolvimento da energia criativa no interior do Centro. Nascida do diagrama circular cosmológico, no seu movimento de progressão, o símbolo da cruz inaugura a estrutura fundamental do universo, dividindo o círculo em quatro e gerando a multiplicidade dentro da Totalidade.

O símbolo da cruz, ao representar o ato criador divino, constitui a matriz de toda a pluralidade manifesta no mundo fenomenal. Jean Hani comenta que a cruz nos faz compreender o mistério da criação.

A criação não é outra coisa que a efusão do Ser Absoluto, efusão que se produz simbolicamente mediante a descida do Raio de luz celestial pelo eixo vertical e polar que conecta a terra com o céu e sobre o eixo horizontal, ou mais exatamente sobre o plano horizontal, a partir do ponto central de onde se irradia e se difunde. È a efusão do Uno no múltiplo, do Ser nos seres[2].

Para os gnósticos, a cruz representava o próprio Deus encarnado.

Assinalando o lugar da divisão dentro da Totalidade, a cruz cria a multiplicidade, a diversidade, os pólos opostos; acima e abaixo, direita e esquerda, vertical e horizontal. Segundo Jacob Böehme, a cruz é a divisão no coração de Deus. É a assinatura fundamental de todas as coisas, formada pelos dois eixos do círculo, o vertical e o horizontal, que dirigem os dois mundos, o mundo divino e o humano.

Portanto, a cruz inaugura a fundação do mundo. É do traçado da cruz que surge a primeira orientação espaço-temporal, determinante do estabelecimento dos quatros pontos cardeais, norte, sul, leste e oeste. O eixo leste-oeste articula a orientação espacial, o Ocidente e o Oriente. O eixo norte-sul organiza a orientação temporal, pois corresponde ao eixo de rotação da terra. No Nepal, num antigo rito que marcava a orientação espacial, era fincado no solo um longo tronco, ao qual se

_____

2. Jean Hani, *Mitos, Ritos e Símbolos*, Barcelona: Sophia Perennis, 1992, p. 336.

A CRUZ: SÍMBOLO DA MANIFESTAÇÃO ESPAÇO-TEMPORAL

prendia uma cruz, com fitas de diferentes cores, representando as várias direções do espaço, as direções cardeais, enquanto que o tronco representava a direção vertical, o Eixo do Mundo, o Centro.

Na visão do profeta Zacarias (6,1-8) os quatro ventos, ou quatro pontos cardeais, foram vistos como quatro carros puxados por cavalos de cores diferentes. Em uma gravura anônima do século XIII, Cristo aparece como o homem cósmico, rodeado pelos quatro pontos cardeais, pelos quatro ventos principais e pelos quatro demônios do vento.

Geradora do movimento que se abre em direções contrárias, a cruz representa a divisão quaternária dentro da Unidade, no processo de criação. É a partir da cruz que o quadrado, símbolo da terra e da multiplicidade da manifestação divina, tem origem. Na África, entre os iorubas, a cruz marcava a divisão do espaço entre os quatro principais orixás. A leste fica Exu, a oeste Xangô, ao norte Ogum e ao sul Oxalá. A cruz grega, com os seus quatro braços iguais, representava o quadrado, a terra composta pelos quatro elementos: fogo acima, terra em baixo, à direita o ar e à esquerda a água e as quatro direções cardeais.

A divisão quaternária dentro da Totalidade é um arquétipo representado pelo sinal da cruz. O profeta Ezequiel teve uma visão do carro de Deus, ladeado por quatro figuras de querubins representando a divisão quaternária dentro da Totalidade inicial que dava origem à cruz e aos quatro pontos cardeais. "Cada um tinha quatro asas; duas estão unidas e estendidas para o alto; duas cobrem a parte inferior do corpo; e as outras duas se estendem para os lados, formando assim uma cruz iluminada pelo fogo que emana do corpo desses seres" (Ez. 1: 11).

Marcando a divisão pela criação dos opostos, o sinal da cruz funda o mundo e dá origem à aparente separação, representada pelas linhas em oposição da cruz, pelos seus braços que apontam para direções opostas, direita e esquerda, e pelos seus eixos vertical e horizontal. O eixo horizontal da cruz representa o mundo humano, o mundo das polaridades, do espaço e do tempo, da dualidade da consciência do ego, adquirida com a saída do estado de Totalidade. O tempo e o espaço estão associados aos aspectos do condicionamento mental ao qual o homem está sujeito na sua saída da eternidade, na sua descida para a vivência temporal histórica.

O eixo vertical é o mundo divino intemporal e eterno, o estado de unidade que pode ser alcançado por todo aquele que se empenha no trabalho de expansão da consciência para além do mundo egóico, para além do eixo horizontal. O eixo vertical marca a descida da alma no tempo, mas também a sua subida, o caminho de volta para casa, a reunificação, a reintegração na Totalidade, a possibilidade de volta ao estado de unidade. O eixo vertical é o caminho que religa o homem a Deus.

Através de seu eixo vertical, a cruz mostra que existe um significado para o movimento descendente da alma, para a sua experiência no mundo material, porque Deus deseja essa experiência. Mas, através do serviço ao Self que leva ao seu aperfeiçoamento, a alma pode realizar o movimento de subida, de ascensão, de volta para a consciência Unificada. A cruz marca o percurso da alma, tanto a descida para a jornada humana na matéria, a realização da individualidade posta a serviço do Self e o abandono aos seus desígnios, quanto a subida, o retorno para o mundo transcendente.

Toda a vida humana passa a ser definida pelo jogo dos opostos aparentes, pelos pólos vertical e horizontal da cruz que marcam o devir humano, a direção do seu destino evolutivo. Na sua experiência o homem pode limitar a sua vivência ao eixo horizontal, ao mundo material das formas e dos sentidos e esquecer a sua origem espiritual. Ou, por outro lado, seguir o eixo vertical, o caminho do desenvolvimento espiritual, da ascensão, e esquecer ou abandonar as suas obrigações no plano material.

O grande desafio humano no seu processo de desenvolvimento é a conciliação das polaridades, a união dos dois eixos, sem a exclusão de qualquer um deles; o horizontal das necessidades terrenas e materiais, o plano da realização da alma no mundo, e o vertical que liga o homem à dimensão transcendente. Desta forma, o homem encontra o significado espiritual na sua vida diária e descobre o caminho que o liga ao céu. Quando os dois níveis são integrados, o humano e o divino, Deus é colocado no cotidiano das pessoas e as necessidades materiais não são reprimidas, nem vistas negativamente, mas compreendidas como vias que podem conduzir para o Espírito.

Contendo em si mesma a quadratura do círculo, o fundamento da divisão na criação divina, e também o símbolo da união dos opostos, a cruz, através da força de conjunção, contida em seu traçado, cria a síntese do cosmo, a comunicação da dimensão terrena horizontal com a celeste vertical. O eixo horizontal da cruz, com suas polaridades direita e esquerda representam, ainda, a dimensão masculina e feminina, o sol e a lua que devem ser desenvolvidos e integrados no processo de unificação da consciência. O desenvolvimento da consciência exige que o indivíduo realize a união das polaridades; de baixo e de cima, da direita e da esquerda, do feminino com o masculino, para que possa alcançar o Centro, pois neste está a medida humana e a completude do Ser.

Como promotora da relação do plano horizontal com o plano vertical, da esquerda com a direita, do masculino com o feminino, a cruz representa o impulso da alma para a união. A quaternidade representada pela cruz é um símbolo não só de divisão, mas também de síntese, de unificação, por isso está presente na maior parte dos mandalas.

Gerando a multiplicidade, a divisão, mas assumindo também a função de síntese e de medida, a cruz indica que a harmonia está na

A CRUZ: SÍMBOLO DA MANIFESTAÇÃO ESPAÇO-TEMPORAL   37

vivência equilibrada da dimensão material e espiritual, do masculino e do feminino, do humano e do divino. A cruz simboliza, portanto, três estados do Ser: a Unidade primordial paradisíaca, o estado de separação, de descida no mundo fenomenal e o estado ascensional, que compreende o percurso de volta para a consciência unificada.

Um antigo texto alquímico grego, *Philosophus christianus*, se refere à cruz como símbolo da Unidade. Nele se lê: "Na cruz, o Um se converte em Dois e do Dois se faz Três; e através do Terceiro, o Quatro realiza a Unidade. Assim, o Dois não forma nada mais que o Um"[3]. O dois representa os opostos masculino e feminino, direita e esquerda. O terceiro é o ponto de intercessão, que pode ser entendido como o movimento de neutralização passiva dos opostos pela união, ou a síntese ativa das duas forças masculina e feminina. O quatro, por sua vez, representa a síntese realizada entre os quatro elementos.

A síntese dos quatro elementos, por sua vez, cria um círculo simbolizando a vivência da consciência individual em conjunção com a consciência da Unidade. Como lembra Jean-Yves Leloup:

> Preocupar-se com a eternidade é reencontrar a dimensão vertical. Nosso devir não está simplesmente no espaço-tempo, mas na abertura para a transcendência. A cruz – a dos cartuxos assim como todas as cruzes – é esse símbolo que mantém juntos a vertical e a horizontal. Ou seja, o Amor, a abertura para a transcendência: e ao mesmo tempo esse sentido do irmão, o amor pelos outros"[4].

É preciso aprender a manter unidos o nível vertical e o horizontal, a imanência com a transcendência.

Como um símbolo mediador e unificador dos opostos, entre o sagrado e o profano, entre o céu e a terra, entre o homem e Deus, a cruz indica a possibilidade de reunião dos opostos, o caminho para o reencontro do humano com o divino, através da transformação interior. A jornada iniciática humana é simbolizada pela cruz, pois ela contém no seu desenho um importante modelo de desenvolvimento. Representando, portanto, um caminho de reunificação com o mundo divino, a cruz indica o trabalho da alma para a realização dessa conjunção.

O destino do homem está gravado, simbolicamente, na cruz; a vivência no mundo material a serviço da realização do Self e da sua própria realização, através da atualização do seu potencial anímico no mundo. A expressão da alma no mundo imanente, das formas materiais, pode ser um caminho de evolução quando é posta à serviço do Self. Dessa maneira, o homem pode unir a dimensão material com a dimensão anímica e espiritual e realizar o desejo do Self.

---

3. Julius Evola, *La Tradición Hermética*. Barcelona: Ediciones Martineez Roca, 1975, p. 62.
4. Jean-Yves Leloup, *Nomes de Deuses*. Entrevistas a Edmond Blattchen, São Paulo: Unesp, 2002, p. 76.

38   OS SÍMBOLOS DO CENTRO

Encontrando-se situado no cruzamento entre o mundo material e espiritual, o homem é o elo que pode unir os dois mundos, realizando a
consciência da unidade e o retorno para os domínios espirituais.

A intercessão dos dois eixos, no Centro da cruz, significa o caminho do meio, a vivência dos dois mundos, de forma integrada e
harmoniosa, a compreensão e a conciliação entre o material e o espiritual adquiridas pelo indivíduo. Os movimentos de convergência dos
braços da cruz; do exterior para o interior, de cima para baixo e de
baixo para cima, mostram que todos os movimentos conduzem para
o Centro. Portanto o ponto de intercessão da cruz constitui um Centro
sagrado, o lugar da comunhão do homem com Deus, onde é realizada
a união sagrada dos opostos.

Quando o homem não está alienado do seu lado espiritual, Deus
está presente no seu cotidiano e a volta para casa, a recuperação da
consciência de unidade e da identidade com o Self, fica facilitada. A
cruz dos cartuxos é, freqüentemente, representada em cima de um
globo, indicando que ela permeia o caminho do homem na terra e que
existe uma relação entre a experiência humana e o caminho de volta
para o domínio celeste.

Por conter um caráter reunificador e de força ascensional, a cruz
é um símbolo de Eros, do Amor e da União de Deus com o homem.
Para Leloup, a cruz é o grande livro aberto à revelação de Deus. "A
cruz é o grande livro da arte de amar, dizem os antigos. A cruz é o
grande livro aberto do homem-aberto na horizontal e na vertical, em
todas as dimensões"[5].

Como símbolo de ascensão, representado principalmente através
do eixo vertical, a cruz se assemelha ao símbolo da montanha e da
escada, mostrando o caminho evolutivo, que passa pelos quatro níveis, o biológico, o psíquico, o simbólico e o espiritual. Nas lendas
orientais a cruz é a ponte ou a escada, veículos da ascensão, através
dos quais o homem, na sua subida espiritual, pode chegar a Deus.

Existem muitas representações medievais da cruz, no alto de
uma escada, geralmente de sete degraus, simbolizando os sete céus
planetários, do Sol, da Lua, de Mercúrio, de Vênus, de Marte e de
Saturno, os sete níveis de desenvolvimento da consciência. A cruz
assume, nessas representações, o significado da Árvore Cósmica, veículo de ascensão da alma até Deus.

Um texto apócrifo do cristianismo primitivo, "A Cruz de Luz",
que faz parte do documento gnóstico chamado *Atos de João* (130-150
da era cristã), fala de uma cruz luminosa vista pelo apóstolo João.
Nesse texto é narrada a experiência que João teve no alto de uma
montanha, onde viu uma cruz luminosa e ouviu essas palavras: "Esta
cruz reúne todas as coisas nela com uma palavra e as separa das coisas

5. Idem, p. 77.

A CRUZ: SÍMBOLO DA MANIFESTAÇÃO ESPAÇO-TEMPORAL   39

inferiores e, sendo única devolve todas as coisas à unidade. Mas não é a cruz de madeira que está vendo aqui...". Este texto diz que a cruz possui uma realidade simbólica transcendente, que está além da expressão material, que transcende o tempo e o espaço e que só pode ser compreendida por aqueles que têm olhos para ver.

A cruz representa a encarnação do homem como espírito na matéria e a sua possibilidade de ascensão espiritual através da sua ação e relação no mundo. Esse foi o ato realizado por Cristo, quando aceitou descer e quando se entregou ao Pai, realizando a sua ascensão de volta para os domínios celestes. O verdadeiro significado da cruz do Cristo, portanto, não é a da sua crucificação, da sua morte, mas, pelo contrário, é a cruz como símbolo da força divina presente na multiplicidade das coisas. A cruz mantém todas as coisas fixas, e assim a alma pode realizar a união dos opostos, a ascensão espiritual, a volta para o Centro. Como diz a poetisa Eliana Pacheco:

> Soprar de leve sobre Teu Mistério,
> Dedos sobre a superfície d'água.
> Apenas pressentir a ponta de descendente escada,
> Ascendente caminho, entrega
> Partida e chegada
> Dor e gozo celeste.
> O que é mais humano – e não?[6]

Como o marco da superação da condição terrena de dualidade para a assunção da condição divina de unidade, a cruz é o sinal da vitória do Cristo sobre o sofrimento humano, a vitória sobre a visão egóica limitada, e a conquista da liberdade que está no alcance da consciência amplificada. Muitas pinturas medievais representam a crucificação de Cristo como a união de opostos, do humano com o divino. Estes artistas expressaram no seu trabalho o significado profundo da *Coniunctio* ligada à cruz, o casamento místico do homem com Deus.

Mas, para que esse matrimônio se realize é necessário o abandono da consciência de separação do ego e a abertura de um espaço psíquico interno para a redenção do Espírito, para o estabelecimento do estado de Totalidade do Self, do reino de Deus, que passa então a dirigir a psique. Segundo Jung: "O próprio Cristo é o símbolo supremo do imortal que está oculto no homem mortal"[7].

De acordo com esse simbolismo, a cruz é também a Árvore do Bem e do Mal, pois marca a queda do homem, a divisão dentro da Unidade, a criação do mundo das polaridades, o surgimento do sentimento de separação e da consciência individual. Mas a cruz, igualmente,

6. Poema inédito cedido pela autora.
7. C. G. Jung, *Os Arquétipos e o Inconsciente Coletivo*, em *Obras Completas*, Petrópolis: Vozes. 2000, v. IX/1, p. 127.

40   OS SÍMBOLOS DO CENTRO

aponta a possibilidade de volta ao estado de integridade, de união e de cura da ferida da separação.

Na iconografia cristã, a cruz é muitas vezes representada como a Árvore da Vida, reforçando assim a lembrança da cruz como veículo simbólico para o alcance da consciência unificada que foi perdida com a queda, para que o homem alcance a imortalidade. Há uma antiga lenda que diz que a cruz foi feita da madeira da Árvore da Vida, por isso ela tem o poder de curar qualquer ferida e de restabelecer a integridade original. A cruz de Cristo une os significados das duas árvores do Paraíso; a Árvore da dualidade do Bem e do Mal que se transforma, através do seu ato, na Árvore da Vida.

Antigos hinos cristãos apontam a cruz de Cristo como a mais frutífera e nova Árvore da Vida e os apóstolos os seus ramos. Considerada a segunda Árvore da Vida, a cruz, na intercessão de suas linhas, marca o ponto onde os opostos podem voltar a se reconciliar, na experiência humana. O Cristo, por meio da sua entrega, mostrou que o homem pode voltar ao estado de unidade com o Pai, porque aquilo que foi separado no processo de diferenciação da consciência individual continua unido ao Centro.

As fontes gnósticas afirmam que a cruz de Cristo foi colocada no monte Gólgota, no cepo da Árvore paradisíaca do conhecimento que aí se erguia. O texto apócrifo encontrado em Nag Hammadi chamado o Apocalipse de Pedro diz:

> O que eu estou vendo ó Senhor? É realmente o Senhor
> que eles tomam? E o Senhor está suspenso sobre mim?
> E eles estão pregando os pés e as mãos de um outro?
> Quem é aquele no alto da cruz, que está alegre e sorridente?
> O Salvador me disse: "Aquele que você viu alegre e
> sorridente no alto da cruz é o Jesus Vivo. Mas aquele cujas
> mãos e pés eles estão pregando é a sua porção de carne,
> que tomou o meu lugar"[8].

No cristianismo, a cruz adquiriu um importante significado, pois ficou ligada a um acontecimento histórico que mudou o destino de toda a humanidade. A vida de Cristo vista como um acontecimento simbólico mostra um momento importante na evolução da humanidade, que passa a ser assinalado pelo sinal da cruz. Jesus mostrou que a sua crucificação não tinha o significado de término da vida, e sim de redenção, que a morte do corpo é apenas um tipo de transformação, de passagem para que seja possível viver o real. Cristo é o sol vitorioso, o *sol invictus*, que venceu a escuridão e a morte e realizou o desígnio do Self, o encontro com o Pai. Nessa perspectiva, a cruz do

8. George Robert Stow Mead, *Fragments of a Faith Forgotten*. Hyde Park: University Books, [s/d], p. 487-488.

A CRUZ: SÍMBOLO DA MANIFESTAÇÃO ESPAÇO-TEMPORAL   41

Gólgota é um símbolo positivo, cujo sentido é o do sagrado ofício, da ressurreição e não do martírio e da morte.

De acordo com uma passagem do Evangelho de São João, o Cristo, quando subiu ao calvário, disse: "E eu quando for levantado dessa terra atrairei todos os homens a mim".

E de acordo com Lucas (10-28), Cristo disse: "Aquele que não leva a sua cruz e não me segue, não poderá ser meu discípulo". A cruz significa a responsabilidade com a própria vida, a esperança de transformação e de ressurreição, de ascensão para o plano espiritual, através da compreensão do sofrimento.

Segundo Leloup: "O nome grego *stauros*, que quer dizer cruz e tem a mesma etimologia da expressão em inglês *to stand*, significa manter-se em pé. Quando o Cristo pede para carregarmos a cruz pede para ficarmos em pé. Não se trata de submeter-se ao sofrimento, mas de manter-se ereto no cerne do sofrimento"[9]. Fazer do sofrimento um espaço, para a iniciação, não se identificando com essa condição passageira, mas vendo nela um significado maior, ampliando, assim, a compreensão e a diferenciação entre o real e o impermanente. Quando se está identificado com o ego, o sofrimento pode ser insuportável, quando se vai além dessa limitação da percepção, é possível se obter o entendimento do significado do sofrimento e se alcançar a visão do Self.

Manter-se em pé, estar nas próprias pernas, tem o significado de assumir a própria diferenciação, instaurar a sua individualidade, realizando assim, no mundo, o próprio potencial, carregando a responsabilidade pelo seu desenvolvimento. Cristo como o filho de Deus fez a sua descida no mundo imanente, cumpriu a sua missão terrena, realizou o seu percurso iniciático e deixou um modelo de iniciação, ao mostrar que a vida na terra é uma passagem e constitui um caminho de consumação da transcendência. O verdadeiro significado da cruz, então, se torna o caminho para a ressurreição, a abertura para o transcendente, para que todos os homens possam realizar a sua redenção e retornar à Unidade.

Representando a finalidade do processo iniciático do antigo culto dos mistérios, a cruz concentra, num único ato e símbolo, a aspiração de viver a realização do Self, a mudança da consciência profana do ego para a consciência unificada. Santo Agostinho faz a analogia entre a crucificação e a cruz como símbolo que marca o processo da junção dos opostos, do céu e da terra, do casamento sagrado entre a alma e o espírito:

> Como um esposo, Cristo deixa seu aposento, caminha em frente, com um presságio de suas núpcias, para o campo do mundo... Ele chega ao leito nupcial da cruz e, ali, ao subir nela, consumou a união conjugal. E, quando percebeu os suspiros da

9. J.-Y. Leloup, *Apocalipse. Clamores da Revelação*, Petrópolis: Vozes, 2003, p. 24.

42 OS SÍMBOLOS DO CENTRO

criatura, ele se entregou amorosamente ao tormento no lugar de sua noiva e uniu a si a mulher para sempre[10].

A realidade da condição efêmera da vida material é relembrada ao homem através do símbolo da cruz, e esta, ao mesmo tempo, constitui um estímulo psíquico para o seu desejo de transcendência, de volta para o mundo espiritual, para o estado de Unidade. A cruz recorda ao homem a transitoriedade da vida no mundo sensorial, e o que é mais fundamental, o recorda da sua origem divina, tem, portanto, o significado de símbolo ascensional. Como comenta Thomas Merton:

Viver sob o sacramento da cruz é participar da vida do Cristo ressuscitado. Pois quando morrem nossas ilusões dão lugar à Realidade. Quando nosso falso eu desaparece, quando a treva da nossa auto-idolatria se dissipa, então realiza-se em nós a palavra do Apóstolo Paulo: "Surge tu que dormes e Cristo te iluminará" (Ef.5,14)[11].

Como símbolo do Centro, a cruz é um antídoto contra a dispersão e a desintegração. Ela une aquilo que está disperso no homem, que o faz se manter preso ao estado de separação. A distração, a identidade com o mundo dos sentidos sempre afasta o homem do Centro e o leva, cada vez mais, para a periferia do seu Ser. A queda não é outra coisa senão esse afastamento, a perda da comunicação com a fonte do Ser, que leva o homem a se fundir e a se perder na multiplicidade das coisas. A esse respeito comenta Jean Hani: "A ruptura com a Unidade é esse o pecado. E a redenção é o restabelecimento do influxo divino conforme o eixo vertical da cruz"[12].

Jung viu na cruz um dos símbolos mais antigos e mais importantes:

A cruz significa a ordem em oposição ao desordenado ou caótico da multidão amorfa. Ela é na realidade um dos símbolos mais primitivos da ordem como mostrei em outra parte. No âmbito dos fatos psíquicos, ela possui igualmente a função de um centro gerador de ordem; por isso aparece também como um mandala dividido em quatro partes nos estados de perturbação psíquica[13].

O símbolo da cruz indica que a alma pode voltar a se manter coesa, que pode se reconectar com o Centro. Através do impulso para a união, para o Centro, a cruz, como um símbolo reunificador, tem o poder de juntar todas as partes fragmentadas do indivíduo, todas as dimensões do humano, realizando a harmonização dos opostos, celeste e terreno.

A alquimia adotou muitos dos símbolos cristãos, assim, a cruz para os alquimistas representava o crisol hermético, o vaso alquímico

10. Citado por Edward F. Edinger, em *Anatomia da Psique*. O simbolismo alquímico na psicoterapia, São Paulo: Cultrix, 1990, p. 234.
11. Thomas Merton, *A Vida Silenciosa*, Petrópolis: Vozes, 2002, p. 26.
12. Jean Hani, *Mitos, Ritos e Símbolos*, Barcelona: Sophia Perennis, 1992, p. 337.
13. C. G. Jung, *O Símbolo da Transformação na Missa*, Petrópolis: Vozes, 1979, p. 84.

A CRUZ: SÍMBOLO DA MANIFESTAÇÃO ESPAÇO-TEMPORAL   43

que antes se chamava *cruzol*. É no crisol, na cruz, que a matéria passa pela purificação, para realizar a transformação, da mesma forma como Cristo realizou a sua transformação e ascensão na cruz. Os alquimistas viam a morte da matéria, do ego, no vaso alquímico, como semelhante à morte de Cristo na cruz. A morte simbólica era o estágio necessário para que fossem realizadas a regeneração e a ressurreição.

Usada pelos alquimistas como um modelo simbólico de transformação psíquica e de ascensão espiritual, a cruz representava, na iconografia, alquímica o caminho que o homem deve percorrer em direção a Deus. O alquimista John Dee, no seu trabalho *Mônada Hieroglífica* (1564), diz que a cruz é composta de quatro linhas que se unem num ponto central. As quatro linhas representam os quatro elementos, que no ponto de união formam o quinto elemento. A cruz contém, em si mesma, a descrição e proposta do desenvolvimento humano; ela é não só símbolo do desmembramento e da dispersão, da descida da alma para a vivência terrena, simbolizada pelos quatros elementos, mas também o símbolo da união, da criação de um novo estado de união representada pelo quinto elemento, a Quinta-Essência. Uma gravura do alquimista Nicolau Flamel mostra uma cruz com uma serpente enrolada a sua volta. A serpente mercurial simboliza a fixação do Espírito volátil e o término do *opus* alquímico.

Em algumas gravuras alquímicas a cruz aparece representada com uma rosa no seu centro, que pode ser simbolizada pela cor branca, vermelha ou rosa. A rosa branca representa a alma, o feminino, a tintura lunar. A rosa vermelha simboliza o Espírito, o Logos, a tintura solar. E a rosa, de cor rosa, expressa a união dos opostos realizada, o sangue cor de rosa do Cristo Lápis.

A cruz é o símbolo da realização da totalização, da união dos opostos, do *Yin* e do *Yang*, através do seu Centro. No centro da cruz tudo está contido, tudo se reúne e se compõe livre das oposições, por isso é um símbolo adequado para representar a harmonização dos opostos. Entre os sufis o centro da Cruz é chamado de Estação Divina (*El-maqâmul-ilâhi*), porque é o lugar de equilíbrio onde todos os opostos, todos os contrários, se reunificam.

A cruz simboliza as várias qualidades de Deus expressas por meio dos seus braços. Segundo Martin Lings,"Santidade e humildade são representadas, respectivamente, pela parte superior e pela base da cruz; a majestade, incluindo a justiça e as outras virtudes que refletem o Rigor Divino, é representada pelo braço esquerdo, e a beleza incluindo todos os reflexos da Misericórdia Divina, pelo direito"[14].

As igrejas e as catedrais foram intencionalmente construídas em forma de cruz latina, na qual o braço horizontal é mais curto que o

14. Martin Lings, *Sabedoria Tradicional e Superstições Modernas*, São Paulo: Polar, 1998, p. 62.

vertical e forma os transeptos da catedral, delimitando um centro e as quatro orientações cardinais. As catedrais góticas, na forma de uma grande cruz, geralmente estão voltadas para os quatro quadrantes, como o altar colocado de frente para o leste, obedecendo a conceitos platônicos e pitagóricos.

Nas catedrais românicas, principalmente, a nave se prolongava, cada vez mais, para acentuar a forma da cruz. Assim, na arquitetura das igrejas e das catedrais cristãs encontra-se o esquema fundamental da cruz como a criadora dos pólos cardinais e da forma retangular do templo. O esquema da cruz relaciona, dessa forma, a igreja com a imagem do cosmo e com a criação divina e assim cria um pólo central, um *Axis Mundi*.

O templo cristão em forma de cruz representa a imagem do Cristo, materializado e exteriorizado na dimensão espaço-temporal. O plano geral da igreja põe em relevo duas formas; a cruz e o retângulo, presentes no diagrama do templo, simbolizando o corpo de Cristo. A correspondência da cruz com o corpo de Cristo é um arquétipo em que é mostrada a equivalência do centro da cruz com o centro do corpo, o coração, o Centro da Água da Vida e do Espírito. A cruz é o corpo da divindade, em cuja semelhança o corpo humano foi criado, assim como o corpo do homem é o templo que hospeda a divindade.

Como símbolo do Centro transcendente, a cruz sugere que o homem pode superar os condicionamentos egóicos e realizar o seu processo de ascensão da condição terrena e profana para a celeste e sagrada.

4. O Templo:
a Imagem do Cosmo

Para o homem antigo, o conhecimento sobre as formas, medidas e proporções geométricas era de fundamental importância, visto que a geometria era considerada a base para a ordenação do mundo, para a constituição da sua arquitetura. Nenhum trabalho arquitetônico era realizado sem o conhecimento das leis que regem a natureza, para que o tempo e o espaço fossem colocados em uma ordem cósmica. Assim, estar situado no espaço e no tempo significava a criação de uma cosmologia, de uma escatologia sagrada representada na construção do espaço vital.

Considerada uma ciência sagrada, a arquitetura deveria seguir as mesmas proporções geométricas e matemáticas do universo. Qualquer construção deveria estar de acordo com essas medidas consideradas cópias do arquétipo divino, da realidade de Deus. Ao projetar um edifício, o arquiteto procurava reproduzir o modelo e a estrutura do espaço e do tempo sagrados, repetindo o gesto criador divino, recriando-o em um dado espaço. E ao imitar a criação do mundo divino, o homem acreditava regenerar o tempo.

A construção do templo, da cidade e, por extensão, da casa do homem antigo era considerada a repetição de um ato cosmogônico de ordenação do mundo e, sendo assim, representava todo o universo. A edificação de um templo era considerada a expressão maior da arte sagrada e concebida segundo uma fórmula divina. O projeto geral do templo era o reflexo do mundo superior no mundo humano e, ao mesmo tempo, o ponto de contato, de intercessão entre os dois mundos. A reprodução da

46   OS SÍMBOLOS DO CENTRO

estrutura do cosmo na arquitetura do templo tinha, portanto, a finalidade de colocar o homem em consonância com as leis do universo.

Vista como a expressão de uma cosmologia, o reflexo de Deus projetado no tempo e no espaço, a construção do templo obedecia a um plano divino e traduzia, harmoniosamente, a estrutura do cosmo. A forma do templo estava estritamente de acordo com a forma do universo, com a expressão da medida divina. Os templos eram construídos respeitando, rigorosamente, as concepções e proporções da geometria e da arquitetura sagrada, como o templo de Ísis, o santuário de Marduk, o tabernáculo de Jeová, o Templo de Salomão e as catedrais góticas.

Na construção do templo, o estabelecimento do ciclo temporal e os elementos de orientação no espaço, que antes estavam dispersos, eram reunidos a partir de um Centro. Era estabelecida, dessa forma, uma relação de concordância simbólica perfeita entre um Centro e a criação de um edifício sagrado representantes do tempo e do espaço. O templo era o símbolo do Centro transcendente, o modelo microcósmico da criação de Deus, uma *imago mundi* contendo, em si, a harmonia e a ordem universal.

Representante da concepção metafísica e arquetípica do Centro divino, anterior a qualquer materialização temporal, o templo se encontrava no próprio coração do universo, um símbolo vivo do Centro. Segundo Mircea Eliade, o significado latino da palavra *templum* quer dizer: o espaço-tempo sagrado para a contemplação do cosmos. "Visto que o templo é, ao mesmo tempo, o lugar santo por excelência e a imagem do mundo, ele santifica todo o cosmo e santifica igualmente a vida cósmica. Ora, essa vida cósmica era imaginada sob a forma de uma trajetória circular, identificada com o Ano"[1].

Considerado a perfeita manifestação do sagrado, o veículo para a presença de Deus na terra, o templo era o local onde o Espírito divino habitava e, dessa forma, ajudava a ancorar a energia divina no mundo humano, estabelecendo um ponto de contado do homem com Deus. O templo era um *Tabernaculum Dei*, uma abertura para o céu, o local onde Deus descia para ser visto e conhecido pelo homem. Era o lugar da conjunção divina da alma com o Espírito, onde as imagens do cosmo e da alma podem se unir em perfeita harmonia.

Como um centro receptor e irradiador da energia divina, o plano arquitetônico do templo devia seguir um modelo em que as proporções matemáticas e geométricas fossem perfeitas, para que pudesse tanto captar quanto irradiar a energia divina em sua plenitude e para que a sacralidade do lugar ficasse consagrada. O Templo de Salomão media sessenta côvados de comprimento, vinte de largura e trinta de altura. O pórtico que havia diante do templo media vinte côvados de

_____
1. Mircea Eliade, *O Sagrado e o Profano*, Lisboa: Edição Livros do Brasil, p. 88.

O TEMPLO: A IMAGEM DO COSMO 47

comprimento no sentido da largura do templo e dez côvados de largura para frente. (*I Reis* 6:13)

Concebido ainda como inspirado por Deus, o templo devia ser construído de acordo com um modelo arquetípico divino intuído por um profeta, um místico, um artista, um arquiteto e, posteriormente, informado à comunidade. Jeová mostra a Moisés o modelo do santuário que ele deverá construir: "Construirás o tabernáculo, com todos o utensílios, exatamente de acordo com o modelo que vou te mostrar" (*Êxodo* 25: 8-9). O profeta Ezequiel foi iluminado e transportado por Deus para uma montanha onde teve uma visão na qual é descrito o modelo do templo que deveria ser construído (*Ezequiel* 40: 4). David transmitiu a seu filho Salomão as instruções recebidas de Deus para a construção do templo. E Salomão edificou o templo para Jeová, exatamente segundo as instruções recebidas pelo seu pai, isto é, de acordo com o simbolismo geométrico sagrado, a quadratura do círculo e a perfeição do cubo. O Templo de Salomão representava, assim, a totalidade do espaço e da existência temporal em relação com a totalidade divina, cuja forma imanente é simbolizada pelo quadrado dentro do círculo. As dimensões do templo guardavam uma proporção harmoniosa com as leis geométricas do universo e os objetos encontrados no seu interior se referiam à relação do macrocosmo com o microcosmo.

A concepção do templo como um arquétipo divino, o reflexo da Jerusalém Celeste, a Jerusalém do Apocalipse de João, foi uma idéia aceita e difundida na antiguidade, entre os judeus. A Jerusalém Celeste de João se refere ao templo interior, que deve ser construído pelo homem, onde ele encontra o Ser que habita em seu interior e que o leva a se reconhecer como ele realmente é, na sua essência mais profunda.

A imagem da Jerusalém Celeste tornou-se o símbolo arquetípico do templo, não só para os judeus, mas também para os cristãos. A Jerusalém Celeste também significava o encerramento de um ciclo, de um processo ascensional. São Pedro Damião disse que a igreja é a imagem do mundo e o mundo, como obra de Deus, é sagrado.

O *Sefer Ietsirá* fala do Palácio Interior, que é tanto a imagem do Centro cosmogônico como da presença feminina de Deus, da *Schekhiná* (Luz Divina), no mundo humano. Como todo Centro sagrado, ele não se encontrava em um lugar fixo específico, pois podia estar em toda parte, no interior de cada indivíduo. Mas, depois que deixaram de ser nômades, os judeus passaram a localizar a presença da *Schekhiná* no Tabernáculo do templo construído pelo rei Salomão. O local da morada fixa da *Schekhiná* foi então chamado o "Santo dos Santos", o coração do templo, identificado como o Centro do Mundo, o Coração do Mundo e, por extensão, o coração do homem.

Todas essas concepções faziam do templo um lugar sagrado, onde Deus se revelava e se comunicava com o homem e o homem

48   OS SÍMBOLOS DO CENTRO

com Deus. Nesse universo conceitual, Deus era concebido como o Grande Geômetra e o Supremo Arquiteto do universo. A imagem de Deus como o arquiteto divino traduz a concepção sagrada da vida e a idéia da construção do mundo em bases matemáticas e geométricas, presentes nessas sociedades. Essa idéia aparece representada numa ilustração da *Bíblia Moralisée* (Paris. 1220-1230). William Blake também interpretou essa cosmovisão em uma gravura chamada *The Ancient of Days*, na qual Deus aparece inclinado sobre o universo, medindo-o com um compasso.

O homem sempre construiu templos com a finalidade de estabelecer a comunicação com o mundo divino, desde os templos mais remotos da pré-história, formados por círculos concêntricos de pedras, aos elaborados templos sumérios e hindus e às catedrais góticas. A santidade do local era manifestada através desses círculos concêntricos, representando o Centro a manifestação do sagrado.

O templo de Stonehenge, na planície de Salisbury, na Inglaterra, foi construído em harmonia com as leis da natureza e pode ser entendido como a representação de um Centro espiritual, um local de comunicação com os deuses. Stonehenge, segundo os estudiosos, era formado por dois grandes círculos; um círculo exterior chamado *sarsen*, e um círculo interior, formado por "pedras azuis".

O templo de Stonehenge seguia proporções matemáticas e geométricas próprias comprovadas por estudiosos. O círculo exterior mede cerca de trinta metros de diâmetro e é formado por trinta enormes pilares reunidos dois a dois no topo por lintéis. Cada conjunto de duas pedras e seu lintel formava uma espécie de porta. "Esses monólitos tinham enterrado no solo uma média de 1,40 a 1,80m. Assim possuíam uma altura total de 5,50m e um peso de trinta toneladas, mais ou menos"[2]. O círculo interior é composto de pedras menores e mede cerca de vinte e três metros de diâmetro. Esse círculo interior rodeava ainda duas outras figuras concêntricas; cinco gigantescas pedras dispostas em ferradura e outras pedras azuis desenhando uma figura idêntica. E no centro desse conjunto, na linha axial do templo, há uma longa pedra chata, formando um altar de 4,80m.

A arquitetura dos templos buscava a harmonia com a natureza, desde que esta era vista como o seu prolongamento. Para que o sagrado pudesse se manifestar, tudo deveria estar em perfeita ordem e harmonia. Os lugares onde os templos seriam construídos eram escolhidos, com muito cuidado. Dessa forma, era facilitada e garantida a conexão com o divino. Geralmente, eram eleitos locais por revelação profética e, por isso, considerados santos. Acreditava-se que aí se concentrava a força da presença divina, porque ali houve

_____

2. Fernand Niel, *Stonehenge. Templo Misterioso da Pré-História*, Lisboa: Edições 70, 1974, p. 44.

O TEMPLO: A IMAGEM DO COSMO   49

um acontecimento mítico que o consagrou, ou porque ali passavam
correntes telúricas importantes.

Segundo a crença dos povos antigos, correntes energéticas circula-
vam pela terra toda mas se concentravam principalmente em alguns lugares. Assim, deveria se escolher, com cuidado, o lugar onde um templo
seria erguido; como o cume de uma montanha, um local perto de uma
nascente, de um rio ou de um lago, ou na confluência de dois rios.
Após o desígnio do local adequado era feita a sua consagração, a
sua "cosmisação". Era então fixado ao solo um mastro (gnômon) de
um metro de altura ou mais, cuja sombra designava um ângulo reto,
chamado de côvado. "O côvado é o comprimento que representa a harmonia do lugar em relação ao deslocamento do sol e que, conseqüentemente, está associado à relação de equilíbrio e de harmonia entre as
forças do Céu e da Terra, entre o homem e o universo. O registro do
côvado é função da inclinação média do sol em relação à terra"[3].

Um princípio básico da arquitetura sagrada é que as direções do
espaço estão associadas às fases do ciclo solar. Essa era a orientação
seguida na arquitetura sagrada universal, o que assegurava que a estrutura do templo estivesse integrada diretamente com os fenômenos
cósmicos.

O mastro marcava o *omphalós*, o Umbigo do Mundo, o Eixo do
Mundo, onde se situava a Árvore da Vida. Com uma corda era traçado um círculo em volta do mastro, que projetava a sombra do centro.
Durante o dia e a noite os dois pontos externos da sombra mostravam
dois pontos no círculo e a partir desses pontos se calculava os eixos
cardeais. A ligação entre estes dois pontos indicava o eixo leste-oeste.

O templo deveria estar orientado corretamente, o eixo principal dirigido no sentido leste-oeste e a cabeça (abside) voltada para leste (vista no
cristianismo como a direção de Jerusalém). Esta orientação simbolizava
o caminho do homem para a luz, o desejo de acesso aos estados superiores de consciência. Entrar no templo correspondia a caminhar em busca
da luz, em direção à realização espiritual, o retorno ao Centro.

A partir do eixo principal se calculava o eixo norte-sul, trançan-
do dois círculos a sua volta. Estes círculos deveriam se entrecortar
formando uma elipse, um peixe e, dessa forma, marcar a polarização
norte-sul. O lado norte ficava na sombra e representava o mundo obscuro, a inconsciência. E a parte sul, sendo iluminada pelo sol, acom-
panhava a sua progressão durante o dia.

A cruz, resultante do traçado dos eixos cardeais, sugeria a forma
quadrada do templo. Assim, a partir dos círculos iniciais era calculada
a quadratura do círculo, contendo o mesmo raio do círculo original.
O quadrado obtido circunscrevia o plano do templo, cujo diagrama

---

3. Pierre-Alexandre Nicolas, *O Segredo das Catedrais*, São Paulo: Triom, 2001,
p. 34.

fundamental é um símbolo da presença divina no mundo, servindo de elemento mediador entre o círculo do céu e o quadrado da terra, conforme mostra o esquema abaixo.

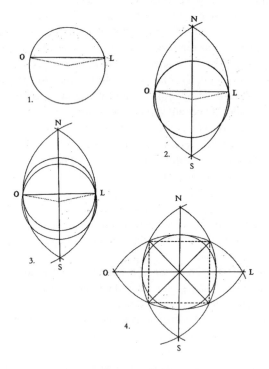

Figura 1. 1. A linha leste-oeste; 2. linha norte-sul, formando a cruz; 3. o círculo quadripartido; 4. a vesica e o quadrado.

O quadrado formava o quadrilátero do templo, o seu coração, o seu Centro e, a partir desse Centro, a construção era erguida. A relação do círculo com o quadrado, ou da esfera com o cubo, constituía o fundamento geométrico da arquitetura sagrada, em todo o mundo. Era a partir dessa relação, da quadratura do círculo, representante da união do mundo divino com o mundo humano, que os templos eram concebidos e realizados.

Em todas as culturas antigas era importante fixar com precisão as três operações fundamentais da fundação do templo; o traçado do círculo, o traçado em cruz dos eixos cardeais da orientação e o traçado do quadrado da base. Essas figuras geométricas representavam os elementos essenciais para a criação de uma ordem cósmica e, assim sendo, determinavam o simbolismo sagrado fundamental do templo e a sua orientação.

O TEMPLO: A IMAGEM DO COSMO

Segundo a tradição hindu, o quadrado obtido com o rito de orientação, o rito de fundação do templo, circunscrevia o traçado do *vástupurušamandala*, quadrado que contém o símbolo de *Purusa*, o Ser divino cósmico incorporado no templo, representando a presença e o sopro divino imanente. O quadrado maior era dividido em quadrados menores, os mais simples tinham quatro ou nove casas e eram dedicados a Shiva e a Prithivi. Os mais complexos apresentavam de sessenta e quatro a oitenta e uma casas. Nesses mandalas, o quadrado situado no centro correspondia ao lugar de Brahma, o Brahmasthana, a estação de Brahma, o lugar onde Ele reside. O *vástupurušamandala* representava o diagrama da relação Espírito-matéria.

Apesar de algumas diferenças de estilo entre os templos orientais, havia muitas características comuns. No centro do templo sempre estava localizado o útero, a câmara ventre do embrião, o *Garbhagriha*, o lugar escuro onde se realizava o casamento sagrado do Deus e da Deusa, onde se efetuava a união do masculino e do feminino. Acima do *Garbhagriha* ficava a *shinkara*, torre ou pilar que ligava a terra ao céu e tinha a função de atrair o poder do deus para o interior do templo. A *shinkara*, como local central e elevado, também representava o monte Meru.

O Centro do templo hindu estava relacionado ao monte Meru, a montanha sagrada, símbolo do Centro. A montanha cósmica, o Centro do mundo, era o local de comunhão entre o homem e os deuses e neste lugar deveria ser erguido o altar. O altar védico era um cubo feito de ladrilhos, dispostos em várias camadas, representando o corpo de Prajâpati, o ser cósmico universal, que aparece fragmentado na sua experiência temporal. Prajâpati é uma hipóstase de *Purusa*, a totalidade do universo.

A construção do altar nos templos de tradição védica era, também, concebida a partir da transformação do círculo em quadrado, da quadratura do círculo. Sendo a quadratura do círculo a representação da encarnação da força da divindade na terra, o altar deveria ser colocado no lugar correspondente ao Centro do círculo, lugar onde ficava o poço sagrado na cripta. A harmonia entre o mundo divino e humano, representada através da noção de relação e de proporção entre as diferentes partes do templo, foi chamada de Seção Dourada, Número de Ouro, Proporção Áurea ou Corte Dourado. Platão afirmou que a Seção Dourada era a chave da física do universo. Esta relação foi usada na arquitetura sagrada do Oriente, do Egito e da Grécia e depois nas catedrais góticas.

Com a finalidade de reforçar a experiência interna do símbolo do Centro, muitas tradições espirituais recomendavam aos fiéis realizarem o movimento de circum-ambulação em volta do templo, visitando os altares dos diversos deuses. Dessa forma, o indivíduo era levado a entrar em contato com o Centro transcendente presente na

52   OS SÍMBOLOS DO CENTRO

sua alma e harmonizar a alma com os poderes do universo. "No rito de circum-ambulação, o simbolismo arquitetônico e plástico do templo, que fixa os ciclos cósmicos, se converte, por sua vez, em objeto de uma experiência cíclica; o templo é o Eixo do Mundo, ao redor do qual evoluem os seres sujeitos ao Samsara, no cosmo inteiro em seu aspecto de Lei imutável e divina"[4].

Geralmente, o templo guardava a afinidade simbólica com outros símbolos do Centro – a montanha, o Pilar Cósmico e a Árvore da Vida – e todos esses símbolos pontuavam o lugar de ligação entre o céu e a terra. O templo era considerado o local onde havia uma abertura para o alto, para a comunicação com o mundo superior, com os deuses. Muitos templos possuíam degraus, destacando a relação simbólica com a montanha cósmica.

Os degraus representavam os estágios que o ser humano tem que galgar em direção ao céu, a passagem pelos níveis de consciência gradativos, até o alcance da consciência unificada. Os templos-torres com sete degraus, os zigurates dos sumérios e babilônios possuíam nomes como Templo da Fundação do Céu e da Terra, Templo dos Sete Comunicadores dos Mandamentos do Céu, simbolizando a correspondência e a ligação entre a ordem celestial e a terrena.

O templo Maia de Chichen Itzá, na península de Yucatan, foi construído no formato de pirâmide e possui numerosos degraus. O templo budista de Borobudur, em Java, foi concebido a partir da imagem da montanha cósmica, possui vários níveis ou degraus, simbolizando a subida e passagem gradativa do nível terreno para o nível divino. Nas plataformas do topo existem três círculos, em forma de sino, que contém esculturas de Budas em meditação, indicando que o Buda está dentro de cada um, bastando que a mente desperte e se deixe atrair para esse Centro interior. A imagem do Buda também relembra ao homem o Ser que o habita, que o faz existir.

Como a expressão de uma cosmologia, cuja forma reflete as leis da harmonia cósmica presente no mundo humano, o templo era, naturalmente, visto como o próprio corpo da divindade que se revelava no plano temporal. O edifício sagrado era construído segundo a imagem do Ser divino objetivado e exteriorizado como Homem Cósmico no tempo.

Para os budistas existe uma analogia entre a imagem humana do Buda e a forma da Stupa, santuário que guarda sua relíquia. A Stupa representa a imagem do corpo universal do Buda com seus diferentes níveis de experiência e consciência. O torso do corpo, a parte humana do Buda, corresponde à parte cúbica da Stupa, enquanto que a cabeça, com a sua protuberância, está relacionada à torre do templo e representa o estado de iluminação do Buda.

4. Titus Burckhardt, *Principios e Métodos Del Arte Sagrado*, Barcelona: Sophia Perennis, 2000, p. 45.

O TEMPLO: A IMAGEM DO COSMO 53

Muitas tradições espirituais afirmavam ser o corpo humano uma estrutura especializada para receber o divino. O corpo humano era considerado o templo que abriga a essência de Deus. Segundo a *Epístola aos Coríntios* Jesus diz: "Não sabeis vós que sois o templo de Deus e que o Espírito de Deus habita em vós" (*I Coríntios*, 3: 16). O cristianismo faz a analogia simbólica do corpo de Cristo com o templo. A perfeição do corpo de Cristo foi concebida por Deus como o modelo ideal para a perfeição geométrica do templo e do corpo místico da Igreja.

No cristianismo antigo, o edifício sagrado era construído com a finalidade de representar o Cristo como presença divina manifestada na terra. A primeira pedra colocada na construção do templo recebia uma benção especial e simbolizava o Cristo como a pedra angular da obra, sem a qual a construção não podia existir.

Em alguns textos siríacos fala-se efetivamente de uma pedra preciosa que é fundamento ou Centro do mundo, oculta nas profundidades primordiais, junto ao templo de Deus. Ela está relacionada ao corpo do homem primordial, Adão, e, o que não é menos interessante, em um lugar montanhoso inacessível cujo caminho não deve ser revelado aos homens e onde Melquisedeque eternamente, ao serviço divino, guarda o próprio corpo de Adão[5].

O modelo arquetípico da perfeição do corpo da divindade é representado no templo e, também, relacionado ao corpo do homem. "O corpo é o templo do Espírito Santo", afirmou São Paulo na *Epístola aos Coríntios* (6,19.) A correspondência entre o corpo do homem e o templo sagrado tem a função de relembrar o homem do Ser que mora no seu interior, provocar um equilíbrio entre o corpo, a mente e o Espírito e, dessa forma, religar o homem com Deus. Santo Agostinho, no tratado *De Trinitate*, (Livro V, capítulo 9) mostrou o paralelo simbólico entre o Corpo de Cristo e o Templo de Jerusalém

O corpo humano, sendo considerado o templo da alma e do Espírito, estabelece a correspondência simbólica perfeita entre a construção do templo exterior e o processo de construção do templo interno, como foi concebido pelos alquimistas. Heinrich Cornelius Agrippa diz:

Dado que o homem é a mais bela e a mais perfeita obra de Deus, e a sua imagem e também o menor dos mundos, ele, portanto, por uma composição mais perfeita e uma harmonia doce e uma dignidade mais sublime, contém e conserva em si todos os números, todas as medidas, todos os pesos, todos os movimentos, todos os elementos e todas as outras coisas que o constituem; e nele de fato está a habilidade suprema[6].

Os alquimistas chamavam ao seu laboratório de templo, o local de realização do trabalho sagrado interior. O laboratório alquímico

5. Julius Evola, *O Mistério do Graal*, Lisboa: Vega, 1978, p. 124, 125.
6. Citado por Nigel Penick, em *Geometria Sagrada*, São Paulo: Pensamento, 1996, p. 54.

era concebido como o lugar onde se realizava a criação da Grande Obra alquímica, a realização de Deus na matéria e no tempo. Ao mesmo tempo em que os alquimistas construíam o templo-laboratório, eles também construíam, espiritualmente, o templo interno. Assim, permitiam que o corpo se tornasse um templo verdadeiro, onde a alma podia encontrar o Espírito, a presença do Deus eterno que habita esse santuário.

A construção do templo interno, do corpo-templo, constituía o suporte material para a realização do trabalho espiritual de transformação da consciência egóica em consciência de alma e para a unificação dos opostos, para o encontro do homem com Deus. Á medida que o indivíduo realizava o trabalho de autotransformação, ele se aproximava da sua alma, se tornava mais humano e do núcleo de sua humanidade ele reencontra o Centro, a Unidade.

O símbolo do templo sugere que no interior de cada um existe um espaço sagrado eterno, infinito, sem tempo, sem começo nem fim, onde se pode experimentar a unidade, a plenitude e a própria santidade. Quando penetramos no mais íntimo de nós mesmos, encontramos o caminho para esse mistério e entramos em contato com o Centro numinoso, com o coração de Deus.

OS TEMPLOS CRISTÃOS: AS CATEDRAIS E AS IGREJAS

Na arquitetura cristã encontramos o mesmo princípio do círculo como o fundamento cosmológico inicial, do qual surge a cruz de orientação espacial, e o estabelecimento dos quatros pontos cardeais, que dá origem ao quadrado, à quadratura do círculo, representante da encarnação da divindade na realidade temporal. Um mosaico do século VI, na capela-mor da igreja de São Vitale, em Ravena, na Itália, mostra Cristo como o Cordeiro de Deus no centro de um céu estrelado. Do Centro, onde está o Cristo, saem quatro faixas que dividem o círculo e criam quatro setores, nos quais está um anjo em cima de um globo. Nessa imagem Cristo é a representação do Self como Centro e a sua manifestação humana.

No cristianismo, a cruz nascida do traçado fundamental circular se torna, ao mesmo tempo, o símbolo do Cristo e a síntese do cosmo. É possível que a interpretação cristã da fundação do templo tenha se reportado a um simbolismo mais antigo e o adaptado ao universo cristão. No entanto, como se trata de um tema arquetípico, é igualmente possível, e talvez mais provável, que duas concepções espirituais análogas tenham nascido, simultaneamente, uma independente da outra.

O plano das igrejas e catedrais cristãs destacava a forma da cruz e do retângulo, símbolo do corpo de Cristo. A cruz estava associada à cruz que Cristo carregou e ao seu corpo, como o lugar da divindade.

O TEMPLO: A IMAGEM DO COSMO   55

As catedrais conservam o significado do templo como o corpo de Deus revelado como homem. O templo cristão representava a imagem do Ser, materializado e exteriorizado na dimensão espaço-temporal.

A catedral, na forma de uma grande cruz, está voltada para os quatro quadrantes, com o altar de frente para o leste e com todos os detalhes, quer de proporção ou de ornamentação, dirigidos e inspirados por um conceito platônico e pitagórico das leis dos números que governam o universo. Segundo essas leis, audíveis na música e visível na arquitetura, a alma é levada a se harmonizar tanto com sua natureza espiritual como com a base universal[7].

Consideradas como verdadeiros símbolos vivos do Centro, as igrejas e catedrais foram projetadas com a intenção de levar o fiel à interiorização e à transcendência. Nas catedrais românicas a nave se prolongava cada vez mais, para acentuar a forma da cruz. Elas foram construídas em forma de uma cruz latina, na qual o braço horizontal é mais curto que o vertical e forma os transeptos da catedral, delimitando um Centro sagrado e as quatro orientações cardinais. Todas elas possuem a abside virada para o leste e a sua fachada para o oeste, enquanto os transeptos, formando os braços da cruz, estão dirigidos do nordeste para o sudeste. Assim, não só as forças telúricas eram observadas, mas, também, as forças do céu e criadas as condições para a reunião das energias da terra e do céu.

As catedrais góticas são consideradas o ponto alto da construção do templo cristão, pois sintetizam e revelam a complexidade do simbolismo sagrado de diversas tradições espirituais. Construídas principalmente entre o século XII e XIII, na França, as catedrais góticas se espalharam depois para a Alemanha e em menor número para a Inglaterra e para a Itália. A catedral de Milão, construída em 1386, é considerada uma obra-prima da arquitetura gótica tardia.

Na França, entre os anos de 1150 e 1250, foram iniciadas as construções de nada menos do que 150 catedrais, como a Notre Dame de Paris, Bayeux, Rouen, Amiens, Laon, Reims, Sens, Saint Denis e Chartres. A catedral de Chartres foi uma das primeiras a serem construídas, ao lado da catedral de Saint Denis. Todas as catedrais góticas da França são dedicadas à Virgem Maria, por isso são chamadas de Notre Dame. A Virgem Maria simboliza o aspecto feminino de Deus e a imagem da Virgem com o menino Jesus nos braços representa o nascimento do novo homem, depois da transformação da consciência profana em sagrada.

Concebidas segundo as regras da Proporção Áurea, as catedrais góticas reproduzem o arquétipo da geometria sagrada, a estrutura matemática do Universo. O Corte Dourado se encontra em muitas proporções espaciais nas catedrais, principalmente como base para

7. Joseph Campbell, *A Imagem Mítica*, Campinas/São Paulo: Papirus, 1994, p. 176.

o cálculo que determina as áreas ressonantes da catedral. No estilo gótico dois aspectos são ressaltados propositalmente: os arcos ogivais, que se projetam para o céu, e a luz, que é distribuída através dos vitrais. Os arcos ogivais das catedrais foram construídos de acordo com o pentagrama, considerada uma das formas mais importante da arquitetura sagrada. Os arcos construídos sobre o traçado do pentagrama criavam a condição especial para a elevação da consciência e possibilitavam a sua transformação. Os arcos ogivais continham ainda uma elipse, a Vesica Piscis, e muitas catedrais apresentam a imagem de Jesus no centro da Vesica Piscis, simbolizando o equilíbrio e a harmonização dos princípios masculinos e femininos.

Os vitrais produzem a qualidade diáfana e translúcida presente na arquitetura gótica, que tem um propósito de tornar o ambiente espiritualizado e possibilitar o alcance de níveis de consciência mais altos.

A composição das cores dos vitrais era mantida como um segredo às vezes mais precioso que o ouro, como a púrpura de Cassius que era procurada por muitos, mas, conhecida somente por alguns mestres. Da mesma forma o azul de Chartres é considerado uma coloração que nossos modernos seriam incapazes de reproduzir apesar das possibilidades de nossas atuais tecnologias[8].

Este conjunto de características da arquitetura favorece a elevação da consciência para níveis muito altos. As proporções das catedrais foram escolhidas meticulosamente para facilitar o desenvolvimento espiritual do indivíduo e o alcance dos estados de consciência superiores. Para os cristãos construtores das catedrais, o espaço físico do templo considerado em sua totalidade é a representação do espaço espiritual.

As catedrais como as de Canterbury, Gloucester e Chartres foram construídas em antigos sítios de círculos megalíticos, assimilando, na sua arquitetura, a posição e a geometria dos círculos. A catedral de Chartres foi erguida no lugar de um antigo santuário Celta, obedecendo às regras segundo as quais os templos deveriam ser construídos em lugares onde passassem correntes telúricas importantes. Os celtas sabiam que por esse local passavam forças telúricas magnéticas especiais que tinham um efeito curativo. Eles chamavam a essas correntes de *Wouivres* e as representavam como serpentes aladas. Esses santuários eram lugares de iniciação e a formação dos iniciados durava de vinte a trinta anos, compreendendo três graus: bardos, videntes e curandeiros e o último grau era o de druida.

Concebidas como centros de iniciação, as catedrais góticas eram as depositárias de um conhecimento superior só acessível aos iniciados. Os candidatos deviam fazer um percurso iniciático que

8. P.-A. Nicolas, op. cit., p. 190.

O TEMPLO: A IMAGEM DO COSMO

começava pela cripta, um lugar subterrâneo que se estendia por baixo da nave de pedra, e depois percorreriam todo o edifício.

A entrada nos subterrâneos correspondia a um aprofundamento interior em busca do autoconhecimento, do confronto com os aspectos sombrios, com os medos com as faltas. Atravessando a própria escuridão, o iniciado encontrava a sua luz, a sua alma, aquilo que tem de verdadeiro, de autêntico. Essa travessia e o encontro com a própria luz, com a alma, levavam o iniciado a reencontrar a sua unidade, o Self, e equivalia à subida para níveis muito elevados da consciência.

Durante dois séculos Chartres foi o centro filosófico, científico, cultural e iniciático, não só da França, mas da Europa. A escola de Chartres reuniu muitos eruditos escolásticos da época, como o bispo Fulbert, Bernardo de Chartres, Thierry de Chartres, Guilherme de Conches, Gilbert de la Porée e John de Salisbury. O pensamento da escola de Chartres explicava a concepção da trindade através de formas geométricas e se apoiava em Pitágoras, Platão, Plotino, Pseudo-Dionísio Areopagita e Boécio.

Além das catedrais góticas havia também as igrejas redondas, como os templos de Tivoli e Spalato, na Itália, a igreja de Altenfurt, na Alemanha, a igreja Nijmeden, nos Países Baixos. Consideradas uma versão paralela da arquitetura sagrada cristã das catedrais, a forma redonda era vista como a forma escolhida para o Santo Sepulcro, lugar do túmulo de Cristo e considerado um Centro do mundo.

Essas igrejas redondas assimilavam o simbolismo cosmológico do círculo e do Centro e eram vistas como microcosmos do mundo e como símbolos da universalidade de Deus. Elas foram construídas no período de 1490 a 1560, principalmente na época dos Templários, mas depois desapareceram, por serem consideradas de inspiração pagã. "Embora houvesse controvérsias e sugestões de heresia em relação ao uso de igrejas redondas, os sistemas proporcionais antigos eram tidos como admiráveis pelos ortodoxos"[9].

Ao longo da história, a arquitetura sagrada sempre tomou como base para sua orientação as concepções e princípios da geometria sagrada, como a Seção Dourada, a Vesica Piscis, a Flor da Vida e as figuras geométricas sagradas como o círculo, o quadrado, o triângulo, o pentagrama, o retângulo. No Ocidente, as catedrais góticas são o exemplo marcante da arquitetura que segue as medidas geométricas sagradas. Outras obras da arquitetura européia também refletem esse mesmo pensamento simbólico, pois foram construídas de acordo com a concepção da geometria e da arquitetura sagrada, como o palácio-mosteiro El Escorial.

Os estudiosos da arquitetura sagrada, como o professor René Taylor, supõem que o palácio El Escorial, além de ter sido concebido segundo a tradicional concepção sagrada do templo, reproduz o

9. N. Penick, op. cit., p. 109.

58 OS SÍMBOLOS DO CENTRO

pensamento geométrico e matemático do Templo de Salomão. "Existem vários indícios que parecem reforçar essa tese. Entre eles se pode mencionar a planta em ângulos retos, a posição da igreja dentro do conjunto e a presença na fachada das esfinges dos reis de Israel"[10].

Outro argumento a favor da idéia de ser El Escorial uma reprodução simbólica do Templo de Salomão, é que o arquiteto contratado por Felipe II, Juan Bautista de Toledo e seu assistente Juan de Herrera, eram pessoas versadas em ocultismo e conhecedores profundos da cabala e da alquimia. A construção do El Escorial foi iniciada em 23 de abril de 1563 e só ficou pronta 21 anos depois.

Herrera substituiu Toledo, quando esse morreu, e produziu uma obra magnífica. Juan de Herrera escreveu um trabalho chamado "Discurso da Figura Cúbica, segundo os Princípios e Opiniões da Arte de Ramon", que ainda se encontra hoje na Biblioteca do Escorial. Ramon Llull era um místico e alquimista, cujas idéias eram seguidas por Herrera.

A obra-prima de Gaudí, o Templo Expiatório da Sagrada Família, que ainda está em construção, é considerada um símbolo do renascimento das antigas idéias sagradas sobre o templo.

A Sagrada Família enquadra-se verdadeiramente na tradição da geometria sagrada, porque Gaudí utilizou esse sistema para determinar as suas formas. Essas formas, verdadeiramente modernas para a época, devem pouco ou nada aos estilos passados e, por causa de sua geometria subjacente, são adequadas ao propósito, para o qual foram planejadas[11].

A concepção sagrada da vida, presente na arquitetura, perdurou por muito tempo, enquanto o conhecimento científico esteve ligado à compreensão espiritual da vida. É essa concepção sagrada presente nas antigas tradições, que envolve a relação significativa do homem com o universo, que a psicologia está retomando e descobrindo, nos seus símbolos, um forte instrumento de abertura para o contato com a dimensão sagrada da consciência.

A força integradora do sagrado presente nesses símbolos ajuda o homem a realizar, em si mesmo, aquilo para o que foi destinado a tornar-se, um ser completo e pleno. A psicologia, acompanhando a mudança de paradigma, está capacitada para propor a meta de desenvolvimento de um homem integral, íntegro e harmonioso no corpo, na mente e no espírito.

10. René Taylor, *Arquitetura y Magia*. Consideraciones sobre la Idea Del Escorial, Madrid: Ediciones Siruela, 1992, p. 48.
11. N. Penick, op. cit., p. 132-133.

5. O Mandala: Centro Divino de Convergência

Mandala é uma palavra de origem sânscrita e significa círculo. É representada, geralmente, na forma circular e concebida como um símbolo do princípio Eterno, um modelo arquetípico da Unidade primordial, do Centro. O mandala sintetiza, simbolicamente, através de sua forma, a presença do Infinito, a Essência Espiritual que emana e permeia todas as coisas.

Constituindo uma imagem dinâmica e sintética do cosmo, o mandala descreve o processo criativo divino, em sua irradiação para o mundo dos fenômenos, a partir de um Centro primordial e eterno. Através da complexidade de suas linhas e figuras, o mandala representa o processo de expansão da Unidade no mundo da multiplicidade, que dá origem às formas materiais. Nas tradições antigas, o mandala era concebido como um diagrama do universo, uma representação geométrica do mundo, uma *imago mundi* e o mundo era considerado um projeto essencial de Deus.

Como uma imagem do Centro criador, o mandala contém, em sua configuração, a quadratura do círculo, a representação da manifestação das potências divinas no mundo fenomenal. E, por meio das variações de círculos e quadrados, o mandala mostra a inter-relação do mundo espiritual com o material, a continuidade entre o mundo divino e o humano e a dinâmica das relações do homem com os deuses. "As formas redondas do mandala simbolizam, em geral, a integridade natural

60 OS SÍMBOLOS DO CENTRO

enquanto a forma quadrangular representa a tomada de consciência dessa integridade"[1].

Vista como a representação simbólica da presença de Deus no Centro do mundo, o mandala era concebido como o suporte, o lugar da verdadeira manifestação divina. Dessa forma, pode levar aquele que o contempla a uma mudança de percepção, para além do mundo visível e aparente, para o Real, para o mundo do Espírito.

Amplamente encontrada nas mais diferentes culturas, o mandala aparece sob as mais variadas formas, como desenho, pintura ou confeccionada na areia, geralmente representando o universo divino em miniatura. O mandala mais antigo e conhecido é da era paleolítica, a roda do sol descoberta na Rodésia. Entre os índios pueblos era comum o uso de mandalas desenhados na areia, com fins rituais.

Consideradas como verdadeiros instrumentos simbólicos, a finalidade dos mandalas é revelar ao homem a imagem da divindade e ajudá-lo a tomar consciência dessa presença, conduzindo-o, dessa forma, a fazer a religação com o Centro sagrado, origem de todas as coisas. As tradições de sabedoria sempre usaram o mandala como um meio auxiliar de meditação, como ferramenta espiritual para a transformação interna.

Nas tradições iniciáticas, o mandala foi empregado como um instrumento ritualístico de meditação para o desenvolvimento da consciência. Através da visualização do mandala, o meditante ampliava a sua percepção e assim podia perceber a ordem infinita presente no universo e a unidade significativa entre todas as coisas.

A contemplação do mandala provocava a ultrapassagem dos limites egóicos da percepção, levando a consciência para o alcance de um nível intuitivo, de freqüência mais elevada, no qual é possível a apreensão do transcendente. Sendo um símbolo do Self, do Invisível e contendo um grande poder transformador, o mandala torna visível o inefável que apreendemos através da intuição.

O mandala está presente tanto na tradição espiritual do Oriente quanto do Ocidente. No Ocidente, na Idade Média, surgiram muitos mandalas cristãos, onde o Cristo geralmente aparece como representação do Centro e os quatro evangelistas, ou seus símbolos, nos quatro lados, representando os pontos cardeais, a divisão e a multiplicidade dentro da Unidade. Jacob Böhme (1574-1625) criou muitos mandalas representando um sistema cosmogônico e cosmológico tanto da criação do universo quanto da consciência. Geralmente os seus mandalas têm a forma de uma flor, uma cruz ou uma roda.

Os mandalas ocidentais são também constantes na Cabala e na alquimia, onde aparecem representando a manifestação central da luz

1. Jean Chevalier; Alain Gheerbrant, *Dicionário de Símbolos*, Rio de Janeiro: José Olympio, 1988.

O MANDALA: CENTRO DIVINO DE CONVERGÊNCIA 61

criadora que se expande para a formação do universo. Os mandalas alquímicos simbolizam o processo da criação divina do universo e da consciência humana, a partir de um Centro divino. No mandala criado pelo alquimista Robert Fludd (1631), chamado "Espelho da Causa de Todas as Coisas", ele descreve a criação do mundo, se abrindo como um leque a partir do Centro, da noite da fonte eterna divina oculta. Descrevendo o processo de transformação da consciência e da sua evolução, os mandalas alquímicos se referem ao *Opus*, ao trabalho interno realizado pelo iniciado, cuja finalidade principal era o alcance da junção dos opostos, a reunificação da consciência.

Os mandalas cabalísticos geralmente são representadas por um ou dois círculos, em cujo centro está desenhado um pentagrama, a estrela de cinco pontas, a estrela de Salomão. O pentagrama do mandala representava o homem glorioso que realizou em si mesmo, a união das forças opostas e complementares; o casamento do princípio masculino com o feminino e a união da dimensão terrena com a divina.

Outro tipo de mandala cabalístico contém no centro uma estrela de seis pontas, a estrela de David, circundada por um círculo composto por letras hebraicas representando os vários nomes de Deus. A estrela de David é formada por dois triângulos que apontam para direções opostas, simbolizando o processo de criação divina, a manifestação de Deus no mundo das formas, a relação da matéria com o espírito e do homem com Deus.

Existem ainda, na Cabala, os mandalas formados por vários círculos concêntricos, contendo letras cabalísticas, que se expandem a partir de um centro único. Esse tipo de mandala representa o Centro supremo a partir do qual se dá a expansão da mesma e única realidade divina. Ele é formada por letras do alfabeto hebraico, representando códigos de energia, através dos quais se originam os vários aspectos ou graus da realidade visível.

No Oriente, o mandala estava ligado, principalmente, aos processos iniciáticos do hinduísmo, da ioga, do tantra tibetano, do taoísmo e da ioga chinesa. Segundo o livro taoísta o *Hui Ming Ging,* o segredo da flor de ouro, é o segredo do Tao, do grande Uno. A flor de ouro é um símbolo mandálico desenhado de forma geometricamente ordenada, em cores luminosas surgindo do fundo da obscuridade inconsciente, simbolizando o alcance da Luz, da iluminação, da consciência unificada. Este nível de consciência é descrito como o fruto sagrado, a flor de ouro, obtido através do trabalho de transformação da consciência do ego em consciência de Self. O praticante era instruído a se concentrar na Luz, para que através do treino constante pudesse, finalmente, iluminar-se, libertando-se dos apegos e das demandas egóicas.

No Oriente Médio, entre os dervixes, o mandala é vivenciado corporalmente, como uma dança ritual circular, cuja finalidade é

OS SÍMBOLOS DO CENTRO

atingir o estado de êxtase, a saída do condicionamento egóico limitante, que se alcança com a rotação da consciência, a mudança que leva para o Centro, o lugar de comunhão com o divino.

Na Índia também existe uma dança de caráter mandálico chamada de *mandala nritya* (dança circular), cujas configurações têm a mesma representação que o mandala desenhado, onde os movimentos circulares representam a vivificação das forças luminosas e a mobilização dessas energias para a eliminação dos aspectos egóicos e sombrios presentes na natureza humana.

A tradição espiritual hindu sempre considerou o mandala a verdadeira arte sagrada, porque ele reproduz as realidades espirituais e sua irradiação e presença no mundo humano. O mandala é considerado a morada da divindade, que aparece representada sob as mais diversas formas simbólicas em seu centro. A imagem sagrada (*murti*) da divindade refletida no interior do mandala é considerada, nessa tradição, a manifestação do imanifestado no mundo das formas fenomenais múltiplas.

Geralmente, o centro interior do mandala é representado como uma flor, a flor de lótus, com quatro ou oito pétalas ao redor da corola simbolizando a divindade em seu processo de expansão criativa, a Unidade que se converte em multiplicidade. O lótus representava a própria divindade, a semente primordial divina, o símbolo do plano divino criativo que se revela no centro do espaço misterioso.

No budismo japonês os mandalas representam o cosmo espiritual. Eles são pintados, em formas de lótus, em cujo centro está o Buda. O centro é visto, nesses diagramas, como a Realidade Absoluta, a manifestação original da presença divina, e o lótus, a representação exteriorizada da perfeição divina. Em cada pétala do lótus aparece a imagem de um Buda ou de um *Bodhisattva* (seres de sabedoria elevada) em sua manifestação múltipla, que rege as diversas partes do universo, diferindo entre si, pelas cores e pelos gestos (*mudras*) representando as diversas qualidades da manifestação divina no universo.

No budismo tibetano, o mandala é tanto uma *imago mundi* quanto um *panteon* simbólico. Geralmente a parte central do mandala representa o Centro supremo, o deus *Shiva* em sua manifestação criadora. *Shiva*, de acordo com a doutrina tântrica, é representado no eterno estado de totalidade, perfeição e harmonia, assim aparece abraçado, em união perfeita com *Shakti*, o seu lado feminino. Os mandalas tibetanos, em sua maioria, apresentam um *padma* ou lótus em cujo centro há um edifício retangular com quatro portas, indicando os quatro pontos cardeais, as quatro estações do ano e, no centro desse edifício, considerado o Centro absoluto, encontra-se Buda, ou a união de *Shiva* e *Shakti*.

Considerado um instrumento ritual da ioga tântrica tibetana, o mandala tem a importante função de promover a concentração,

O MANDALA: CENTRO DIVINO DE CONVERGÊNCIA 63

a meditação e a unificação da consciência. Deste modo, o mandala tibetano é usado com esta finalidade de suporte para a meditação e como guia e meio facilitador para o alcance do Centro. Todo aquele que pratica com determinação o rito de contemplação do mandala pode alcançar o objetivo dessa prática, a cura da dispersão, da ilusão da multiplicidade, para a transformação da consciência egóica de separação e o alcance do Centro, a obtenção do estado de Unidade.

Nas cerimônias de iniciação da ioga tântrica, geralmente é usado um mandala, representando a mansão celeste da divindade. Mas, segundo o Dalai Lama, embora se utilize o termo mandala para se referir ao artefato criado para a meditação, o verdadeiro mandala é a imagem visualizada da residência celeste da divindade, sobre a qual se medita e que pode também surgir espontaneamente na meditação.

Existem diferentes tipos de mandalas na ioga tântrica; o mandala de concentração, o mandala do pano pintado e o mandala da areia colorida. Na ioga tibetana de mais alto grau há, ainda, o corpo mandala do guru. Mas entre todos estes tipos de mandala, o mandala de areia colorida é a principal. O material utilizado para a confecção desse mandala é quartzo pulverizado, o qual é depois tingido por um método tradicional.

Concebido como a representação do mundo espiritual, o mandala é um diagrama de simetria e equilíbrio perfeito. Portanto, para desenhar um mandala é exigida a observância de um ritual muito complexo, para que ele possa realmente se converter num reflexo do mundo divino. Assim, existem na literatura dos lamas tibetanos detalhadas instruções teóricas e técnicas de como desenhar um mandala, como pintá-lo e como usá-lo.

De acordo com essas instruções, que datam do século XI, a escolha do local e do dia propício era feita com muito cuidado. O oficiante devia, antes de iniciar o desenho, passar por um processo de purificação, tanto física quanto espiritual, através de banhos, abstinência sexual, jejum e meditação. O local escolhido também era submetido a um ritual de purificação e de consagração, através de danças rituais que implicavam em determinadas posturas da mão e do pé.

Havia ainda vários tipos de dança ritual; um deles consistia em diferentes posturas que eram adotadas ao se consagrar o lugar onde o mandala seria construído. Depois da consagração e da purificação do oficiante e do local, o mandala era finalmente desenhado sobre a superfície consagrada. Depois de ter sido completado o mandala era realizada ainda outra dança; uma dança com máscaras, cujo objetivo era eliminar as interferências negativas.

Na confecção de um mandala eram observados, cuidadosamente, determinados aspectos. As divisões fundamentais da superfície interna do mandala eram feitas através de duas linhas principais chamadas de *brahmasûtra*, que eram traçadas de norte a sul e de leste a oeste, formando a cruz do traçado fundamental, o Centro, o *Axis Mundi*, o *brahmarandhra*, o buraco de Brahma. Em seguida, era feita a invocação dos deuses e de suas companheiras que seriam representados no mandala. Para que os deuses pudessem descer era necessário um recipiente adequado. Então eram colocados vasos nos quatro cantos do mandala, contendo substâncias perfumadas e preciosas.

No desenho das linhas e das figuras era usado um pó de quartzo de diversas cores. Cada cor correspondia a um setor do mandala, aos símbolos das figuras e aos deuses representados. As cores tinham tanto um caráter psicofísico quanto um caráter simbólico. Assim, a radiação e a freqüência da cor provocava uma resposta neurológica de calma e tranqüilidade, que juntamente com a influência simbólica da cor que sugeria estados de harmonia e calma, potencializava o alcance dos estados elevados de consciência.

Em regra, as formas e as cores eram determinadas pela tradição e, por isso, sofriam pouquíssimas variações. Os desenhos podiam ser provisórios ou definitivos, dependendo da superfície ou do suporte onde seriam desenhadas os mandalas, na areia, numa superfície plana, em tecidos, na pedra ou no mármore.

Geralmente apresentadas como uma série de círculos concêntricos inscritos em um quadrado, os mandalas simbolizam a manifestação da divindade no mundo da multiplicidade. Os círculos ocupados por diferentes divindades apresentam um movimento centrífugo do Centro para a periferia, representando a emanação dos diversos princípios cósmicos no mundo da criação.

Por apresentar uma proporção exata, um equilíbrio perfeito e um princípio de convergência poderoso, os mandalas podem envolver, em seu círculo sagrado, todos os demais elementos que se dirigem para o Centro. Devido ao movimento centrípeto dos mandalas, todas as imagens convergem para o Centro ocupado pela divindade suprema, expressando o poder integrador de reunião dos opostos, o potencial de retorno, de reunificação ao Centro Supremo, que elas possuem.

Como um símbolo do Centro, o mandala possui a força do "Arquétipo da Síntese", a capacidade de religar o homem com o divino, de conduzi-lo ao Centro. Dessa forma, estimula, naturalmente, a consciência a abandonar a periferia e a restabelecer a comunicação com a dimensão divina do Ser, realizando a síntese das polaridades, o casamento da dimensão material com a espiritual.

Tudo que se dirige para o Centro unifica a consciência e leva ao estado de Unidade. Tudo que se dirige para a periferia multiplica e divide. O ser humano possui as duas tendências opostas na sua psique: a tendência centrífuga, de divisão e multiplicação, e a tendência centrípeta, de unificação. A divisão sempre causa desarmonia, conflito, sofrimento e leva, progressivamente, a um estado doentio. Por

O MANDALA: CENTRO DIVINO DE CONVERGÊNCIA 65

outro lado, a função unitiva da mente promove a harmonia, a saúde e o bem estar.

Os iogues hindus sempre afirmaram que a mente humana, apesar da dispersão e da divisão, possui um caráter mandálico, comprovado pela sua capacidade de organização e pela criação intuitiva dos mandalas. O homem intuitiva e projetivamente sempre impôs uma ordem mandálica na organização de seu cosmos, criando um Centro a partir do qual se irradiavam e se organizavam as coisas para a periferia.

O mandala é um diagrama de simetria e equilíbrio perfeitos, um círculo místico que envolve outros elementos de várias formas e valores que levam a atenção para o interior, para o ponto de repouso no Centro. É provável que a mente, em suas operações de organização, seja naturalmente mandálica, portanto, um mandala é capaz de exercer sobre ela um poder singularmente regenerador, criativo e estabilizador, como os iogues sempre sustentaram[2].

O mandala corresponde ao movimento das energias que tendem a abandonar a periferia, a consciência da multiplicidade, e fluir para o Centro, atingindo o objetivo supremo da Unidade, o estado de unificação da consciência. Sempre que a energia psíquica se dirige para o interior, existe a possibilidade do indivíduo se encontrar cada vez mais profundamente consigo mesmo, de abandonar os aspectos ilusórios da vida e descobrir a sua verdade interna, a realidade do Ser que habita no seu interior. Aquele que não se conhece profundamente, que está identificado com o seu pequeno ego, vive na ilusão, na vaidade e na periferia de si mesmo, de seu mandala pessoal, pois não conhece o seu Centro, o Ser mais profundo.

O mandala é simbolicamente o Centro divino de convergência, para onde a consciência deve se orientar e se focalizar com o objetivo de autotransformação e de cura da divisão, da dispersão dos sentidos e da multiplicidade mental. A contemplação de um mandala, da imagem de um deus em seu Centro, eleva a consciência do praticante, para além do mundo visível, até o invisível, para o estado de consciência unificada, chamado pelos antigos iogues de *Corpo de Diamante*.

Segundo o Vishnu Purana, a imagem sensível do deus incorporado no mundo, no mandala, oferece um meio (*sadhana)* através do qual o iniciado (*sadhaka*) pode unir-se e identificar-se com a divindade. A contemplação do mandala é considerada, portanto, um conhecimento direto e intuitivo e não intelectual, um meio pelo qual o contemplador se converte no objeto contemplado.

Adotadas pelas tradições espirituais como poderosos instrumentos promovedores da transformação da consciência dual em consciência sagrada unitiva, a finalidade principal dos mandalas era conduzir

2. Victoria LePage, *Shambala*, São Paulo: Cultrix, 1999, p. 13-14.

66 OS SÍMBOLOS DO CENTRO

o iniciado para o estado de Unidade, levá-lo para o Centro, libertando-o da periferia conflituosa e fragmentadora.

A estrutura do mandala está concebida de forma que permita ao meditante concentrar-se em um sentido mais estrito, isto é, relacionado com o Centro, com a finalidade de que este também chegue, ao final de seus esforços, ao Centro. O mandala é um instrumento de meditação e também de iniciação, e esta consiste, então, em penetrar nas diferentes zonas representadas para chegar ao Centro e integrar-se nele[3].

A iniciação através do mandala recomendava que o iniciado penetrasse, por meio da concentração profunda, nos diferentes níveis do mandala, compreendendo e interiorizando o sentido espiritual de cada nível, até alcançar o seu Centro e a compreensão desse como o testemunho da Presença, do Real, do Absoluto.

Nos exercícios de visualização do mandala, o Centro podia ser alcançado de várias formas, dependendo da finalidade do ritual e do grau de iniciação do contemplador. Assim, através da concentração no Centro, o iniciado era levado a operar a mudança da consciência do ego, de separação, de divisão, para a consciência do Self que é unitiva. A consciência limitada do ego representa a dispersão e o conflito, em todos os aspectos do indivíduo que o afasta do Centro do Ser.

Nessas tradições, a divisão era vista como portadora do sofrimento e da morte e, por outro lado, a Unidade é a fonte da vida, da paz, da harmonia, da beleza e da alegria. No caminho de retorno para o Centro, o iniciado devia encarar a sua sombra, olhando de frente todos os seus demônios e resolvendo todos os conflitos de opostos na sua personalidade. Assim, podia eliminar todos os traumas e identificações que o mantinham fixado em um nível de compreensão distorcida e limitada para finalmente se abrir para um nível de consciência mais elevado, levando-o ao reconhecimento da presença divina do Self.

O retorno ao Centro pressupõe a percepção de uma dimensão espiritual transcendente à qual se deseja retornar. O retorno ao Centro é o reencontro com o próprio eixo, com a real natureza do Ser. Dessa forma, é corrigida a visão distorcida de si mesmo e da realidade que o envolve. A vida cotidiana é percebida unida à Totalidade transcendente e as aparentes dualidades da natureza são entendidas como manifestações da realidade única divina. Nesse nível de percepção é esperada a superação do sentimento de separação e de ausência de sentido, característico da consciência do ego, e atingida a percepção da unidade significativa, o estado de consciência unificada.

O rito de transformação da consciência é chamado de *mukatabisheka*, que significa "o ser cingido com coroa ou tiara", porque aquele que atinge o Centro do mandala é coroado como rei, pois conseguiu o controle sobre os seus impulsos e paixões e está acima das forças

3. Jean Hani, *Mitos, Ritos e Símbolos*, Barcelona: Sophia Perennis, 1992, p. 379.

O MANDALA: CENTRO DIVINO DE CONVERGÊNCIA   67

da sua natureza inferior. Segundo Giuseppe Tucci "O mandala agora não é mais um cosmograma, mas um psicocosmograma, o esquema da desintegração da Unidade na multiplicidade, e a reintegração da multiplicidade na Unidade, na consciência absoluta integral e luminosa que a ioga faz novamente brilhar no mais profundo do nosso ser"[4]. Nesse nível de percepção, o indivíduo assume a responsabilidade de evitar tudo aquilo que o leve ao afastamento do seu eixo, do seu Centro.

Em muitos textos da tradição tibetana do Tantra *Kalachakra* existem mandalas que descrevem uma geografia mística, na qual aparece o monte Meru, o Sumeru, como Centro do mundo, cercado por quatro continentes. O iniciado é instruído a visualizar o mandala no seu corpo, identificando o monte Meru com sua coluna vertebral e os quatros continentes com os seus quatros membros. O monte Meru é identificado, na fisiologia iogue, com o eixo cérebro-espinhal do corpo humano, o bastão do poder, por onde passa a energia da kundalini que liga todos os chakras ao longo da coluna.

Os monges tibetanos, nos exercícios contemplativos, geralmente são instruídos a percorrem com a imaginação o caminho mandálico em direção ao Centro divino. Esse é concebido por eles como o reino oculto de Shambala. Esses exercícios contemplativos têm por finalidade o alcance de uma profunda paz, harmonia e transformação interior.

E por considerarem o reino de Shambala uma realidade espiritual, os lamas tibetanos gravaram a simbologia de Shambala em forma de mandala. Nesse mandala há um lótus de oito pétalas, em cujo centro se encontra o monte Meru, representando Shambala. O rei de Shambala, representante da divindade *Kalachakra*, está simbolizado também no centro do lótus pelas sílabas sagradas: *Om ha ksha ma la va ra yam*.

No tantra tibetano existe ainda um outro instrumento de meditação chamado *yantra*, que tem significado, finalidade e função semelhante a do mandala. A diferença é que os mandalas são mais figurativos e os *yantras* mais geométricos e sintéticos. O *yantra* é também uma imagem do universo, uma *imago mundi* de forma altamente sintética e um instrumento de visualização e concentração. E por ser considerada uma área sagrada, carregada de poder espiritual, serve de receptáculo e de veículo para a divindade evocada durante o ritual.

Geralmente o *yantra* tem uma orla quadrada que contém círculos, pétalas de lótus e triângulos muitas vezes entrelaçados, que se situam no centro (*bindu*) do *yantra*.

O *yantra* mais conhecido é o *Shri-yantra*, composto de nove triângulos justapostos, formando um total de quarenta e três triângulos

4. Giuseppe Tucci, *Teoria e Prática do Mandala*, São Paulo: Pensamento, 1984, p. 31.

menores. Os cinco triângulos que apontam para cima representam *Shiva*, a energia masculina, e os quatro triângulos que apontam para baixo representam *Shakti*, a energia feminina. O entrelaçamento desses triângulos dá origem a quarenta e três triângulos, simbolizando a existência cósmica como um todo. Cada um dos triângulos é o local da morada de uma divindade.

Figura 1. O Shri-yantra.

Esses triângulos são ainda cercados por um círculo formado de um lótus de oito pétalas, simbolizando *Vishnu*, a tendência ascendente que permeia todo o universo. Um círculo seguinte formado por um lótus de dezesseis pétalas envolve o primeiro lótus e simboliza a expansão do desejo transcendente. Outros quatro círculos circundam ainda os dois círculos de lótus. O *Shri-yantra* é uma representação gráfica das energias psicocósmicas do universo. O ponto central do *yantra* (*bindu*), que também se chama "a roda inteiramente formada da bem-aventurança", representa a deusa *Tripura Sundari*, a quem o *yantra* é dedicado.

A confecção de um *yantra*, da mesma forma que o mandala, segue preceitos rituais, como a purificação do local de suporte do *yantra*, purificação do oficiante e dos participantes da cerimônia, meditação e invocação sobre a divindade escolhida para habitar temporariamente o *yantra*. Depois o praticante deve internalizar e gravar em seu corpo, mentalmente, o *yantra* junto com a divindade.

Nas antigas culturas do Oriente, as concepções sagradas permeavam toda a vida da comunidade, desse modo, grande parte da arquitetura hindu e budista foi construída segundo o plano de um mandala. As cidades, os palácios e os templos foram edificados de acordo com os

O MANDALA: CENTRO DIVINO DE CONVERGÊNCIA 69

princípios da geometria sagrada, em forma mandálica, determinada pelo rito da orientação espaço-temporal. No plano de edificação da cidade de Jaipur foram usados diagramas de mandalas, por isso essa cidade tem a forma de um mandala.

A construção dos templos e palácios estava fundamentada em objetivos tanto espirituais quanto práticos. A finalidade espiritual era que o homem se colocasse em consonância harmoniosa com as forças do universo. E os objetivos práticos estavam relacionados à ampliação e ao controle das forças terrestres e celestes.

Os arquitetos antigos usavam então vários tipos de mandalas como o *padmagarbha mandala*, que continha Brahma no Centro cercado pelas divindades e depois pelos humanos e pelos *asuras* (opostos dos deuses). O *sthandila mandala* tinha um campo ainda maior, pois representava todo o reinado de Deus na terra.

Na tradição hindu, a fundação do templo seguia o traçado do *vâstupurušamandala*, o quadrado mandálico que contém a imagem de *Purusa*, a presença divina no Centro do mundo. O diagrama fundamental do templo continha o símbolo da presença divina no mundo, representada pelo *vâstupurušamandala*.

Construído a partir do traçado de um mandala específica, que relacionava o homem com Deus, o próprio templo era considerado um mandala. O templo de Borobudur, em Java, foi edificado de acordo com o plano de um mandala, representando o Centro. Os templos e estupas tibetanos foram feitos de acordo com mandalas cósmicas. Os monastérios de Lhasa foram construídos em forma de mandala, no centro do qual está o Potala, a antiga residência do Dalai Lama, antes da invasão chinesa.

O templo semelhante à mandala era considerado a representação simbólica do eixo cósmico, do Centro do mundo. Percorrer o templo era entendido como um processo de meditação que levava o praticante até o Centro de si mesmo. Como comenta Victoria LePage: "Em geral esses mandalas vivos eram planejadas como uma imagem do universo esférico da cosmologia antiga, em que o centro cívico era uma grande fortaleza de pedra ou uma colina artificial, a sede do poder oracular e da dispensação da lei que representava a montanha celeste, o eixo do universo e o cânone da lei eterna"[5].

Os mandalas se tornaram conhecidos e compreendidas no Ocidente graças ao espírito investigativo de Jung. Nas suas pesquisas sobre o conhecimento contido nas tradições espirituais do Oriente, ele encontrou nos mandalas um poderoso símbolo ordenador da psique. Jung acreditava que os mandalas continham um poder curativo e ordenador sobre a psique:

5. V. LePage, op. cit. p. 56.

70 OS SÍMBOLOS DO CENTRO

Mostra-nos a experiência que os mandalas individuais são símbolos ordenadores, razão pela qual se manifestam nos pacientes sobretudo em épocas de desorientação ou de reorientação psíquica. Eles exorcizam e esconjuram, sob a forma de círculos mágicos, as potências anárquicas do mundo obscuro, copiando ou gerando uma ordem que converte o caos em cosmos[6].

Na sua auto-análise, Jung aprofundou ainda mais o seu trabalho de pesquisa interior desenhando mandalas. Ele pintou o seu primeiro mandala em 1916, logo depois de escrever "Os Sete Sermões aos Mortos". Dois anos depois, entre 1918 e 1920, Jung começou a anotar toda manhã, em um caderno, um mandala que, segundo ele, correspondia a sua situação interna. Através desses desenhos ele pode observar a sua transformação psíquica dia a dia. "Meus mandalas eram criptogramas nos quais eu vi o Self, isto é, o meu ser inteiro e ativamente, em transformação"[7].

Percorrendo esse caminho interior, gradualmente Jung encontrou nos mandalas representações dinâmicas do Self. "Formação, Transformação, Mente Eterna em sua eterna recriação e que tudo isto era o Self, a totalidade da personalidade"[8]. Assim, a partir dessa importante descoberta ele abandonou a idéia de ser o ego o centro ordenador da personalidade e passou a ver o ego apenas como um ponto de referência para a consciência ordinária. Jung viu no mandala a representação simbólica de um caminho para o Centro, para a individuação e, ao mesmo tempo, a expressão desse Centro dinâmico espiritual, o Self, que rege todo o psiquismo.

Deste modo, Jung entendeu que a meta do desenvolvimento psíquico era o encontro com o Centro, com o Self, e que não havia evolução linear, mas sim um movimento de circum-ambulação do Self. "A energia do ponto central se manifesta na quase irresistível compulsão e urgência em se tornar aquilo que se é, da mesma forma que todo organismo é impulsionado para assumir a forma característica de sua natureza, não importando sob que circunstâncias"[9].

Segundo Jung, nos mandalas orientais a centelha divina ou a centelha da alma, a mais interna essência divina do homem, é caracterizada por símbolos que expressam a imagem de Deus desdobrada no mundo, na natureza e no homem. "Mas, se examinarmos o mandala à luz dos modelos históricos, verificamos que o deus é simbolizado pelo círculo e a deusa pelo quadrado. Em lugar da 'deusa' poderíamos também dizer terra ou alma"[10].

6. C. G. Jung, *Aion. Estudos sobre o Simbolismo do Si-Mesmo*, em *Obras Completas*, Petrópolis: Vozes, 1982, v. IX/2, p. 30.
7. Idem, *Mandala Symbolism*, em *Collected Works*. Princeton University Press: Bollingen Series XX, parte I, v. 9, p. V, 1972.
8. Idem, ibidem.
9. Idem, p. 73.
10. C. G. Jung, *Psicologia e Religião*, Petrópolis: Vozes, 1978, p. 85.

O MANDALA: CENTRO DIVINO DE CONVERGÊNCIA   71

Para Jung, os mandalas são representações simbólicas do Self, do Centro, que expressam o conceito de Unidade e de Totalidade transcendente e, por assim ser, assemelham-se à Imagem de Deus.

Vimos anteriormente como o mandala histórico servia de símbolo para interpretar filosoficamente a natureza da divindade ou para representá-la de forma visível, com o objetivo de adorá-la, ou como era usado no Oriente o yantra dos exercícios de ioga. A Totalidade (perfeição) do círculo celeste e a forma quadrada da terra que contém os quatro princípios, ou elementos, ou qualidades psíquicas, exprime a perfeição e a união[11].

Jung recomendava aos seus pacientes que desenhassem mandalas e que fizessem exercícios contemplativos com mandalas, pois eles sempre exercem sobre a mente humana uma grande força estimuladora, regenerativa e curativa. Os mandalas possuem uma poderosa capacidade de despertar um processo de interiorização, que leva para o mistério do Ser, para o Centro.

O mandala representa um espaço de meditação, com um poder atrativo, ao qual o indivíduo é estimulado a penetrar. A contemplação de um mandala inspira a calma e a tranqüilidade interna e o sentido do sagrado que faz parte da vida, pois são canais e instrumentos para o mundo espiritual. E pelo fato de reproduzirem formas geométricas arquetípicas sagradas, os mandalas são ferramentas simbólicas da maior importância para a transformação da consciência. Eles possuem o poder de provocar no indivíduo uma profunda mudança e transformação da consciência profana em consciência sagrada. E, finalmente, leva o indivíduo ao alcance da percepção da Totalidade presente no universo.

Através desse caminho que conduz o indivíduo para o interior do seu núcleo essencial, é criada a possibilidade do contato cada vez mais intenso e constante com a realidade divina do Self. A esse respeito Edward Conze, um importante estudioso do budismo, comenta:

Os mandalas são uma forma especial de um antiqüíssimo diagrama do cosmo, considerado um processo vital que se desenvolve desde um princípio essencial e que gira em torno de um eixo central, o monte Sumeru, o *Axis Mundi*... Por meio deles podemos amarrar, dominar e dissolver as forças do universo, afastar-nos de todas as coisas ilusórias do mundo samsárico e alcançar a união com a luz da Mente absoluta[12].

11. Idem, p. 84.
12. Edward Conze, *A Short History of Buddhism*, London: Unwin, 1986, p. 76.

6. A Montanha:
o Eixo do Mundo

Considerada o símbolo do Centro por excelência, a montanha reúne em torno de seu simbolismo os mais complexos significados, tornando-se, assim, investida de um forte poder numinoso. As mais diversas representações do Centro estão, freqüentemente, associadas a uma montanha sagrada, cuja imagem está presente na mitologia de quase todos os povos. O templo, o altar, o palácio e a cidade sagrada são, por extensão simbólica, concebidos universalmente como montanhas sagradas. Esses símbolos aparecem, geralmente, interligados, acentuando e reforçando o significado do Centro como o lugar da perfeição, da emanação e da concentração da energia sagrada.

A montanha representa tanto a origem da criação quanto o momento da transformação final, o encerramento do processo. A montanha é o Alfa e o Omega, o início e o fim, equivale, simbolicamente, ao *Omphalós,* ao Umbigo do Mundo, o ponto inicial criativo. O *Omphalós*, como símbolo do Centro, se refere a um núcleo espiritual geralmente representado por uma montanha ou uma pedra, de onde provem a energia primordial da criação e de onde flui, eternamente, o conhecimento divino. A esse respeito comenta Mircea Eliade: "O cume da montanha cósmica não é somente o ponto mais alto da Terra; ele é também o Umbigo da terra, o ponto onde a criação se iniciou. Nas sociedades primitivas existem inclusive exemplos em que as tradições cosmológicas explicam o

74 OS SÍMBOLOS DO CENTRO

simbolismo do Centro em termos que bem podem ter sido tomados da embriologia"[1].

São inúmeras as referências míticas à montanha como o *Omphalós*, o Centro primordial da criação. O *Rig-Veda* fala do Umbigo do Não-Criado, onde está o germe do mundo. Na mitologia hindu, a criação do mundo é imaginada a partir do umbigo de *Vishnu* de onde se originou o Lótus do universo manifestado, em cujo Centro surgiu o monte Meru.

O monte Meru, a montanha cósmica, sobre o qual brilha a Estrela Polar, é considerado o Centro da criação, tanto para os hindus quanto para os tibetanos. Nessas culturas, é o símbolo mais importante para descrever o início do processo cosmogônico. Como desdobramento do ponto e do círculo inicial, o monte Meru cria irradiações circulares a sua volta e aparece representado cercado por um anel de oito montanhas, identificadas como as montanhas Altai.

O diagrama místico do monte Meru faz referência ao simbolismo geométrico sagrado, onde do círculo inicial são gerados os diversos círculos concêntricos, marcando a expansão da criação divina. O Meru é a montanha sagrada que sinaliza o ponto axial do mundo, onde Indra, o rei dos deuses, tem o seu palácio feito de jóias. A serpente mítica, a Ouroboros representada em muitas cosmogonias, dorme ao pé da montanha e está associada à energia primordial divina, ao círculo primordial.

Segundo uma tradição da Mesopotâmia, a criação do homem foi feita no Centro do Mundo, no Umbigo do Mundo. Entre os gregos, o Centro do mundo era o *Omphalós* de Delfos, o núcleo do culto ao deus Apolo. Os antigos habitantes da Ilha da Páscoa falavam de um Centro do Mundo, que eles chamavam de Umbigo do Mundo (*Te Pito no te Kura*), o lugar a partir do qual se iniciou toda a criação. Na Palestina, o monte Tabor significa *tabûr,* umbigo.

Em algumas tradições culturais antigas, a montanha cósmica é imaginada como a Colina Primordial ou como um Pilar Cósmico. No mito de criação egípcio, o Espírito criador emergiu das águas e apareceu como Colina Primordial, ou como Pilar Cósmico. De acordo com os textos das pirâmides (inscrições nas paredes das pirâmides, dos faraós da quinta e da sexta dinastia, e que contêm as mais antigas concepções cosmogônicas), Atum, o deus criador, aquele que é completo, que encerra em si todas as coisas, é a Colina Primordial, o *Axis Mundi*, o Centro do Mundo, que se elevou das profundezas das águas. Atum é a Colina do Mundo, a Montanha do primeiro tempo que surgiu das águas primordiais. O texto 600 das pirâmides diz:"Ó Atum! Quando vieste a ser, surgiste como uma

---

1. Mircea Eliade, *O Mito do Eterno Retorno*, Lisboa: Edições 70, 1969, p. 30.

A MONTANHA: O EIXO DO MUNDO 75

grande Colina. Brilhaste como a Pedra Benben no Templo da Fênix, em Heliópolis"[2].

A própria cidade de Heliópolis era considerada uma Colina Primordial, a primeira parte da terra que surgiu das águas profundas e escuras e que passou a ser a morada de Atum. O surgimento de Atum das águas escuras, como Colina, continha o significado de emergência da luz na primeira manhã ou no primeiro dia. A associação com a luz, acentuava o caráter simbólico da Colina como ponto inicial da criação, pois todo processo criativo está relacionado à consciência, à luz. Em Heliópolis a manhã era representada pelo brilho da luz sobre um pilar ereto, a Colina Primordial, ou sobre um topo de uma pirâmide, refletindo os raios do sol nascente.

O momento do surgimento da Colina era ainda ligado ao vôo da Fênix, como acontecimento paralelo, que marcava o momento criador. A Fênix era o pássaro de luz que pousara no suporte sagrado, conhecido como a Pedra Benben, a representação da Colina Primordial. Na tradição egípcia, o templo que guardava a pedra Benben representava o local onde os mistérios da criação eram periódica e ritualmente repetidos. O texto das pirâmides 587 pontua, ainda, com mais clareza, a relação de Atum com a Colina Primordial.

> Louvor a ti, ó Atum!
> Louvor a ti, ó Devir, e que vieste a ser enquanto tu mesmo!
> Ergueste-te sob teu nome de Grande Colina.
> Vieste a ser sob teu nome de Devir![3].

Os capitéis egípcios e as colunas gregas são também antigas representações do Pilar do Mundo. As clássicas coleções de lendas indianas conhecidas como *Puranas* falam dos Sete Céus, que estão encaixados uns sobre os outros, ao longo de um Pilar Cósmico, em cujo topo brilha a Estrela Polar e onde reina o Dharma, a Lei Cósmica, que contém todos os princípios da Ação Correta.

A montanha representada como a Colina Primordial, ou como um Pilar cósmico, corresponde, portanto, a um Centro do Mundo, origem primordial da criação. Entre os judeus, o Centro sagrado espiritual é a Colina de Sião, também chamada Coração do Mundo. E para os persas o monte Alborg é visto como o Pilar do Mundo.

Considerada o lugar por onde passa o eixo do mundo, a montanha é o ponto de encontro entre a Terra e o Céu, e da Terra com o mundo inferior. Assumindo assim a função cósmica de *Axis Mundi*, ela une os três planos da existência; o mundo superior, o mundo humano e o mundo inferior.

---

2. T. Rundle Clark, *Símbolos e Mitos do Antigo Egito*, São Paulo: Hemus, 1986, p. 31.

3. *O Livro dos Mortos do Antigo Egito*, São Paulo: Hemus, 1982, p. 32.

Na Mesopotâmia, era crença comum que uma montanha central chamada Monte dos Reinos unia o Céu e a Terra. Para os Semang, povo da península de Málaca, no Centro do mundo existe um imenso rochedo, o Batu-Ribn, no topo do qual ergue-se uma imensa árvore que liga as três zonas cósmicas, o céu a terra e o inferno.

Através desse marco, do *Axis-Mundi*, o homem antigo acreditava ser possível estabelecer contato com a dimensão celeste transcendente, para que a vida terrena fosse fertilizada pelo espiritual e não ficasse encerrada e estagnada no material. Nesse ponto, onde estava cravada a base da Coluna Axial, era permitida e facilitada a comunicação com o mundo inferior, com as energias ctônicas,

O monte Meru é, entre os hindus, considerado o Centro Axial por excelência, pois o seu eixo atravessa não só o Centro da Terra, mas dos Céus e das Terras Puras que estão acima e ao redor da terra. O Centro Axial é o cordão por onde passa a corrente da Kundalini-Shakti universal que sobe da terra e une os Centros sucessivos dos céus acima. No topo desse eixo está o palácio de Indra. Além do monte Meru, os hindus comentam sobre outros Centros Axiais míticos, como o monte Kailasa, considerado a morada do deus Shiva.

De acordo com os sufis, Qaf é a montanha mítica que tanto simboliza o Centro Axial do mundo quanto o lugar paradisíaco para onde irão os eleitos, no final de seu percurso na terra. Qaf está situada no alto da mais elevada das montanhas, ele é o Centro do Mundo, o Umbigo da Terra, o lugar da felicidade, do milagre, onde reside o pássaro primordial miraculoso Simorgh. Além de ser um símbolo do Centro, Qaf acrescenta o significado de ascensão e de transcendência, que também aparece ligado ao simbolismo da montanha.

A imagem da montanha cósmica aparece, freqüentemente, associada às diferentes concepções míticas do paraíso, como o estado de perfeição primordial, o local de origem da criação do mundo e do homem e o lugar para onde irão os eleitos no final dos tempos. O Pardes, o paraíso dos caldeus, está situado no cume de uma elevada montanha. Na tradição chinesa fala-se de um país paradisíaco situado ao norte do mar do Norte, ilimitado e sem intempéries, com uma montanha sagrada no seu Centro. No mito de Shambala, a montanha sagrada é também o Meru e está no Centro desse paraíso.

Segundo um livro do cristianismo sírio, chamado *A Caverna dos Tesouros*, a criação do primeiro homem, de Adão, teria ocorrido no Centro da terra, numa montanha, no mesmo lugar onde mais tarde Cristo foi crucificado. E de acordo com esse mito, o túmulo de Cristo está localizado no mesmo lugar. De forma semelhante, o *Livro Apócrifo de Adão* afirma que os anjos levaram o corpo de Adão e o enterraram no Centro da terra, no mesmo lugar onde o filho de Deus foi crucificado. O sangue de Cristo cai sobre a cabeça de Adão sepultado ao pé da cruz e o resgata e o salva. Na tradição judaica,

A MONTANHA: O EIXO DO MUNDO

segundo o *Midrash*, o monte Gólgota era também considerado o pico da montanha cósmica, o Centro do Mundo e o lugar onde Adão foi criado e sepultado.

Como um símbolo do Centro, a montanha possui, naturalmente, o atributo simbólico de ser o lugar sagrado onde vivem os deuses. Todas as mitologias, das mais variadas culturas, se referem a uma montanha onde os deuses habitam. No *Livro dos Mortos do Antigo Egito* há um texto que diz: "Eis aqui a montanha Bakhau; sobre ela repousa o Céu oriental. Sua altura é de 30.000 varas, sua largura é de 15.000 varas. Encontra-se no horizonte Oriental do Céu, é o templo de Sebek, o Senhor da Montanha, e está situada em sua parte oriental. Estendida no flanco da montanha está deitada a grande serpente"[4].

No *Rig-Veda*, VII, 46, 2, Rudra, concebido como o soberano universal, habita no alto de uma montanha. O Monte Meru também era visto como a divina morada dos deuses criadores, Brahma, Vishnu e Shiva. A tradição hindu ainda se refere a Mahakasyapa, um ser majestoso, que dorme numa montanha mas que despertará no novo tempo, na era de renovação, no momento da manifestação do novo princípio. Segundo essa tradição, Mahakaçyapa já havia aparecido anteriormente, sob a forma de Buda.

Sobre esse tema, Julius Evola apresenta importantes aportes:

Na tradição nórdica [...] em particular, o tema do "monte" (mesmo na sua realidade material: por exemplo o Helgalfell e o Krosslohar irlandeses) é freqüentemente associado ao Walhalla, a residência dos deuses ou Ases, situada no Centro ou pólo da terra (no Mitgard), que é qualificada de esplêndida – *glitnir* – de terra sagrada – *halakt land* – mas também, precisamente, de montanha celeste – *himinbjorg* – elevadíssima montanha divina no alto da qual, para além das nuvens, brilha uma claridade divina e onde Odin, do limiar Hlidskjalf, vigia o mundo inteiro, o Asgard, a que, aliás, os reis divinos nórdicos-germânicos ligavam de maneira significativa a sua origem e a sua residência primordial[5].

Para os gregos, é no Olimpo, a montanha sagrada, que os deuses e sua descendência moram. Dioniso foi criado no monte Nisa e Zeus no monte Ida. E, por ser o lugar onde habitam os deuses, é na montanha onde se concentra a sacralidade, a força sagrada, a energia primordial divina. Na mitologia iraniana, é no alto da poderosa montanha Ushi-darena onde se encontra *o hvarenô*, a força mística real. Na tradição védica, é no cume mais inacessível da montanha onde está guardado o *haoma*, concebido como um alimento transformador e divinizador.

Na simbologia alquímica, na montanha está conservada a matéria-prima, o elemento que passará pela transformação, e que pode

4. Idem, p. 119.
5. Julius Evola, *Revolta Contra o Mundo Moderno*, Lisboa: Publicações Don Quixote, 1989, p. 44.

78 OS SÍMBOLOS DO CENTRO

assumir várias formas. No livro alquímico *Rosarium Philosophorum*, o cume da montanha é descrito como o lugar onde se encontra a matéria-prima que vai ser transformada. Este texto diz: "Saibam que o cume da arte é o corvo, que voa sem asas nas trevas da noite e na santidade do dia". A prima matéria é o corvo, o aspecto sombrio que deve ser transformado e cujo processo acontece no início da obra. Para os alquimistas, a montanha é freqüentemente representada como o lugar de início e do encerramento do *Opus* alquímico. A montanha é o ponto central que marca o começo e o encerramento do processo de desenvolvimento espiritual, de ampliação e unificação da consciência, por isso os homens evoluídos sobem a montanha.

No *Tratado da Pedra Filosofal* (1599) do alquimista Abraham Lambsprinck, na gravura número 11, o Guia diz ao Filho:

> Vem, que eu vou levar-te até lá;
> Até o alto daquela grande Montanha,
> Para que possas dali ver o mundo inteiro.
>
> Dali contemplarás o Universo e o Mar imenso.
> Desfrutando deste vasto espetáculo.
> Mais ainda, te conduzirei dali de cima.
> Até chegarmos à porta do Céu.
>
> O Filho acreditou nas palavras do seu Guia
> E o seguiu de perto na ascensão,
> E descobriu, assim, do Céu a amplidão.
> E o esplendor que vai além de toda norma[6].

A gravura número 12, do mesmo livro, descreve uma montanha, a Alta Montanha das Índias, em cujo cimo se encontra o Vaso dos Sábios que contém o espírito e a alma já em estado de conjunção. O casamento sagrado da alma com o Self foi consumado, a prima matéria, a consciência, já sofreu o processo de purificação, transformação e redenção e atingiu o novo estágio de unificação simbolizado pela Pedra Filosofal, pelo Ouro dos Sábios.

Como o espaço onde se realiza a ascensão e a transcendência, a montanha está saturada de energia santa, sinalizando o lugar onde se dão as hierofanias, as revelações extraordinárias, as comunicações de um conhecimento de ordem superior. O oráculo de Delfos estava situado no cume de uma montanha e desempenhava um papel muito importante no mundo grego e na mitologia, porque era o local de revelação e de manifestação divina, era lá que se situava a fonte de Castália e o rio Céfiso.

A montanha encerra o significado de lugar da sabedoria, de centro de conhecimento e de iniciação. Deus sempre se mostra aos homens na montanha. No judaísmo, Moisés recebe de Deus as Tábuas da Lei,

---

6. *Tratado da Pedra Filosofal de Lambsprinck*, tradução e comentários de prof. Arysio N. Dos Santos, São Paulo: Ibrasa, 1995, p. 246.

A MONTANHA: O EIXO DO MUNDO 79

no monte Sinai. O *Êxodo* diz que Moisés, ao descer da montanha, trazia na pele do seu rosto um brilho intenso. No Velho Testamento o profeta Ezequiel foi transportado numa visão para uma alta montanha, considerada um Centro do mundo, onde um anjo lhe mostrou os detalhes da construção do futuro Templo de Salomão.

No cristianismo há numerosos fatos importantes da vida de Jesus Cristo que aconteceram no alto de uma montanha. Jesus subiu a colina de Kurun Hattin e realizou, para os seus discípulos, para aqueles que estavam espiritualmente preparados para escutar, um dos seus sermões mais importantes. "Vendo a multidão, subiu ao monte. Ao sentar-se, aproximaram-se dele os seus discípulos". (*Mateus* 5:1-12) Esse sermão, chamado de "As Bem-Aventuranças", contém os ensinamentos mais profundos e elevados do Cristo. É considerado o próprio cerne do ensinamento cristão, e ficou conhecido também como o "Sermão da Montanha".

Para os primeiros cristãos o monte das Oliveiras era considerado um lugar sagrado, a residência de Deus, é nesse lugar que Jesus fala com Deus antes da sua crucificação. Segundo Marcos (9:2-9), a transfiguração de Jesus aconteceu numa alta montanha. E Lucas, (24:50-51) descreveu a ascensão de Jesus no monte das Oliveiras.

Outros fatos importantes da vida de Jesus aconteceram no alto de uma montanha. No *Evangelho dos Hebreus* (apócrifo) Jesus diz: "Há pouco me tomou minha Mãe, o Espírito Santo, pelos meus cabelos, e me levou ao alto Monte Thabor". Em Mateus (4:1-8) lemos: "E então Jesus foi conduzido ao deserto pelo Espírito (Santo) para ser tentado pelo Diabo... E o Diabo o levou ao alto de uma grande montanha e lhe mostrou todos os reinos do mundo, com sua glória, e lhe disse: 'Tudo isto eu te darei, se te jogares a meus pés e me adorares'. E então, Jesus lhe disse: 'Retira-te Satanás...'".

A montanha simboliza o caminho iniciático que todo indivíduo deveria percorrer, no seu processo crescente de discriminação entre aquilo que é ilusório e o que é real. A subida da montanha tanto marca o começo quanto o encerramento de um processo, é, portanto, o caminho natural da subida dos mortos, é o lugar de transformação, de passagem e de transcendência. A esse respeito comenta Mircea Eliade.

A expressão corrente, em assírio, para o verbo "morrer" é "agarrar-se à montanha". Igualmente, em egípcio, *myny,* "agarrar-se", é um eufemismo para morrer. O sol se põe entre os montes e é sempre por aí que deve passar o caminho do defunto até o outro mundo. *Yama,* o primeiro morto, segundo a tradição mítica indiana, percorreu "os altos desfiladeiros" para mostrar o caminho a muitos homens[7].

Toda religião que concebe o outro mundo numa região superior ou no céu diz que a alma do morto sempre sobe pela montanha.

7. Mircea Eliade, *Tratado de História das Religiões*, Lisboa: Cosmos, 1970, p. 135-136.

80 OS SÍMBOLOS DO CENTRO

Muitas crenças populares, dos mais variados povos, dizem que o caminho dos mortos se realiza pela subida das montanhas. Conta-se que Kesar, rei lendário dos Mongóis, como prova iniciática teve que penetrar numa gruta que estava situada no alto de uma montanha.

No Egito, a montanha, ou colina, era concebida como o lugar de iniciação e ascensão, onde o morto deveria estar para ser visto pelo deus Atum.

Quando o morto, representado pela sua estátua, era coroado durante a cerimônia final dentro da pirâmide, recebia a coroa vermelha, do Baixo Egito. Fazia-se um montículo de areia no chão e sobre ele colocava-se a estátua, enquanto se rezava uma longa oração: "Levanta-te sobre ela, esta terra que surgiu como Atum, a saliva que foi expelida como *khoprer*; assume tua forma sobre ela, eleva-te alto sobre ela, para que teu pai te possa ver, para que Rê te possa ver[8].

A montanha está naturalmente ligada aos processos de morte e renascimento iniciático. No entanto, não é necessário morrer fisicamente para realizar o processo de ascensão, mas sim morrer simbolicamente, para um tipo de vida, de percepção, que impedem o desenvolvimento, a transformação e a transcendência da consciência. Essa morte sempre se refere à morte da consciência limitada do ego, para que possa se realizar o projeto individual da alma e alcançar à visão superior do Self simbolizada pelo cume da montanha.

De acordo com a tradição espiritual, o indivíduo pode alcançar a iluminação, chegar à montanha, à morada dos deuses, através do alcance de um desenvolvimento superior, ainda no estado de vida física. No entanto, esta condição excepcional fazia parte de um processo iniciático, cuja meta era a superação de todos os obstáculos que mantinham o indivíduo preso à consciência limitada do ego. Esta condição estava reservada somente para aqueles que conseguiram alcançar a retidão na sua vida e transformar a consciência profana em consciência sagrada, iluminar-se, assim podiam transmutar o seu corpo em um corpo de luz e entrar no céu.

No budismo primitivo, os seres que atingiram uma evolução espiritual, que se libertaram de si próprios e dos vínculos terrenos e materiais, que realizaram o processo de iluminação e ascensão, são chamados de super-homens. Eles vão morar no mundo subterrâneo no Monte dos Profetas, considerado o Centro supremo.

Segundo uma concepção taoísta sobre a vida e a morte, a montanha é o lugar de recolhimento dos imortais. Entre os taoístas existe uma montanha mítica de jade, localizada no Centro do mundo, chamada a Montanha do Meio do Mundo, para onde vão os imortais taoístas, como Lao Tzu. De acordo com esse entendimento, a montanha é vista como o caminho que conduz ao céu, às realidades espirituais.

8. T. Rundle Clark, op. cit., p. 34-35.

A MONTANHA: O EIXO DO MUNDO   81

Na mitologia chinesa, Hsien Jen é um homem que, tendo bebido o elixir da imortalidade, subiu para a montanha. O seu nome significa o Homem da Montanha.

No *Livro dos Mortos do Antigo Egito*, Osíris, depois de sua ressurreição, senta-se no seu trono sobre a Colina Primordial que está no Centro do mundo, em meio às águas. Ele se tornou o Senhor da Retidão e está sentado no lugar primordial simbolizando o retorno da alma ao seu lugar de origem, à religação com o Espírito.

Como símbolo de iluminação e de transcendência, a montanha é concebida como a nova terra sagrada. No *Apocalipse de João* (21:9-10) ele diz: "E, então, um dos Sete Anjos com as Sete Copas [...] me disse: 'Vem que eu te mostro a Esposa do Cordeiro'. Ele me transportou em Espírito a uma Montanha Grande e Alta, e me mostrou a Cidade Santa, Jerusalém, que descia dos céus, e do lado de Deus [...]".

O significado da subida da montanha sempre sugere um processo de meditação e de comunicação com o Céu, com o Centro. A Lenda do Graal diz que o Cálice Sagrado se encontra no Centro, no alto de uma montanha, a Montanha da Salvação. Todas essas referências mostram a montanha como um importante símbolo do Centro que dá acesso ao sagrado, porque é no Centro que se dão as hierofanias, a manifestação e o contato do homem com Deus.

Subir a montanha nos aproxima do Real Absoluto, do Centro. A compreensão e a aceitação desse significado transcendente é que levou o homem, nas diversas culturas e civilizações, a construir os seus templos como réplicas da montanha, como símbolos e instrumentos de transformação da consciência e de alcance da transcendência. Antes de qualquer outro símbolo, é o templo que está mais fortemente associado à montanha como o local e meio de transformação. Muitos templos orientais possuem degraus, simbolizando os vários níveis da montanha-mundo, que o iniciado tem que galgar, paulatinamente, para ascender dos estados profanos e terrenos para os espirituais.

Na Mesopotâmia, o Zigurate era visto como uma montanha cósmica artificial, e seus sete andares representavam os setes céus planetários, os sete graus de consciência que um adepto devia atingir para, finalmente, chegar ao topo, ao Centro do Mundo. Os maias construíram os seus templos em formas de torres, com lances de escada extremamente íngremes, elevando-se em direção ao céu. Acima do nível mais elevado estava a fonte e a essência derradeira de tudo, conhecida como Hunab Ku. Assim, o homem dessas civilizações realizava uma ruptura de nível de consciência, transcendendo o nível profano egóico e, paulatinamente, alcançando o nível da consciência unificada, do Self, que é sagrada.

A subida a montanha nunca é feita por um caminho direto, ela se dá lentamente, através de um caminho geralmente espiralado, por degraus ou planos, que pressupõe um trabalho interno de autoconhecimento e de transformação profunda. A subida da montanha, com

82 OS SÍMBOLOS DO CENTRO

suas dificuldades inerentes, refere-se simbolicamente ao processo de individuação, ao esforço contínuo e diário do homem em direção a sua realidade interna, que o faz caminhar em direção a si mesmo, tendo a coragem de eliminar tudo aquilo que não corresponde ao que ele é, e, assim, se aproximar da sua realidade mais profunda.

Todo aquele que deseja fazer o caminho de subida da montanha deve cultivar os atributos necessários para esse caminho; a purificação do olhar sobre si, contaminado pelas expectativas do olhar do outro, a purificação dos desejos, sentimentos e pensamentos da alma, corrompidos e confundidos pelos valores coletivos e superficiais, que impede o acesso ao seu próprio desejo, sentimento e pensamento, à sua verdade mais profunda. Essa purificação envolve o trabalho de diferenciação do próprio desejo e vontade que, muitas vezes, são confundidos com as expectativas externas.

O indivíduo que inicia a subida da montanha como o caminho da individuação, compreende que é necessário esforço, disciplina e honestidade, para transformar os eventos da vida cotidiana em autoconhecimento e oportunidade de correção. E através deste caminho, sabe que pode chegar a atingir um autoconhecimento de ordem superior, da essência real do seu ser e do significado da vida, o conhecimento da realidade divina do Self, presente em si mesmo e no cosmo.

São João da Cruz (1542-1591), um dos maiores poetas místicos, descreve a subida ao Monte Carmelo como um caminho iniciático para chegar à Totalidade. Segundo ele, existem três caminhos pelos quais os espíritos podem trilhar: o caminho do espírito imperfeito, a senda estreita da perfeição e o caminho do espírito errado:

> Caminho do espírito de imperfeição do céu:
> glória, gozo, saber, consolo, descanso.

> Senda do Monte Carmelo, espírito de perfeição:
> nada, nada, nada, nada, nada, nada,
> E mesmo no monte: nada

> Caminho do espírito de imperfeição no solo:
> possuir, gozo, saber. Consolo, descanso[9]

A subida da montanha se dá lentamente, através de um processo interno de transformação profunda da consciência e que pressupõe a honestidade e a coragem de se olhar de frente, que gera o autoconhecimento, a fé inabalável e a necessária firmeza espiritual para o alcance dessa meta. Através das dificuldades e obstáculos, que a subida da montanha implica, é simbolizado o caminho gradual do autoconhecimento, da iniciação, da individuação. Esse percurso sempre é longo,

---

9. *Os Melhores Poemas de Amor da Sabedoria Religiosa*, seleção, apresentação e tradução José Jorge de Carvalho, Rio de Janeiro: Ediouro, 2001, p. 159.

A MONTANHA: O EIXO DO MUNDO 83

requer a purificação dos enganos sobre si mesmo, o abandono das falsas imagens, das defesas e a coragem de assumir a própria diferenciação, o caminho individual, para, finalmente, alcançar a transformação da consciência à individuação, à salvação.

A subida da montanha é vista, simbolicamente, como o caminho que leva à diferenciação, à libertação dos valores coletivos que aprisionam o indivíduo ao mundo das aparências e das demandas egóicas de segurança que impedem que ele realize o projeto de sua alma, a sua individuação.

Nos mitos heróicos, os heróis sempre deixam a segurança e a comodidade do lar paterno e partem em busca do seu desenvolvimento psíquico e espiritual, da unificação da consciência, da imortalidade. Nessa viagem, o herói, entre as diversas tarefas que tem que enfrentar, deve escalar uma montanha. A montanha é, portanto, o símbolo maior do processo evolutivo humano, da escalada em busca de uma diferenciação e transformação cada vez maior da consciência. No poema chamado *O Jovem Titurel*, de Albrecht von Sharfenberg, que se refere às origens do Graal e de seus primeiros guardiões, existe uma montanha no meio da floresta, que ninguém pode encontrar, a não ser que seja guiado por anjos; é a Montsalvatsche, a Montanha da Salvação, sobre ela se encontra o Graal guardado por seres invisíveis.

Subir a montanha é caminhar, honestamente, corajosamente, cada vez mais, em direção a si mesmo, à sua essência mais profunda, à sua realização, ao seu Centro. O término da subida significa que o herói atingiu a sua meta e que o ápice do processo foi obtido, que o herói conseguiu a transformação e o alcance da consciência do Self. A chegada ao cume da montanha representa a realização do projeto de individuação.

E aquilo que finalmente acontece no topo da montanha simboliza a aquisição do conhecimento da realidade transcendente, a religação com o Self, o alcance da consciência unificada, vista como o ponto final da evolução da natureza humana. Atingir o topo da montanha equivale ao cumprimento da fidelidade ao projeto da alma e o acesso ao conhecimento da realidade divina do Self, pois quando nos encontramos profundamente com o que somos, com a nossa alma, encontramos Deus.

7. O Paraíso: Imagem da Plenitude

Na mitologia e na maior parte das tradições espirituais se encontra a descrição de um lugar paradisíaco, como uma terra de perfeição original, um lugar de tranqüilidade, de beleza, de amor, de alegria e de paz absoluta. Concebido ainda como o lugar onde ocorreu a criação do homem primordial, o paraíso é, geralmente, representado como um belo jardim florido, de forma arredondada, no qual o homem vivia num estado de plenitude, de felicidade, de realização na consciência da Unidade, da Totalidade.

No jardim paradisíaco, a claridade e a primavera são eternas e o clima é sempre ameno, o homem não sofre com as mudanças naturais, pois vive numa relação harmoniosa com a natureza. Os animais são descritos como mansos e vivendo em liberdade e harmonia junto ao homem que os respeita e compreende a sua linguagem. Na tradição judaico-cristã, o paraíso é apresentado como um jardim, o Éden no qual Iavé colocou o primeiro homem, Adão, e depois a primeira mulher, Eva, formando o casal primordial. O paraíso bíblico encontra-se no Centro do mundo e, de acordo com uma tradição sírio-cristã, estava localizado no alto de uma montanha. O estado de totalidade é representado pelo casal primordial, Adão e Eva, vivendo em perfeita harmonia e integração.

Antigas narrativas chinesas descrevem um paraíso chinês, existente nos montes Kun-Lun. Nesse lugar de paz e tranqüilidade habitavam Nu e Kua, o casal primordial, os equivalentes do Adão e Eva bíblico. O livro épico hindu *Ramayana*, se refere a um paraíso chamado Uttarakuru.

O paraíso maia é descrito como um lugar no qual não há dor nem sofrimento, onde só existe o deleite, a abundância de bons alimentos e doces bebidas. Neste paraíso crescia o *yaxche*, a árvore sagrada dos maias (a ceiba), sob cujos galhos e agradável sombra era possível repousar, livre de qualquer trabalho e obrigação.

Platão, na *República*, (II, 363 C), fala de um paraíso reservado para os homens que viveram com retidão, depois de sua morte. Eles são conduzidos pelos deuses para a casa de Hades, onde é organizado um simpósio de santos.

No Brasil, os índios Guaranis falam de um lugar paradisíaco, apresentado como existindo fora do tempo, no qual não há miséria, fome, injustiça, pecado, doença. Nessa terra paradisíaca guarani, reina a paz, a abundância, a pureza e a liberdade. Esse paraíso é descrito como a Ilha dos Bem-Aventurados, no meio do oceano, a qual se chega através de uma corda. Segundo os Guaranis, a *aguydje* (ou *aquydjé*), que pode ser traduzida como a felicidade suprema, a perfeição, é a meta última da existência humana. Esse estado paradisíaco, a terra da bem-aventurança, pode ser alcançada ainda em vida, por todo aquele que segue o código religioso e moral tradicional.

Todo mito do paraíso se refere a um estado de harmonia e plenitude que foi perdido. A perda é descrita como uma queda, a saída de um estado anterior de totalidade, de comunhão com Deus. Segundo o relato bíblico, para que fosse mantido o estado de perfeição, Deus recomendou a Adão e Eva comerem dos frutos da Árvore da Vida, mas proibiu que eles comessem dos frutos da Árvore do Bem e do Mal. Adão e Eva desobedeceram a Deus, comeram da Árvore do Bem e do Mal e foram expulsos do paraíso, perdendo o estado de completude, caindo no mundo das polaridades.

A Árvore da Vida representa o estado de totalidade e harmonia, a consciência unificada, onde não existe a noção de dualidade e o sentimento de separação. A Árvore do Bem e do Mal, por outro lado, significa o conflito entre os opostos, o estado de separação, o conhecimento que se dá via os sentidos, o conhecimento do mundo exterior, natural do ego, diferente do conhecimento que vem da intuição. Adão e Eva, quando comeram o fruto da separação das polaridades, provocaram a queda, a perda da consciência unificada.

O paraíso é, também, concebido como uma Idade de Ouro que foi progressivamente deturpada e perdida. Algumas tradições contam que a Idade de Ouro, assim chamada porque incorruptível e resplandecente, foi seguida por sucessivas eras de crescente decadência do homem, de progressiva involução e, conseqüentemente, de afastamento do mundo espiritual e perda da consciência de ligação com a Totalidade, com o Self.

O PARAÍSO: IMAGEM DA PLENITUDE   87

A concepção das Idades ou ciclos é encontrada no hinduísmo e no budismo, onde são descritos ciclos cósmicos de evolução-involução-evolução chamados Yugas. Para os hindus, a Idade de Ouro é chamada Satya-Yuga, ou Krita-Yuga, descrita como a idade da verdade, do Ser real. Nesta idade, há a predominância da pureza de coração, da justiça, do saber e da obediência às leis sagradas. Esta é seguida pela Treta-Yuga, uma idade menos virtuosa, onde já não predomina o bem. O Duapara-Yuga é o ciclo onde se percebe a decadência crescente e o afastamento do homem do bem. E, finalmente, a Kali-Yuga é a época na qual o mundo e o homem atualmente se encontram. Esta é considerada a era mais escura e destrutiva, onde há a predominância dos sentidos e do plano material e o esquecimento dos valores espirituais.

A tradição iraniana também comenta sobre quatro idades ou ciclos, correspondentes aos metais: a Idade de Ouro, de Prata, de Aço e de uma Liga de Ferro. Na Idade de Ouro, o rei dessa idade era Yima, o Glorioso, porque semelhante ao sol. Mas, com o período de decadência, Yima teve que se retirar do mundo e habitar um refúgio subterrâneo.

De forma semelhante, os gregos descrevem um ciclo temporal, no qual se sucedem a Idade de Ouro, de Prata, de Bronze e de Ferro. Na Idade de Ouro, a vida dos homens era idêntica à vida dos deuses. "Ora o ensinamento tradicional, de uma maneira, ou de outra, afirmou sempre e em toda parte a existência de uma raça tradicional portadora de uma espiritualidade transcendente e, por isso, considerada como divina, ou análoga à dos deuses"[1]. Mas, o homem foi se afastando do mundo espiritual e perdendo a sua ligação com os deuses. Segundo essa visão, o mundo e o homem se encontram agora na Idade de Ferro, a idade obscura, onde existe a predominância da materialidade, da identificação com o mundo dos sentidos e a perda da consciência espiritual.

A tradição grega conta que, por causa da decadência progressiva, a humanidade perdeu o contato com a raça dos seres divinos e superiores. Segundo Hesíodo, (Os *Trabalhos e os Dias*, v. 125)[2] esses seres superiores assumiram uma forma invisível e continuam ainda a guiar os homens.

> Eles então vigiam decisões e obras malsãs,
> vestidos de ar vagam onipresentes pela terra.
> E dão riquezas: foi esse o seu privilégio real.

Hesíodo defendeu a concepção de uma restauração dos ciclos ou da recuperação do estado paradisíaco, que ele chamou de ciclo

---

1. Julius Evola, *O Mistério do Graal*, Lisboa: Vega, 1978, p. 35.
2. Tradução de Mary de Carvalho Lafer, São Paulo: Iluminuras, 1989.

heróico ou idade dos heróis. Ele descreve a raça dos heróis como uma raça mais justa, intermediária entre a idade de Bronze e a de Ferro. Hesíodo liga o mito do herói à tarefa de realizar a recuperação do Centro, do estado de plenitude, de unidade da consciência (Os *Trabalhos e os Dias*, v. 160). A raça dos heróis foi criada por Zeus, com a finalidade de reconquistar o estado primordial de unidade.

A Cabala tem uma concepção equivalente, onde os ciclos evolutivos são chamados de *Schmitá*. O ciclo atual, segundo alguns cabalistas, é caracterizado pela separação e pelo predomínio das polaridades do bem e do mal. O próximo *Schmitá* será uma época da Luz, da unificação da consciência.

O tema da Idade de Ouro conduz, naturalmente, à concepção de um lugar metafísico paradisíaco, onde reside uma raça de homens sábios, guardiões do conhecimento primordial essencial. O Éden metafísico é concebido como o Centro do mundo e descrito, na tradição indo-européia, como uma região nórdico-boreal, um Centro hiperbóreo ou polar. Esse Centro recebe várias denominações de acordo com a tradição espiritual. A tradição hindu se refere a uma Ilha Branca ou do Esplendor, residência do deus Vishnu, deus solar portador da cruz Hiperbórea ou Suástica.

Entre os gregos o Centro hiperbóreo se refere à ilha Leuké ou Ilha Branca, identificada como a morada dos hiperbóreos e também como a Ilha do sol, residência do deus Apolo. Apolo era considerado um rei solar da Idade do Ouro e da região hiperbórea. Há também a Ilha das Hespérides, onde estavam os pomos de ouro que Heracles conquista e que lhe confere a imortalidade.

Na tradição celta, o centro hiperbóreo é a Ilha Branca, a ilha dos bem-aventurados, identificada ainda como a Ilha de Avalon, descrita como um paraíso terrestre no Ocidente, que às vezes pode se encontrar na Irlanda, ou na Bretanha. O nome Avalon vem de *afal*, que quer dizer maçã, portanto, Ilha das Maçãs. Todas essas tradições indo-européias falam do desaparecimento dessas terras paradisíacas, que se tornaram depois míticas.

O paraíso mítico está ligado à idéia de um estado futuro que pode vir a ser alcançado, o estado de imortalidade. A imortalidade é compreendida como a consciência espiritual da eternidade, o nível de consciência da alma e do Espírito. Enquanto que a consciência do ego é a consciência da finitude e da morte. O *Pardes*, o paraíso dos caldeus, é para onde vão os homens que alcançaram a sabedoria e a imortalidade. A imortalidade também está associada ao conhecimento, à sabedoria adquirida com a transformação da consciência.

Os cabalistas do mesmo modo se referem a um paraíso chamado de *Pardes*, onde só pode entrar aquele que atingiu um alto nível de consciência psicológica, ética e espiritual. O *Pardes* dos cabalistas é descrito como um jardim paradisíaco, onde cresce a Árvore Sagrada,

O PARAÍSO: IMAGEM DA PLENITUDE   89

cujos ramos são formados de dez esferas, de cores diferentes, cada uma representando um mundo ascendente, um nível de consciência espiritual.

O paraíso futuro equivale à Terra Santa, para onde irão aqueles que atingiram a santidade ou perfeição. A Jerusalém Celeste é o paraíso que será alcançado no final dos tempos, na concepção das três religiões; judaica, cristã e mulçumana. A Jerusalém representa o Centro da presença divina e a meta da jornada espiritual do peregrino, em busca da realidade de Deus. No *Apocalipse* (21: 9-10) João diz: "E então, um dos Sete Anjos com Sete Copas... me disse: 'Vem que eu quero te mostrar a Esposa do Cordeiro'. Ele me transportou à Cidade Santa, Jerusalém, que descia dos céus, do lado de Deus...".

No hinduísmo, existe, desde os primórdios, textos que falam de um mito sobre um paraíso chamado Kalapa. O reino de Kalapa é um lugar idílico, nas montanhas do Himalaia, onde vivem os sábios e santos. Esse mito foi adotado e adaptado pelo budismo tibetano e se transformou num texto canônico, o *Kalapavatara*, que descreve um itinerário para o reino oculto de Kalapa. O *Kurma Purana*, outro texto tradicional budista, fala de uma ilha chamada Sweta-Dvipa, ou Ilha Branca, a morada dos grandes iogues.

Existem ainda outras lendas tibetanas sobre lugares paradisíacos ocultos e escondidos, como o reino de Khembalung, que preserva um conhecimento espiritual e são lugares de refúgio em tempos difíceis. Um mito da antiga religião tibetana Bon, conta sobre o país escondido de Olmolungring, que contém os conhecimentos superiores espirituais. Esse mito descreve um lugar paradisíaco escondido atrás de uma parede de montanhas nevadas. No Centro deste paraíso, há uma montanha sagrada, em cujo topo está sentado o rei de Olmolungring.

De acordo com os bonpos, os seguidores da religião Bon, a montanha possui nove degraus, em cada degrau há uma caverna para meditação. Os noves degraus representam os noves estágios, níveis de consciência que o adepto tem que trilhar para chegar à iluminação.

Entre os taoístas, existe a descrição de um lugar paradisíaco, chamado Tebu, no Tibete, onde vivem aqueles que por sua evolução atingiram o estado de imortalidade. Na mitologia chinesa, o monte Kun-Lun é considerado a morada dos imortais, onde fica o paraíso chamado Hsi Tien presidido por Hsi Wang Mu, a Rainha-Mãe do Oeste, que também é chamada Kuan Yin, a deusa da Misericórdia. Na China e no Japão, Kuan Yin é representada com milhares de braços, simbolizando o seu desejo de ajudar a humanidade. De acordo com essa concepção, o paraíso é o lugar da imortalidade, onde vivem os homens que alcançaram a condição de perfeição.

Sukhâvati é o paraíso dos budistas da Terra Pura (Índia e China) e da tradição do budismo Shin (Japão). Este paraíso é descrito num texto budista que data de 424 d.C. chamado de *Tratado da Meditação*

90　　　　　　　　　OS SÍMBOLOS DO CENTRO

de Amitaba, comentado por Jung em *Psicologia e Religião Oriental*. De acordo com esse texto, Amitaba é o Buda original, da Luz Infinita, do sol poente, da Luz Incomensurável, o Senhor de Sukhâvati, a Terra da Felicidade. Ele é representado com um vaso na mão, que contém a água sagrada da vida, o alimento gerador vital[3]. Todos aqueles que pedem a ajuda de Amitaba meditam em seu nome e repetem o mantra Namu-Amida-Butsu, têm uma vida exemplar, são atendidos e vivem em êxtase, flutuando em sua presença, sentados num lótus, sobre a superfície de um lago sem fim.

Sukhâvati é considerado o país da suprema felicidade, onde a água está distribuída em oito lagos. A água de cada um desses lagos é feita de jóias suaves e flexíveis e a fonte que os alimenta provém do rei das jóias (Cintâmani, a Pérola dos desejos.) No centro de cada lago existe 60 milhões de flores de lótus, cada uma das quais constituída de sete jóias. Todas as flores são perfeitamente redondas e do mesmo tamanho. A água que circula entre as flores produz sons melodiosos e agradáveis que expressam todas as virtudes perfeitas.

O paraíso geralmente está associado à riqueza, à abundância e à beleza. As flores são o arquétipo da beleza, que florescem no mundo transcendente e a flor de lótus é o símbolo da suprema beleza, em sua perfeição e eternidade. Os lótus que flutuam nas águas do paraíso de Amitaba representam o florescimento das almas até a perfeição. Para alcançar o paraíso, a consciência de eternidade, é necessário superar a consciência egóica da dualidade, da multiplicidade e da finitude temporal.

O paraíso descrito por Alá, no *Alcorão*, é cercado de altas muralhas de pérolas brilhantes. Quando os santos chegam a esse paraíso, precedidos por um anjo, se abre um portão de esmeraldas, sobre o qual existem cortinas de luz de tal intensidade que quase destroem a visão. O solo é do mais fino almíscar, açafrão e âmbar gris, suas pedras são de jacintos e gemas, os seixos e os cascalhos são de ouro; nas encostas do vale existem árvores cujos galhos e ramos pendem para baixo, nos quais colhem-se frutos e os pássaros cantam harmoniosamente e as flores desabrocham viçosas.

Dante no livro Paraíso (31. 1-3), descreveu o paraíso como uma rosa de uma brancura imaculada, na qual pousam anjos, como um enxame de abelhas, e depois levantavam vôo. Segundo a sua visão, quando o seu olhar se dirigiu para o alto, ele viu uma Luz Sublime e dela surgiram três círculos de três cores e uma dimensão; cada um parecia refletido no outro, como um arco-íris em outro, e o terceiro parecia de fogo, que era igualmente expresso daqui e dali.

---

3. C. G. Jung, *Psicologia e Religião Oriental*, em *Obras Completas*. Petrópolis: Vozes, 1982, v. XI/5, p. 85.

O PARAÍSO: IMAGEM DA PLENITUDE 91

No *Aion*, Jung comenta sobre o paraíso gnóstico dos Naassenos de Hipólito, que é concebido como uma quaternidade formada por quatro rios; Físon, Gíon, Hidéquel e Frates[4]. O símbolo do quatérnio está diretamente relacionado ao paraíso, como mostrou Jung, porque o quatro simboliza a divisão dentro da totalidade, mas que permanece unida em suas partes, às qualidades e aos aspectos do Uno. "A quaternidade é uma representação mais ou menos direta de um deus que se manifesta na sua criação"[5].

Ainda em *Psicologia e Religião*, Jung cita um antigo trabalho chamado "Cântico da Peregrinação da Alma", de um poeta e prior da Abadia de Châlis, chamado Guillaume de Digulleville, no qual ele descreve o paraíso:

O paraíso é formado por quarenta e nove esferas giratórias, chamadas *siécles* (séculos), os protótipos ou arquétipos dos séculos terrestres. Mas, conforme explica o anjo que serve de guia a Guillaume, a expressão eclesiástica *"in saecula saeculorum"*, refere-se não ao tempo comum, mas à eternidade. Um céu de ouro rodeia todas as esferas [...][6].

Na Idade Média surgiram relatos de um lugar paradisíaco chamado Reino de Prestes João, governado por um rei-sacerdote chamado pelo mesmo nome. Segundo o historiador Otto de Freising (1145). o reino de Prestes João se situava no Extremo Oriente, para além da Armênia e da Pérsia. Embora a história do reino de Prestes João contenha muitos elementos de ficção, como uma fonte da juventude e pedras com poderes mágicos, existem cartas de reis e de papas, ainda hoje guardadas no Vaticano, que mantiveram correspondência com esse personagem, dando veracidade a sua existência. Frederico I, o imperador do império Romano-Germânico e outros reis receberam mensagens de Prestes João. No entanto, esse reino, seja ficcional ou não, está relacionado à idéia do paraíso como o Centro mais profundo do Ser, onde reina a paz e a plenitude.

A paz e a harmonia, o estado de integridade, só podem ser encontrados no Centro, no paraíso. Na alquimia, o paraíso é um símbolo usado pelos alquimistas para representar a realização final da Obra. O paraíso é relacionado ao *albedo* (alvura), isto é, ao estado de pureza adquirido através do trabalho do alquimista ao realizar a transmutação dos metais impuros em ouro, por meio do empenho do adepto para a transformação da consciência. O alquimista grego Cristiano compara o Centro com o paraíso e seus quatro rios, simbolizando o líquido dos filósofos que emana do Centro.

4. Idem, Aion. Estudos sobre o Simbolismo do Si-Mesmo, em op. cit., v. IX/2, p. 30.
5. Idem, *Psicologia e Religião*, em op. cit., v. XI/1, p. 63.
6. Idem, p. 73.

Simbolizando o núcleo divino do Ser, o Centro, o paraíso é representado de forma circular, como reflexo direto do Céu, e dividido pela cruz dos quatro rios, inserindo a dimensão quadrada, a manifestação da presença divina na terra e a relação do homem com o Céu. Para reforçar o simbolismo do Centro, outros símbolos do Centro reforçam esse caráter como a árvore, a montanha, a fonte e a cruz. A Árvore da Vida sempre se encontra no Centro do paraíso, no alto de uma montanha. Como comenta Joseph Campbell: "Uma vez mais, no paraíso terrestre, no cume da montanha, onde o céu e a terra se encontram, como no topo de uma pirâmide maia ou de um zigurate mesopotâmico, foi descoberta a árvore da qual Adão e Eva colheram a fruta fatídica"[7].

Todas essas tradições afirmam, através de diversas imagens e narrações, que o ser humano, como conseqüência de sua queda, foi exilado do paraíso. Dessa forma, se tornou vítima das forças aprisionantes e exteriorizantes da ilusão do mundo sensorial e material, da consciência do ego, que o levou a uma crescente decadência. O homem, quando limitado ao domínio da consciência egóica, condena-se a um obscurecimento da sua alma, ao crescente endurecimento da sua sensibilidade e, como conseqüência, à crescente materialização e desumanização.

No entanto, o ser humano guarda a memória arquetípica de uma condição de alegria, de plenitude e de realização que ele aspira reencontrar. O arquétipo do paraíso se mantém vivo na psique coletiva, representando a aspiração humana de volta ao Centro, à sacralidade da vida. O homem deseja, no seu íntimo, a superação dos sentimentos de limitação e de separação, almeja o regresso à condição anterior à queda, à volta ao sentimento de unidade e de harmonia com o Universo, com o Self.

O anseio do homem pela recuperação da harmonia com a natureza, de retorno ao Centro, é representado na construção de jardins que imitam o paraíso, muito freqüentes na arquitetura árabe. Os jardins do Palácio de Alhambra, em Granada, na Espanha, reproduzem os jardins paradisíacos, com as suas fontes e lagos, relembrando ao homem o estado de plenitude, a paz, a beleza e a harmonia e o seu desejo de volta ao Centro.

O paraíso simboliza a memória e a nostalgia de um estado de unidade e totalidade que foi perdido com o nascimento da consciência egóica. O sentimento de separação, de estar alienado do Self, gera, por sua vez, a insatisfação permanente, o sentimento de falta, de vazio, de ansiedade e a necessidade de preencher este vazio interno. Como declarou Einstein: "A existência individual deixa uma sensação de aprisionamento e a pessoa deseja vivenciar o universo como um todo significativo e único. É esse o começo do sentimento religioso

---

7. Joseph Campbell, *A Imagem Mítica*, Campinas: Papirus, 1994, p. 189.

O PARAÍSO: IMAGEM DA PLENITUDE   93

e cósmico"[8]. O homem anseia pela cura da ferida da separação e deseja ardentemente voltar ao paraíso, à fonte, ao estado de unidade e plenitude perdida.

Mas, para realizar o retorno ao paraíso, ao Centro, à consciência de unidade, o homem tem que trilhar o caminho da transformação da consciência egóica, que é limitada aos sentidos e ao material, em consciência de alma e do Self, que é espiritual. A ampliação da consciência para além do ego, para a alma, leva à compreensão mais ampla da vida e à responsabilidade com o próprio desenvolvimento.

O processo de transformação da consciência do ego em consciência de alma e de Self é descrito nos mitos de heróis e simbolizado através da realização de tarefas muito difíceis, como a superação de obstáculos, o confronto com monstros e a subida da montanha, por meio de patamares que conduzem ao paraíso. O iniciado, pelo seu esforço constante, deve resolver as tarefas para finalmente alcançar o topo da montanha, a consciência da Totalidade. O paraíso, muitas vezes, está localizado no alto de uma montanha, reforçando o significado do Centro como o lugar inacessível, a meta difícil de alcançar para o homem comum, mas, que é possível, pelo esforço e empenho do herói, aquele que se diferenciou dos demais.

O MITO DE SHAMBHALA

No Tibete e em outras regiões da Ásia, sempre circularam relatos e comentários sobre um lugar oculto e inacessível chamado Shambhala, um paraíso oculto de sabedoria universal e de paz, onde vivem homens sábios de todas as raças e culturas. Os textos sagrados tibetanos sobre Shambhala são inúmeros e sempre o descrevem como um lugar onde somente os puros de coração podem viver em tranqüilidade e perfeita felicidade.

Shambhala é um nome sânscrito que significa "lugar de paz e tranqüilidade" ou "fonte de felicidade". Este paraíso mítico é considerado um Centro de sabedoria oculta espiritual, que se supõe estar situado nos picos gelados das montanhas da Ásia Central.

Os mitos sobre Shambhala são conhecidos em toda a Ásia e este paraíso recebe também outras denominações. "Os hindus se referem a Shambhala como Aryavarsha, a terra que deu origem aos Vedas; os chineses como Hsi Tien, o paraíso Oriental de Hsi Wang Mu, a Rainha-Mãe do Oriente; os velhos crentes russos, uma seita cristã do século XIX, conheciam-no como Belovodye; e o povo quirguiz como Janaidar"[9]. Todos esses povos atribuem a Shambhala a origem de seu

---

8. Albert Einstein, *Ideas and Opinions*, Nova York: Crown Publishers, 1974, p. 38.
9. Victoria LePage, *Shambala*, São Paulo: Cultrix, 1999, p. 16.

94 OS SÍMBOLOS DO CENTRO

conhecimento espiritual, quer se trate do hinduísmo, do xamanismo Bon, do budismo ou do taoísmo.

As mais antigas referências a Shambhala são encontradas nos livros sagrados do budismo tibetano, um conjunto de trezentos volumes chamado *Kanjour e Tanjour*. Esses trabalhos fazem parte do conjunto de obras sagradas conhecido como o Cânone Tibetano. Os mais velhos livros sobre Shambhala foram escritos no século XI, eram traduções para o tibetano de textos hindus ainda mais antigos, escritos em sânscrito. O conhecimento sobre Shambhala pertence aos antigos textos das tradições asiáticas. "O texto *Kanjour* do século XIII, um comentário budista sobre o assunto, fala de Shambhala como um centro circular, onde se iniciam oito caminhos, que tomam a direção dos pontos cardeais, como os raios de uma roda [...]"[10].

Os lamas tibetanos gravaram em um mandala a representação de Shambhala, em cujo centro se situa o monte Meru, considerado por eles um Centro unificador de todo o cosmo. De acordo com o mito, Shambhala tem a forma de um botão de lótus de oito pétalas, formada por círculos de montanhas em cujo centro se situa o monte Meru. No interior da montanha sagrada está o palácio-templo do rei de Shambhala, representado no Centro do mandala pelas palavras sagradas: *Om ha ksha ma la va ra yam*. Esse mantra está pintado na entrada de muitos mosteiros budistas e também no centro de alguns mandalas.

A tradição budista do Tibet diz que o Buda recebeu o *Kalachakra*, a grande doutrina budista, em Shambhala. Os ensinamentos de Shambhala, o *Kalachacra*, ou a *Roda do Tempo*, são os mais sábios e superiores conhecimentos do budismo tibetano sobre o alcance da eternidade, da iluminação, da consciência Unificada. Os textos do *Kalachakra* contêm sermões do Buda, onde ele descreve Shambhala e o papel que ela desempenhará na História. Os textos com os ensinamentos do *Kalachakra* e a crença na palavra do Buda fornecem a base para a crença tibetana na existência de Shambhala.

Os tibetanos chamam o conjunto desse conhecimento de Tantra Kalachakra, um profundo sistema de idéias que inclui a doutrina da não-dualidade (Advaita) e as práticas secretas da Kundalini. Segundo esta ciência secreta, a Kundala Shakti, a energia criadora do universo, gera tanto a mente quanto a matéria, assim a alma está unida à matéria, não havendo separação. O Tantra Kalachakra é considerado o mais complexo e secreto dos ensinamentos tibetanos só revelados para os iniciados que possuem a capacidade para entendê-los. Shambhala sempre representou, para o Tibete, o Centro e a base de sua vida religiosa. Para este povo, o reino de Shambhala existe oculto num vale remoto em algum lugar do Himalaia.

10. Idem, p. 42.

O PARAÍSO: IMAGEM DA PLENITUDE   95

Em todo o mundo, mulheres e homens cultos e eminentes atestaram a realidade de Shambhala. Ela é, universalmente, considerada a sede da Alma do Mundo, como um grande Coração Cósmico e a verdadeira entrada para o mundo espiritual. No *Shambhala-lam-yig*, ou o *Caminho de Shambhala*, um livro tibetano do século XVIII, o terceiro Panchen-Lama diz que o reino de Shambhala fica situado numa região montanhosa abrigada, por todos os lados, por poderosos maciços, com os cumes cobertos de neve[11].

Madame Blavatsky, em sua obra, *A Doutrina Secreta*, descreve Shambhala como uma cidade secreta e invisível, situada no deserto de Gobi, a sede dos Mahatmas, uma fraternidade de grandes mestres espirituais, de onde provém todo o conhecimento espiritual da humanidade.

O mais impressionante relato, no entanto, é do poeta, educador, artista plástico e filósofo russo, Constantine Nicholas Roerich. Homem de profunda cultura, Nicholas Roerich colaborou para a obra de Igor Stravínski, *Rito da Primavera* (1913). Ele escreveu um livro chamado *Shambhala a Resplandecente* (1930), no qual descreve a sua expedição através da Ásia Central e do Tibete, quando recolheu relatos sobre Shambhala. Segundo Roerich, Shambhala tinha uma existência real, era o Centro oculto que unia todas as tradições espirituais.

O escritor Andrew Thomas, autor do livro *Shambhala, a Misteriosa Civilização Tibetana* (1976) diz ser Shambhala o Centro dos Mistérios Maiores. Segundo ele, foi o conhecimento proveniente desse Centro que alimentou os mistérios do Ocidente e as tradições iniciáticas do Oriente. A sua convicção sobre a realidade de Shambhala foi reforçada pelo seu encontro com Roerich, em 1935. Andrew Thomas, na sua pesquisa, apoiou-se nos relatos de Roerich e de seu filho George Roerich, um grande orientalista. Além disso, Tomas também se baseou nos textos do budismo mahayana.

Giuseppe Tucci, conhecido estudioso da cultura e tradições do Tibete, situa Shambhala nas proximidades do rio Tarim. "O estudo dos manuscritos tibetanos examinados pelo professor Tucci revela o fato de que, em tempos imemoriais, uma dinastia de chefes da sabedoria, de origem celeste, regeu o reino de Shambhala e conservou o inestimável legado do *Kalachakra*, a ciência mística do esoterismo búdico"[12].

René Guénon, no seu livro *O Rei do Mundo* (1927), diz que Shambhala é um Centro de energias espirituais situadas na Ásia Central. Segundo Guénon, Shambhala é a fonte das idéias religiosas,

---

11. Andrew Thomas, *Shambala, A Misteriosa Civilização Tibetana*, Lisboa: Bertrand, 1979, p. 45-46.
12. Idem, p. 41-42.

96 OS SÍMBOLOS DO CENTRO

da ioga tântrica e do conhecimento da kundalini, no qual está baseado todo o sistema de transformação psíquica e espiritual.

Alice Bailey, a escritora teosófica, descreveu Shambhala como o Centro essencial da consciência planetária e a sede da grande hierarquia espiritual, em cujo Centro está Cristo.

Chögyam Trungpa (1940-1987), monge e mestre budista, conhecido como Dorje Dradul (guerreiro indestrutível ou adamantino), foi abade superior dos mosteiros Surmang, no Tibete. Na sua juventude, o Dorje Dradul estudou textos tântricos que falavam de Shambhala. Em 1959, quando atravessava o Himalaia fugindo dos comunistas chineses, ele escreveu uma síntese da história espiritual de Shambhala, mas que se perdeu durante a viagem. Embora nunca tenha estado em Shambhala, Trungpa acreditava em sua existência, pois sempre que entrava em meditação profunda via o reino num espelho.

No Ocidente, a partir do ano de 1976, Chögyam Trungpa começou a mencionar Shambhala em suas conferências e a enfatizar a importância dos seus ensinamentos. Em 1977 ele iniciou uma série de escritos sobre Shambhala, proferiu mais de cem conferências sobre o tema nos Estados Unidos e sistematizou um programa que chamou de Treinamento Shambhala, dando ênfase à expansão da consciência e ao despertar da mente. O programa focaliza o ensino da meditação e, principalmente, o trabalho do guerreiro espiritual, que consiste na renuncia ao ego, na apropriação da verdadeira individualidade e no desenvolvimento da bondade fundamental, o que permitirá ao indivíduo se apropriar dessa energia e cavalgá-la, para tornar realidade a era de ouro que se aproxima. Existe uma profecia tibetana que diz que quando o homem perder todo o conhecimento real na guerra por poder e status, no final dessa era, o conhecimento oculto em Shambhala ressurgirá e o mundo voltará a ser um lugar de paz, amor, plenitude e felicidade.

Trungpa é o fundador do Naropa Institute, no Colorado, onde é ensinado o Programa de Treinamento de Shambala.

Os ensinamentos de Shambhala fundamentam-se na premissa de que existe de fato uma sabedoria humana básica capaz de ajudar a resolver os problemas do mundo. Essa sabedoria não pertence a nenhuma cultura ou religião em particular, nem é exclusividade do Ocidente ou do Oriente. Trata-se antes de uma tradição dos seres humanos como guerreiros – uma tradição que existiu em muitas culturas, em diferentes momentos no decorrer da história[13].

Segundo a tradição de Shambhala devemos cultivar o que somos e quem somos para atingir a iluminação. A chave do espírito guerreiro, e o primeiro princípio da visão de Shambhala, é não termos medo

13. Chögyam Trungpa, *Shambhala. A Trilha Sagrada do Guerreiro*, São Paulo: Cultrix, 1996, p. 30.

O PARAÍSO: IMAGEM DA PLENITUDE   97

de ser quem somos para podermos aceitar a responsabilidade pessoal pela elevação das nossas vidas.

Para Trungpa, *pawo*, guerreiro em tibetano, quer dizer aquele que é corajoso. Ser guerreiro é aprender a ser autêntico.

Em última instância, essa é a definição de coragem: não ter medo de si mesmo. A visão de Shambhala ensina que, diante dos grandes problemas do mundo, podemos ser simultaneamente heróicos e amáveis. A visão de Shambhala é o oposto do egoísmo. Quando temos medo de nós mesmos e da aparente ameaça que o mundo representa, tornamo-nos extremamente egoístas. Temos vontade de construir o nosso próprio nicho, nosso próprio casulo, para podermos viver isolados e em segurança[14].

Segundo Trungpa, quando nos abrimos para nos perceber mais profundamente, quando saímos do casulo de proteção, estabelecemos o contato com o que somos verdadeiramente, descobrimos a bondade fundamental existente em nosso interior e adquirimos auto-estima. Na tradição de Shambhala, a disciplina para desenvolver a auto-estima, a bondade fundamental, e o apreço pelo mundo é realizada através da prática do sentar-se em meditação. "A bondade fundamental está estreitamente ligada à idéia de bodhicitta, na tradição budista. *Bodhi* significa desperto ou alerta, e *citta* quer dizer coração; bodhicitta quer dizer, portanto, o coração desperto"[15].

A bondade fundamental é uma energia que está sempre presente, mas da qual o indivíduo não tem consciência. Nos ensinamentos de Shambhala, esta energia autogerável se chama "cavalo do vento" e pode irradiar um imenso poder em nossa vida.

O Dalai Lama é uma das personalidades atuais que atesta a existência de Shambala. Ele comenta que se a origem dos textos sagrados do *Kalachakra* é atribuída a Shambala, como pode então este lugar ser uma fantasia. Da mesma forma, pergunta como pode um lugar imaginário ser a fonte de um rico ensinamento que produziu muitos trabalhos literários e que influenciou a cultura e a religião do povo tibetano. O Dalai Lama confere hoje muitas iniciações no *Kalachakra* de Shambhala e considera o conhecimento do Tantra Kalachakra como o sistema mais eficiente para se chegar mais rápido à iluminação, quando praticado corretamente.

Recentemente o Dalai Lama dirigiu um programa de iniciação *Kalachakra* no Madison Square Garden, em Nova York. E os monges tibetanos presentes em diversas cerimônias, no Museu de História Natural de Nova York e no Museu de Arte Asiática de São Francisco, construíram mandalas de areia de *Kalachakra* diante de um grande público.

Atualmente existem muitos monges que estão dirigindo iniciações do aprendizado de Shambhala em várias cidades dos Estados

14. Idem, p. 30-31.
15. Idem, p. 47.

98 OS SÍMBOLOS DO CENTRO

Unidos e do Canadá, bem como em outras cidades da Europa, como Londres e Malburg na Alemanha.

O conhecimento sobre Shambhala, hoje em dia, não é mais totalmente oculto, existe uma grande quantidade de livros sobre Shambhala que falam parcialmente sobre os ensinamentos do *Kalachakra*, como o livro *O Caminho para Shambhala* do escritor americano Edwin Bernbaum. Ele escreveu esse livro baseado num estudo profundo do budismo e em entrevistas com inúmeros lamas. "Os tibetanos baseiam a sua crença no reino oculto, na autoridade do Buda, que eles supõem ter conhecimento sobre o que ele está falando"[16].

Os textos conhecidos do *Kalachakra* contêm sermões feitos pelo Buda, nos quais ele descreve Shambhala e o papel que ela irá desempenhar na história. A esse respeito comenta ainda Edwin Bernbaum:

A profecia de Shambhala fala muito mais [do que o despertar do indivíduo]: prevê a vinda de uma idade de ouro na qual todos farão um grande progresso em direção à iluminação. Isso torna claro que o objetivo da jornada interior não é retirar-se do mundo, e sim torná-lo um lugar mais propício para que todos alcancem a libertação[17].

O escritor Jeremy Hayward foi discípulo do Dorje Dradul e escreveu um livro chamado *O Mundo Sagrado. Um Guia para a Arte do Guerreiro de Shambhala na Vida Cotidiana*. Segundo ele, o reino de Shambhala pode realmente ter existido, mas também trata-se de uma visão interior. "O reino de Shambhala é a pureza e a clareza, a bondade fundamental inerente que todos possuem. Nesse sentido, a busca do reino de Shambhala é busca do viver genuinamente num mundo vivenciado como sagrado"[18].

Nesta época tão conturbada, na qual o homem está sofrendo os efeitos negativos do estado da consciência da separação, da perda da sua alma e dos valores espirituais, é necessária a emergência de um símbolo do Centro, tão vivo e tão forte como o de Shambhala, para que ele acredite que é possível o retorno a um estado de consciência unificada e cósmica. Talvez seja por isso que as divulgações sobre Shambhala são, atualmente, tão fartas e acessíveis.

A idéia da existência de um reino paradisíaco como Shambhala pode mostrar ao homem que é possível se construir o paraíso na terra, bastando que ele opere uma profunda transformação na consciência do ego e de seus valores para que possa alcançar a consciência de totalidade e que mude a forma como se relaciona consigo mesmo e com o mundo.

16. Edwin Bernbaum, *The Way to Shambhala*, Boston: Shambhala Publications, 1980, p. 28.
17. Idem, p. 208.
18. Jeremy Hayward, *O Mundo Sagrado. Um guia para a arte do guerreiro Shambhala na vida cotidiana*, Rio de Janeiro: Rocco, 2002, p. 14.

O PARAÍSO: IMAGEM DA PLENITUDE

A profecia de Shambhala prevê a chegada de uma Idade de Ouro, na qual todos alcançarão um grande progresso espiritual e a iluminação. O objetivo do trabalho interior não é retirar-se do mundo, mas torná-lo um lugar melhor, para que todos possam alcançar uma nova consciência, a consciência do sagrado e da ligação do mundo humano com o divino. Dessa forma, podemos transformar em realidade o retorno da Idade de Ouro.

Shambhala é o símbolo do paraíso vivo, da sua realidade material e espiritual, assim é capaz de inspirar a busca da criação de um mundo mais harmonioso, tanto no interior quanto no exterior. Quando o homem perceber que o Centro, o paraíso, se encontra em seu interior, ele também perceberá que a totalidade, a paz e a plenitude se encontram ao seu inteiro alcance. Dessa forma, terminará a sua busca infrutífera, no mundo exterior, pois descobrirá o reino perdido de Shambhala no interior de si mesmo.

8. A Árvore Cósmica

A árvore como representação da idéia do "Centro, do "*Axis- Mundi* é, ao lado da montanha, uma das imagens arquetípicas mais difundidas, universalmente, e mais rica de significados. Mircea Eliade distingue principalmente sete representações que, ao mesmo tempo, estão articuladas entre si, em torno da idéia central do Cosmo vivo: 1. O conjunto pedra-árvore-altar, como micro-cosmo vivo; 2. A árvore como imagem do cosmo; 3. A árvore como teofania cósmica; 4. A árvore como símbolo da vida, da fecundidade; 5. A árvore Centro do mundo e suporte do universo; 6. A árvore como ligação entre o homem e o os deuses; e 7. A árvore como símbolo da ressurreição, da renovação[1].

Toda cultura antiga possuía a sua árvore sagrada ligada a diversas representações, e cada uma delas privilegiava um aspecto simbólico a mais do que outro. Mas, dentre todos eles, sempre se destacava a idéia da árvore como centro divino do mundo. A imagem da Árvore Cósmica, que sustenta o mundo, está presente em muitas cosmogonias e em muitos mitos, representando o Centro, como o ponto inicial primordial, onde Deus se manifestou, a origem da criação do universo.

A Árvore do Mundo, como símbolo do Centro Primordial, de onde tudo emana, corporifica a Realidade Absoluta, a fonte santa da vida e, por ser a detentora dessa qualidade, se acha no Centro do universo. Concebida como um lugar sagrado, a imagem do macrocosmo

---

1. Mircea Eliade, *Tratado de História das Religiões*, Lisboa: Edições Cosmos, 1970, p. 325.

102   OS SÍMBOLOS DO CENTRO

refletida no microcosmo, a Árvore Cósmica é, naturalmente, a habitação da divindade. A Kiskano, a árvore sagrada da Babilônia, segundo a tradição cresceu em Eridu, no Centro do Mundo, um lugar considerado sagrado. Essa árvore era vista como a morada dos deuses, como um lugar de hierofania. Essa idéia está representada num poema babilônico:

> Em Eridu cresceu um Kiskano negro, um lugar santo foi criado;
> O seu brilho é o do lápis-lazúli brilhante, e estende-se até o apsu.
> É o deambulatório de Ea na opulenta Eridu,
> A sua morada é um lugar de repouso para Bau[2]

No Tibete o salgueiro era a árvore que representava a idéia do Centro Cósmico e como toda árvore sagrada incorporava a qualidade de doadora de fertilidade. O salgueiro cresce em terreno úmido sendo, freqüentemente, encontrado na margem dos rios e dos lagos e visto como o emblema do Bodhisattva Avalokiteshvara, o Buda dispensador da fertilidade do povo tibetano. Por isso, existem muitos salgueiros em frente aos mosteiros e santuários de Lhasa.

Da mesma forma, a bétula, para o povo siberiano, assume o significado de Árvore Cósmica, e a função de *Axis Mundi*. A bétula simboliza o espaço de manifestação do sagrado, um lugar de hierofania, por onde desce a energia do céu. Geralmente ela é marcada com sete incisões representando os sete ramos da Árvore Cósmica, mostrando os vários níveis celestes, os graus de consciência aos quais o homem pode ter acesso pelo seu desenvolvimento e transformação. Simboliza o instrumento através do qual é realizado o desejo humano de ascensão, de comunicação com o mundo espiritual, de alcance da consciência unificada.

Entre os xamãs a bétula é chamada de *udesi-burkhau*, ou guardiã da porta, por onde passa o xamã em sua escalada através do topo do mundo, para atingir o mais Alto Céu. Quando um jovem xamã siberiano era iniciado, uma bétula era cortada e a sua casca arrancada. Na manhã seguinte, a árvore era colocada em pé dentro da tenda circular, pois os siberianos acreditavam que o seu topo crescia invisível e atingia os sete céus. O iniciado deveria escalar a árvore até atingir o seu cimo. Atingir o cume é chegar ao Centro do universo, à iluminação, à consciência unificada, realizando o êxtase, a união com Deus.

Detentora da função de *Axis-Mundi*, a bétula está localizada no meio do Universo e no seu cimo se encontra o Deus Supremo ou o Deus Solar. Nos sonhos iniciáticos do xamã, se diz que ele se aproxima da Árvore Cósmica e recebe das mãos de Deus três ramos dessa Árvore, que lhe servirão de caixa para os seus tambores. Sendo o tambor feito da madeira da Árvore do Mundo, quando o xamã o toca

2. Idem, p. 330.

A ÁRVORE CÓSMICA   103

sente-se próximo à Árvore do Mundo. É com o auxílio dos tambores que o xamã, atinge o êxtase.

Para os egípcios, o abacateiro era considerado a árvore sagrada, um símbolo do Centro, porque foi debaixo dele que a serpente Apep foi morta pelo deus Rá. A tamareira também incorporava no Egito a função de suporte do mundo, de *Axis Mundi* e serviu de modelo para as colunas dos edifícios reais. Quando a árvore era transformada em coluna ou poste, e despojada de suas folhas, acentuava marcadamente o simbolismo do *Axis Mundi*.

Representada como uma árvore desfolhada, a tamareira guardava o corpo do deus Osíris, a sua espinha dorsal reconstituída. A tamareira se converteu, então, no símbolo da coluna vertebral de Osíris, da escada que permitiu a sua reunificação e ficou conhecida como o pilar Djed. Este pilar, como um símbolo do Centro do mundo, do Pilar do Mundo, concentrava o poder de fertilidade, a força, a energia e a estabilidade que permite a ascensão. Na cidade de Abidos, por ocasião do festival de Osíris, o pilar Djed era erguido, relembrando o significado profundo da reunificação do deus Osíris contido no mito.

Considerado um amuleto sagrado, o pilar Djed tinha a função de transformar o corpo humano em substância espiritual e servia de modelo mítico para o desenvolvimento da consciência no processo de ascensão espiritual. Os vários níveis da consciência eram representados pelos *chakras* escalonados, ao longo da coluna vertebral do deus, como uma escada, que levava ao *chakra* da coroa, o nível superior, onde acontece o recentramento do homem, a reunificação e a iluminação.

Na *Bíblia*, a coluna, ou pilar, era também assimilada à Árvore Cósmica, representando a ligação da terra com o Céu e como o símbolo da relação do homem com o mais Alto. Por esse motivo, na arquitetura judaica-cristã, as colunas tiveram uma importância simbólica muito grande. O palácio e o templo de Salomão ficaram famosos pelas suas colunas de cedro. O cedro, em diversas culturas, sempre foi amplamente associado à idéia de imortalidade e de incorruptibilidade.

O significado arquetípico da coluna como símbolo do Centro foi mantido nas catedrais góticas, cuja arquitetura privilegia as colunas, como veículos simbólicos, facilitadores da transcendência.

Como representante do Centro, do *Axis Mundi*, a Árvore Cósmica tem a função de unir e estabelecer a comunicação entre os três níveis ou dimensões cósmicas e humanas: as suas raízes se comunicam com o Hades, o subterrâneo, o inconsciente, o aspecto somático e instintivo; os galhos com o terreno, a vida material, a consciência ordinária; e a sua copa se comunica com o nível celeste ou espiritual, a consciência supra-ordinária.

OS SÍMBOLOS DO CENTRO

Entre os essênios, a Árvore da Cósmica era descrita como uma árvore composta de sete raízes e sete galhos representando a ordem e a harmonia cósmica. Os galhos estendiam-se em direção ao céu e as raízes faziam a conexão com a terra, considerada como a fonte de vida. O galho mais alto simbolizava o Pai Celestial e a raiz mais profunda a Mãe-Terra. Os outros galhos e raízes representavam os anjos e outras entidades, as forças do céu e da terra. Cada um desses galhos e raízes estava associado a um determinado dia da semana e às orações da manhã e do anoitecer. Os essênios usavam o símbolo da árvore como um instrumento de meditação, através do qual se mantinham ligados aos poderes da natureza e às forças celestes; desta forma eles uniam, em si mesmos, esses dois poderes.

A Árvore Cósmica representa, igualmente, as várias dimensões humanas; a somática, a psíquica e a espiritual. O homem, da mesma forma que a árvore, deve estar ligado às dimensões profundas do seu ser corporal, conhecer os seus instintos vitais, estar bem enraizado, para que assim possa se realizar no mundo fenomenal e, através da expansão e realização do potencial criativo de sua alma no mundo, buscar a sua reunificação, a reunião de todos os aspectos do seu ser, o alcance da consciência unificada, da transcendência. Como diz Jean-Yves Leloup:

> É das profundezas
> de suas raízes
> no Escuro
> que a árvore busca sua força
> e seu impulso para galgar as alturas
> e se manter ereta
> na luz[3].

A Árvore Cósmica simboliza a estrutura trina do mundo e do próprio homem. Ela representa o ser humano como parte do universo, com as suas propriedades somáticas que o ligam à terra, os seus atributos psíquicos, que o fazem humano, e o seu impulso para o mundo espiritual, que o faz divino na sua relação com Deus. No seu percurso iniciático, o homem tem que reunificar as três dimensões do seu ser e caminhar em direção à realização do homem pleno, que cumpriu o projeto divino.

Ligada simbolicamente à idéia de fronteira, a Árvore Cósmica é definida como o lugar de comunicação entre vários planos e dimensões, como o lugar onde Deus desce e o homem ascende. A Yggdrasil, ou freixo, é a Árvore Cósmica dos escandinavos. Segundo a mitologia escandinava, essa árvore se ergue no Centro dos três planos cósmicos, em cima da fonte de Urd. Suas raízes, em número de três, mergulham

---

3. Jean-Yves Leloup, *A Sabedoria do Salgueiro*, Campinas: Verus, 2005, p. 33.

A ÁRVORE CÓSMICA 105

na terra até o mundo de baixo, no ponto onde se encontram Hel, a terra dos mortos; o reino dos gigantes gelados e a morada subterrânea dos deuses. O tronco se situa no segundo plano, Midgard, a terra média, o lugar dos seres mortais. Os ramos e galhos sobem para Asgard, o mundo celestial dos deuses. Na mitologia escandinava a profetiza Völva, despertada de seu sono pelo deus Odin, diz:

> Lembro-me dos gigantes nascidos na aurora dos tempos,
> Daqueles que outrora me geraram.
> Conheço nove mundos, nove domínios cobertos pela Árvore do Mundo.
> Essa Árvore sabiamente plantada cujas raízes afundam no âmago da terra [...]
>
> Sei que existe um freixo que se chama Yggdrasil
> A copa da Árvore está envolta em brancos vapores de água,
> Donde se desprendem gotas de orvalho que caem no vale.
> Ela ergue-se eternamente verde por cima da fonte de Urd[4].

Sendo o ponto que delimita o mundo sagrado do mundo profano, a Árvore Cósmica é o espaço onde acontece a manifestação do sagrado, é um lugar de hierofania, da emergência da energia numinosa, que pode tomar diversas formas e aparências. Entre os gregos, o carvalho era considerado um instrumento de comunicação entre a terra e o céu; ele tinha o poder de atrair para si os raios de Zeus. A Árvore Cósmica é considerada, assim, o caminho de descida do numinoso para o mundo humano e de ascensão do humano para o celeste.

Vista universalmente como o lugar de comunicação entre o céu e a terra, a Árvore Cósmica é, naturalmente, um lugar de passagem, onde o divino faz a sua aparição, por onde sobem e descem os deuses mediadores entre o plano celeste e o plano terreno. Nos *Upanishades* e no *Bhagavad Gïta* a figueira aparece como o veículo de união entre a terra e o céu. Entre os maias, a árvore gigante, o *yaxche*, une os três planos do universo e serve de "escada" para os espíritos.

Da mesma forma que une a terra ao céu, a Árvore do Mundo é, ao mesmo tempo, o ponto de contato entre o plano terreno e o mundo de baixo, o mundo inferior. O álamo, uma das árvores sagradas dos gregos, era a árvore consagrada a Hércules. Quando ele desceu ao Hades, fez para si uma coroa com ramos de álamo. O lado das folhas voltado para ele permaneceu claro, enquanto que o lado voltado para o exterior tomou a cor de fumaça. O cipreste, outra árvore vista como sagrada na Grécia e em Roma, estabelecia a comunicação com as divindades do Hades. Era a árvore associada ao culto de Plutão e às cerimônias funerárias. O cipreste estava ainda ligado à idéia de imortalidade e de ressurreição da alma.

Muitos deuses possuem a sua árvore sagrada, ou até mesmo são representados em forma de árvores. Na Grécia, a figueira era a árvore

4. M. Eliade, op. cit., p. 323.

106 OS SÍMBOLOS DO CENTRO

do deus Dioniso e o carvalho a árvore de Zeus. Na Odisséia, Ulisses consulta, por duas vezes, o carvalho de Zeus. O carvalho é o símbolo da sabedoria, da força e da potência divina, tanto no sentido material quanto espiritual. A clava de Hércules era feita de carvalho e o velocino de ouro estava suspenso a um carvalho. Em toda a Índia, a figueira é a árvore sagrada de Shiva e de Vishinu. Na mitologia nagô, o deus Oxalá estava ligado a duas árvores míticas; o irokó e o akokó, cujos troncos majestosos unem o mundo terreno ao mundo divino.

Considerada doadora da vida e da imortalidade a Árvore da Vida contém o orvalho celeste como seiva e seus frutos transmitem a fertilidade e a imortalidade. No Egito, a árvore sagrada da deusa Hator é o sicômoro, cujo elixir celestial conferia o dom da imortalidade. No mundo subterrâneo, Hator aparecia sob a forma de um sicômoro e oferecia ao morto um copo da água da imortalidade. Era crença comum em Mênfis que as almas dos mortos voavam e depois pousavam em seus galhos.

No *Livro dos Mortos do Antigo Egito*, há uma estrofe na qual a alma do morto invoca os poderes revitalizadores da Árvore da Vida da deusa Nut:

> Salve, oh! Árvore Sagrada da Deusa Nut!
> Concede às minhas narinas teu Sopro Vivificante!
> Que teu Santuário de Unnu seja bendito!
> Eis que monto guarda ante o Ovo Cósmico de Gegen Ur
> Se ele respira eu respiro, se ele aumenta eu aumento
> Se ele vive eu também vivo [...][5].

Na China, o pessegueiro de Siwang Mu, a Real Mãe do Oeste, produz, a cada três mil anos, pêssegos que conferem a imortalidade. Era crença que os imortais se alimentavam de flores de pessegueiro do monte Suei. No xintoísmo, o sakaki é a Árvore da Vida, os seus galhos são utilizados nos buquês de oferenda e nos rituais de purificação, pois a ela é atribuída a qualidade e o poder de regeneração e de imortalidade.

No extremo Oriente, o pinheiro é também considerado uma Árvore da Vida, o símbolo da imortalidade e da força vital. Este fato explica o por que de a maior parte dos templos japoneses serem construídos de pinheiros, assim como os instrumentos rituais.

A Árvore da Vida do Jardim do Éden e a árvore dos pomos de ouro do jardim das Hespérides têm a mesma função mítica de restaurar e revitalizar o corpo e a alma. No *Apocalipse* (22:1-2) há uma outra descrição da Árvore da Vida: "E o anjo mostrou-me um rio puro, como a água da vida, límpido como o cristal, que brotava do trono de Deus e do Cordeiro. No meio da corrente e em ambas as margens do

---

5. *O Livro dos Mortos do Antigo Egito*, São Paulo: Hemus, 1982, p. 68.

A ÁRVORE CÓSMICA

rio, estava [...] a Árvore da Vida, que dava doze tipos de frutos que eram colhidos a cada mês; e as folhas da árvore serviam para a cura das nações".

A videira é, em muitas culturas, a representação arquetípica da Árvore da Vida, da dádiva de Deus para os seus filhos, a fonte de alimento espiritual e material, a garantia da manutenção da vida, da imortalidade. Na Mesopotâmia, as Deusas Mães eram chamadas de tronco de videiras.

Cristo se comparou com o tronco da videira, que traz o alimento espiritual e do qual os homens são os seus ramos (João 15:1). Segundo os Evangelhos de João e Mateus, Jesus disse que o ramo da videira só pode frutificar enquanto a seiva vital do tronco o alimentar. Ele afirmou ser a verdadeira cepa e que os homens não podiam pretender ser a videira de Deus se não permanecessem com ele. A vida que flui pelo Cristo, flui pelo homem, mas, se o homem perde a consciência do Cristo interno, do Self, e não vive de acordo com a sua consciência crística, será cortado e lançado fora. Na iconografia cristã, muitas vezes o Cristo aparece representado no meio de uma vinha, em cujos ramos os apóstolos estão sentados.

Na *Bíblia*, a figueira e a oliveira são, ao lado da vinha, as árvores representantes da abundância e da generosidade de Deus para com os homens. Essas qualidades aparecem freqüentemente mencionadas no mundo bíblico:

> Vede a figueira e todas as árvores.
> Quando elas lançam os brotos,
> Vendo-as, sabeis por vós mesmos
> Que o verão já está próximo.
> Igualmente, vós também,
> Sabei que o reino de Elohims está próximo"(Lc 21: 29-31)

Além da abundância, a figueira como representação da Árvore da Vida simboliza a imortalidade e o conhecimento de ordem divina. Foi debaixo da árvore Boddhi (figueira) que Buda alcançou a iluminação. Era a sua árvore predileta, sobre a qual se sentava quando ensinava a seus discípulos.

A oliveira, como símbolo da Árvore da Vida, representa também a paz, a sabedoria e a luz nas mais diversas culturas. Na Grécia era a árvore da deusa Atena. Em Roma era consagrada a Júpiter e a Minerva. No Islã, acreditava-se que a oliveira, por ser uma árvore sagrada, tinha o nome de Deus, ou alguma outra palavra sagrada, escrito em suas folhas.

Representando, de forma geral, a vida em perpétua evolução, desde o nível mais terreno ao mais espiritual, a árvore é, igualmente, vista como o símbolo do Homem Universal e a fonte do conhecimento. Na tradição judaica, a árvore encerra a qualidade de ser detentora e doadora do conhecimento e da iluminação. Foi ao pé de um carvalho que Abraão recebeu as revelações de Iavé. A amendoeira é outra árvore concebida como o símbolo da imortalidade e da comunicação com o divino. É através da base dessa árvore que se penetra na cidade da Luz, a morada da imortalidade espiritual e do conhecimento. Moisés ordenou que a *Menorá*, que simboliza a Árvore da Vida, fosse criada segundo a forma da amêndoa.

Em muitas narrações míticas, a árvore geralmente aparece relacionada com a luz. Platão, no final da *República*, narra o mito de Er e fala da sua morte e ascensão ao Céu, onde Er vislumbra as Formas Ideais. É no domínio dessas Formas que Er vê a árvore de luz, estendida sobre o universo. No seu topo, ele vê as estrelas fixas e a partir delas as cadeias do Céu, como cinturões luminosos.

Entre os chineses, a amoreira é considerada a morada da Mãe dos sóis e é através dela que se eleva o sol nascente. É também de uma amoreira que a filha de Yent-til foi transformada em pássaro e se elevou aos céus. Entre os siberianos, o lariço dá origem ao sol e à lua, assim é considerada uma árvore sagrada.

A vocação da Árvore é a luz, a altura celestial. Enraizada na escuridão da terra, a copa da árvore se expande para o alto buscando a iluminação, a evolução, a ascensão. Esta é a metáfora simbólica perfeita para o desejo evolutivo do homem, de ultrapassar a ignorância, a escuridão inconsciente, transcender a matéria e alcançar a luz da realidade espiritual.

E por ser um símbolo do Centro, estar ligada à luz e às forças do céu, à árvore é atribuída a função de proteção contra o mal, a escuridão e as más influências. Na China, a árvore de proteção é o pessegueiro. No ano novo, são colocadas miniaturas de pessegueiro sobre as portas para eliminar as influências negativas. Para os japoneses, o pinheiro representa a força espiritual inquebrantável, que vence o ataque dos ventos e das tempestades. No Japão, no ano novo há o costume de se colocar dois pinheiros, um em cada lado da entrada da casa, para atrair as divindades Kami e os seus benefícios e proteção.

A Árvore da Vida adquire também a significação mítica especial de ser o lugar de nascimento, de morte e, ao mesmo tempo, da imortalidade espiritual. Muitos deuses nasceram de uma árvore ou foram sacrificados numa árvore. O lariço é, como todas as coníferas, um símbolo da imortalidade divina. Segundo o mito grego, Adonis, o deus da vegetação, nasceu da árvore de mirra.

E, pelo fato de ser o lugar de nascimento e de renascimento, de possuir o poder regenerativo, de ser a doadora de alimento, e da sabedoria, o simbolismo da Árvore da Vida se amplia facilmente para a Mãe do Universo. "Isto é comprovado pela minuciosa comparação da Sabedoria com determinadas árvores tais como o cedro, a palmeira, o terebinto, a oliveira, o cipreste. Todas essas árvores são

A ÁRVORE CÓSMICA 109

consideradas desde tempos imemoriais símbolos da deusa-mãe e da deusa do amor"[6].

A árvore aparece também como uma epifania da Grande Mãe, portadora da vida e fonte da fertilidade da natureza e da fecundidade cósmica. "Calipso era uma das inúmeras teofanias da Grande Deusa, que se revelava no 'Centro do mundo', ao lado do *omphalós*, da Árvore da Vida e das quatro nascentes"[7]. O pinheiro era considerado, no antigo culto de Meter, a sua árvore sagrada. A deusa, muitas vezes, aparecia representada sentada debaixo de um pinheiro.

Quando a árvore é vista como o lugar da morte de um deus, ela assume a qualidade de "Árvore do sacrifício" e equivale, simbolicamente, à cruz. Muitas vezes, o Cristo foi representado no centro de um cedro. O deus egípcio Osíris foi aprisionado numa tamareira por seu irmão Set, considerada uma árvore sagrada, porque o corpo do deus aí repousava. Átis, fugindo do desejo incestuoso da deusa Cibele, sua mãe, que enciumada o perseguia, castra-se debaixo de um pinheiro.

Odin, o deus escandinavo, esteve pendurado durante nove dias na Árvore do Mundo Yggdrasil, que se ergue no centro de três regiões cósmicas. Segundo a *Edda Poética Havamal*, Odin, através do seu sacrifício, obteve a sabedoria das runas mágicas. Pendurado na árvore Odin disse:

> Vi-me suspenso naquela árvore batida pelo vento
> Ali pendurado por nove longas noites,
> Por minha própria lâmina ferido,
> Sangrando para Odin,
> Eu, uma oferenda a mim mesmo:
> Atado à árvore
> Que homem nenhum conhece
> Para onde vão suas raízes.
>
> Ninguém me deu de comer,
> Ninguém me deu de beber.
> Perscrutei as mais terríveis profundezas
> Até vislumbrar as runas.
> Com grito estentóreo as ergui,
> E, então, tonto e desfalecido caí[8].

Em algumas tradições, a Árvore da Vida é representada como uma árvore invertida, com as raízes para cima e os ramos para baixo. A descrição desta árvore já aparece nos *Vedas* e nos *Upanishades*. O

---

6. C. G. Jung, *Resposta a Jó*, em *Obras Completas*, Petrópolis: Editora Vozes, 1979, v. XI, p. 30.

7. M. Eliade, op. cit., p. 345.

8. *O Livro das Runas*, comentários de Ralph Blum, Rio de Janeiro: Bertrand Brasil, 1990, p. 13.

110 OS SÍMBOLOS DO CENTRO

Katha Upanishade (6.1), fala da eterna Avastha (Ficus Religiosa), cujas raízes se elevam e cujos ramos descem e representam o puro Brâman, o que se denomina a Não-Morte. Todos os mundos descansam sobre ele:

> Raiz em cima, galhos embaixo; esta figueira original!
> Pura de verdade é sua raiz: é brâmane conhecida
> Como a imortal.
> Nela repousam todos os mundos:
> Ninguém, seja quem for, passa além dela.
> Tudo isso, na verdade, é essa árvore[9].

No *Baghavad Gïta* Krishna diz a Arjuna:

Os Vedas descrevem Avashata (Ficus Religiosa), que é uma árvore invertida, com as raízes para cima e os galhos para baixo. É imperecível, e suas folhas correspondem aos hinos védicos. Quem a conhece é conhecedor do Vedas.

Seus galhos alçam-se para o céu e vergam-se até a terra; sua seiva nutriz representa as *gunas* (qualidades), e seus rebentos equivalem aos objetos sensórios. Suas radículas pendentes até o solo significam as ações engendradas no mundo dos homens, que os reatam com laços cada vez mais apertados[10].

Na *Divina Comédia*, Dante descreve as esferas celestes como a coroa de uma árvore, cujos ramos se estendem sobre a terra e cujas raízes estão viradas para cima. Ao percorrer a montanha-mundo do Purgatório, Dante encontrou, no caminho do meio, uma árvore de ponta cabeça, com maçãs doces e perfumadas. Essa árvore impulsionava tudo para cima, num movimento ascendente, para as suas raízes.

A Árvore Cósmica, quando invertida, representa a fonte divina primordial, despejando a sua doação diretamente, através da sua copa, sem a intermediação do tronco e dos galhos. Segundo a tradição hindu é a partir de Brâman, que a energia criadora se manifesta num movimento descendente, no mundo fenomenal, onde devemos reconhecer a presença de Deus. O *Maitreya Upanishade* se refere aos três troncos principais da Árvore Cósmica, que representam a trindade hindu: Brâman, deus da criação; Vishnu, deus da conservação; Shiva, deus da dissolução.

Para os hindus, a coluna vertebral e o sistema nervoso estão associados à árvore invertida; o cabelo e as energias sutis emitidas pelo cérebro formam as raízes, que se constituem em antenas para o alto. A coluna representa o tronco e o sistema nervoso, ramificando-se formam os galhos da árvore. Sentar-se "sob a árvore", tem o significado de estar centrado no topo da cabeça, considerado o trono da alma. No

---

9. Joseph Campbell, *A Imagem Mítica*, Campinas: Papirus, 1994, p. 188.
10. *Baghavad Gïta. A Mensagem do Mestre*, São Paulo: Pensamento, 1993, p. 145.

A ÁRVORE CÓSMICA   111

Islã, a árvore da felicidade tem as raízes mergulhadas no céu e a copa se estende sobre a terra.

Encontra-se a mesma árvore invertida na Cabala. Segundo o *Zohar*: "A Árvore da Vida estende-se de cima para baixo e o sol ilumina-a toda". Segundo a Cabala, o mundo é a manifestação externa do pensamento interno de Deus, é uma parte da revelação do mundo infinito. Esta idéia é representada através da imagem da árvore invertida. No documento cabalístico chamado *Sefer ha-Bahir* se lê: "Todos os poderes divinos formam uma sucessão de capas e são semelhantes a uma árvore".

Os textos alquímicos freqüentemente mencionam a *Arbor Philosophica* ou Árvore Filosófica, uma extensão e ampliação do símbolo da Árvore da Vida. Um texto alquímico do livro *Theatrum Chemicum* diz: "Planta esta árvore no lápis para que as aves do céu venham e se reproduzam nos seus ramos; é dela que brota a sabedoria"[11].

Os alquimistas diziam que da Árvore Filosófica escorre um líquido misterioso, ardente e espiritual, identificado com o Mercúrio ou com a *Aqua Permanens*. Segundo o alquimista Gerhard Dorn, o Mercúrio é "a raiz mineral da árvore que a natureza plantou no centro de seu ventre. Dele emergem todos os metais e os seus ramos estendem-se sobre toda a superfície do mundo, como as veias no corpo"[12].

Em algumas gravuras alquímicas, a Árvore Filosófica aparece cercada pelos símbolos dos quatro elementos, mostrando as sete fases da Obra, como um processo interior de meditação que começa com a putrefação, representada por Saturno, e termina com o renascimento, representada pelo andrógino. O jardim alquímico geralmente apresenta duas árvores: a árvore lunar que produz frutos de prata, frutos do feminino e a árvore solar que produz frutos de ouro, os frutos do masculino. Essas duas árvores devem estar sempre juntas, para que produzam os seus frutos, mantendo o equilíbrio e harmonia da vida.

Em algumas tradições, a Árvore da Vida se desdobra, representando a criação da consciência dual. O *Gênesis* (2:9) fala de duas árvores: a Árvore da Vida e a da Ciência do Bem e do Mal, que aparecem lado a lado. E segundo um comentário do *Zohar*: "Aquilo que vem da Árvore do Conhecimento traz consigo a dualidade, os frutos do amor e da ira, da luz e das trevas, da eternidade e do tempo". Na Babilônia havia duas árvores: a Árvore da Vida e a da Verdade, localizadas na entrada oriental do céu. Na tradição Huna dos antigos polinésios do Hawaí, existem duas árvores representadas numa só; a da Vida Eterna e a do Conhecimento sobre a Morte.

11. Alexander Roob, *Alquimia e Misticismo. O Museu Hermético.*, [s/l]: Tachen, 1997, p. 309.
12. Idem, p. 306.

OS SÍMBOLOS DO CENTRO

O homem, no seu trabalho evolutivo, deve tentar reconciliar em si mesmo as duas árvores: a Árvore do Conhecimento e a Árvore da Vida. O homem sabe que vive na dualidade, mas também entende que pode superar esse estado por meio da transformação da consciência e alcançar a unidade representada pela Árvore da Vida. Segundo Jean-Yves Leloup:

> Cada dia pode ser uma festa das luzes se
> despertamos a chama de todos os ramos do espírito,
> de todas as artérias do coração [...]
> A chama Una dos mil e oito galhos da Árvore da Vida
> Reconciliada com a Árvore do Conhecimento [...][13]

13. J.-Y. Leloup, op. cit., p. 71.

9. A Fonte:
o Centro dos Centros

A fonte pertence ao conjunto de símbolos sagrados representantes do Centro primordial, da potência cosmogônica divina, de onde provém toda a energia para o processo de criação. Como uma expressão simbólica do lugar de fruição da matéria-prima do cosmo, a fonte concentra a idéia da totalidade virtual criativa que pode vir a se atualizar no mundo fenomenal. A fonte é o Alfa e o Omega, o "Centro dos Centros", a força inesgotável que dá origem e mantém toda a vida.

A fonte é um símbolo apropriado para descrever e sintetizar, numa só imagem, a idéia do reservatório celeste das potencialidades divinas, da iluminação e do transbordamento da criatividade eterna e infinita. Deus, nas mais diversas tradições espirituais, é considerado a Ùnica, a Ùltima e a Verdadeira fonte real, de onde surge a abundância essencial da vida. A totalidade da criação é vista como uma manifestação da plenitude de Deus, da sua graça, da sua generosidade e do seu amor para com os homens.

Para marcar o caráter numinoso da fonte, freqüentemente ela é representada como uma centelha de luz, ou como um reservatório de onde emana a luz da natureza, a substância divina diretamente manifestada no mundo, que dá origem à vida e à sua regeneração. A fonte é "a *scintilla*, a matéria luminosa original que emana do Centro, da qual falam os alquimistas, onde os quatro elementos em movimento incessante projetam a sua semente. Todas as coisas, pois, têm sua origem nessa fonte e nada no mundo inteiro nasce a não ser por essa fonte"[1].

A fonte de luz é a essência espiritual que está presente em toda a natureza e que também habita no coração do homem, é a Unidade luminosa que une todas as coisas. No *Zohar* se lê:

> Vi que todas essas centelhas provêm da Alta Centelha [...]
> Todas essas luzes estão conectadas:
> Esta luz àquela luz, aquela luz a esta luz
> Um brilho dentro do outro,
> Inseparável um do outro.

Segundo o médico e alquimista Paracelso, a *scintilla*, a luz, é uma espécie de percepção intuitiva que é acesa pelo Espírito Santo, de onde se pode extrair o conhecimento superior, a iluminação. Nos evangelhos canônicos, o Espírito Santo, a manifestação de Deus, é comparado a uma fonte da qual jorra uma luz espiritual, para o mundo material. E, de acordo com o evangelho apócrifo dos hebreus, na ocasião do batismo de Jesus o Espírito Santo, como uma fonte de luz, desceu sobre a sua cabeça e permaneceu.

No Egito antigo, Hapi (um dos quatro filhos de Hórus), era o deus do Nilo e considerado a fonte primordial da vida, tanto física, como espiritualmente. O deus Hapi é comparado a uma fonte no deserto que está fechada para as pessoas barulhentas e tagarelas e aberta para aqueles que sabem manter o silêncio interior.

Os textos védicos falam do *soma*, que tanto é uma planta como uma nascente, localizada no alto de uma montanha. Para os antigos maias, havia uma hierarquia de planos celestes, constituída de treze céus escalonados. No décimo terceiro céu, considerado um plano espiritual elevado, existia uma fonte chamada de Hunab ku, que significava o estado último do Ser divino.

Como o ponto de emergência do sagrado, da potência divina, a fonte é a boca da "água viva", a mantenedora e a conservadora da vida. Escoando para o mundo humano, alimentando, espiritual e materialmente, todos os seres e os processos criativos, a *aqua vitae* é a água que se origina e flui da fonte eterna do mundo divino.

A água da fonte é "viva" porque contém todas as potencialidades, a vitalidade, a força numinosa que jorra incessantemente. É a substância espiritual, mágica e medicinal por excelência, assim ela pode curar, rejuvenescer e assegurar a vida eterna. Dessa água maravilhosa o homem pode retirar o alimento para a sustentação de sua essência espiritual.

Jesus, no diálogo com a samaritana, denomina-se o Senhor da água viva, a *Fons Vivus*: "Aquele que beber da água que eu lhe darei

---

1. Citado por C. G. Jung, *Mysterium Coniunctionis*, em *Obras Completas*. Petrópolis: Vozes, 1985, v. XIV/1, p. 41-42.

A FONTE : O CENTRO DOS CENTROS   115

não terá mais sede [...] a água que eu lhe darei se tornará nele a Fonte de água a jorrar em vida eterna" (João, 4: 14). O coração de Cristo é visto como a Fonte da Vida, onde os homens devem beber para realizar a sua transformação espiritual.

A água da fonte é a representação da "água virgem", a água virtual, a potencialidade criativa de Deus e a sua primeira manifestação no plano fenomenológico. O *Alcorão* fala dos jardins da Beatitude, onde habitam as virgens celestiais, nos quais existem diversas fontes.

Para os hindus, a água como elemento vital está representada pelo rio Ganges, que brota da fonte sagrada, localizada na montanha dos deuses, no alto do Himalaia. Devido a sua origem, essa água é considerada pura e milagrosa e tem o poder de curar todas as doenças, limpar todas as culpas e apagar todos os pecados. A água do Ganges é considerada uma "água viva", uma "água lustral", pois vem do céu, se origina no "teto do mundo", simboliza a origem celestial da graça divina, encontrada na fonte da paz imutável e eterna.

Matriz de todas as potencialidades, a água da fonte representa o arquétipo da *aqua permanens*, a água permanente, a imagem arquetípica do cosmo vivo, que tem o poder de se auto-regenerar, de jorrar eterna e permanentemente sem jamais se extinguir. Sendo a água da fonte um equivalente da imortalidade, ela é uma água sem morte, uma doadora permanente da renovação da vida. No paraíso mítico de Prestes João existia uma fonte da juventude, da qual todos os habitantes podiam beber e, assim, afastavam permanentemente a doença e a velhice.

O jorrar da água da fonte representa o fluxo contínuo das energias divinas da vida. Segundo o *Bhagavad Gita*: "Lembrai-vos da fonte de todas as coisas, do distribuidor dos objetos desejados, pensai no que é Divino, para que o Divino pense em vós"[2].

Geralmente, a fonte está localizada num lugar alto, assinalando a sua origem divina, o Centro de onde flui a generosidade de Deus. E, para acentuar ainda o significado do Centro, como lugar sagrado primordial, a fonte aparece também junto a outros símbolos do Centro como o paraíso, a montanha, e a Árvore da Vida. É ao lado da Yggdrasil, a Árvore Cósmica dos escandinavos, que está a fonte de Urd, onde os deuses se reúnem diariamente para distribuir a justiça divina.

Todo paraíso tem a sua fonte como representação do Centro, o lugar da hierofania, da manifestação do sagrado, da energia primordial que dá origem ao mundo da multiplicidade. Kwen-lun, a montanha do paraíso dos chineses, possui uma fonte central da qual fluem, em direções opostas, os quatro rios do mundo. No paraíso bíblico há uma fonte, de onde se originaram os quatro rios primordiais que correm nas quatro direções cardeais.

2. *Bhagavad Gita. A Mensagem do Mestre*. São Paulo: Pensamento, 1993, p. 46.

A mitologia nórdica fala de uma fonte paradisíaca chamada Hvergelmir, de onde correm os quatro rios do mundo. Os índios navajos descrevem um paraíso em cujo Centro há uma fonte, da qual fluem quatro rios, cada um se dirigindo para os quatro pontos cardeais. A fonte como Centro primordial, de onde flui a vida em várias direções, é uma representação da unidade primordial do Self que origina a multiplicidade dos fenômenos.

A crença na fonte como possuidora de todas as virtudes, que confere a saúde, a juventude e a imortalidade, revela o desejo arquetípico do homem de recobrar a condição de perfeição original e de integridade anterior, o estado paradisíaco. Talvez esse desejo nostálgico, fruto da memória de um estado de harmonia e integridade, tenha influenciado a construção de jardins que imitam o paraíso. As residências mulçumanas geralmente têm belos jardins que tentam reproduzir os jardins do paraíso com suas fontes celestiais. A maioria das casas possui um pátio interior quadrado, cercado por muros ou jardins e em seu centro existe uma fonte jorrando água. A casa está fechada para o exterior, a sua abertura, representada pelo pátio, é para o alto, para o céu, que se reflete abaixo na fonte do pátio.

Histórias de fontes extraordinárias, com suas águas puras, miraculosas e curativas são muito comuns no folclore, nas lendas e nos mitos de todos os povos. Os mitos geralmente mencionam as fontes como lugares onde se passam acontecimentos importantes pelo seu caráter numinoso, portanto, consideradas ambientes de hierofania, de manifestação do sagrado. Na mitologia nórdica, a fonte de Mimir era considerada milagrosa, porque continha a água do saber. Sua água era tão preciosa que o deus Odin aceitou entregar um de seus olhos para que lhe fosse permitido beber dessa fonte do conhecimento, da profecia e da poesia. Segundo o mito, foi nessa fonte que Odin recebeu as runas da sabedoria e onde volta, constantemente, para restaurar o seu saber.

Na mitologia grega encontramos, constantemente, muitas fontes conhecidas como recintos de onde flui a criatividade, a graça e o conhecimento profético, como Aganipo, Hipocrene, Castália e Pirene. A fonte Aganipo, na Beócia, nasce aos pés do monte Hélicon. Comentava-se que as suas águas tinham a virtude de inspirar os poetas e, por isso, era consagrada às Musas, personagens míticas envolvidas com os processos criativos. Perto dessa fonte existia outra, Hipocrene, a fonte do cavalo, assim chamada por que nasceu de uma patada que o cavalo Pégaso deu no monte Hélicon. O tema das fontes, que surge, a partir, geralmente, de um personagem fabuloso, é um tema muito comum em narrativas lendárias. As águas de Hipocrene também favoreciam a inspiração poética. As musas se reuniam em torno dessa fonte para cantar e dançar.

A FONTE : O CENTRO DOS CENTROS 117

Em Delfos, ao pé do monte Parnaso, havia uma fonte chamada Castália. Dizia-se que quem bebesse de suas águas ficava poeticamente inspirado. A Pítia de Delfos, antes de proferir os oráculos, costumava beber de suas águas, pois este era um ato que facilitava sua inspiração. A fonte de Pirene, a borbulhante, era outra fonte célebre da cidade de Corinto.

Nos mitos e lendas de heróis, as fontes, com as suas águas que possuem um poder extraordinário, estão presentes como parte do conjunto de provas que o herói, no seu processo iniciático, deve aprender a lidar. Na lenda do rei Artur existe uma grande árvore junto da qual existe uma fonte de onde brota uma água com uma qualidade vivificante no seu estado elementar. Quem derrama a água dessa fonte provoca um trovão terrível e uma tempestade de granizo que penetra até os ossos.

O saber controlar a água da fonte faz parte das provas pelas quais os cavaleiros do rei Artur têm que passar. Muitos cavaleiros da corte de Artur sucumbiram porque não souberam controlar a tempestade por eles desencadeada. Somente o cavaleiro Owein supera a prova, mata o cavaleiro negro e casa com a sua mulher, a Dama da Fonte. Saber como despertar, usar e se beneficiar da água da fonte tem o significado da consciência e responsabilidade daquele que alcançou um certo nível de desenvolvimento, de conhecimento e de poder, para que não provoque destruição para si mesmo e para o outro.

A água da fonte, para o herói, tem ainda o significado de força e potência que este adquire no seu processo iniciático e como um auxílio do Self, para que realize a sua prova com mais facilidade. O mito de Héracles faz referência a uma fonte pertencente à deusa das águas celestiais, cujas águas desceram sobre o herói, conferindo-lhe uma força extraordinária. Devido ao aumento da sua potência física, ela facilitou para o herói a tarefa de limpar a montanha de estrume dos estábulos de Aúgias, rei de Elis, no Peloponeso.

É bastante evidente como o caráter sagrado das fontes é um tema arquetípico universal, difundido em todas as civilizações e culturas. Na *Bíblia*, as fontes sempre foram descritas como lugar de manifestação do sagrado, de alegria e encantamento. Elas representam a vida eterna e o renascimento espiritual. Devido à natureza sagrada das fontes, era proibido o exercício de algumas atividades em suas proximidades, portanto era estabelecido um conjunto de regras quanto ao seu uso. De acordo com o filósofo Sêneca, onde surgisse uma fonte deveria se construir altares e se oferecer sacrifícios.

Os cultos e rituais religiosos geralmente se concentravam em torno de uma fonte, pois eram lugares considerados essencialmente sagrados, onde ocorriam as hierofanias, a manifestação dos poderes divinos. Na fonte termal de Grisy, foram encontrados objetos votivos neolíticos e romanos. Idênticos vestígios do culto neolítico (sílices

118   OS SÍMBOLOS DO CENTRO

partidos intencionalmente em sinal de ex-voto) foram encontrados na
chamada fonte Saint Sauveur (bosque de Compiègne)[3].

Na França, o conjunto de fontes com poderes curativos é bastante considerável. A fonte de Lourdes, a cujas águas são atribuídos
poderes milagrosos, é visitada por seis milhões de pessoas todos os
anos. Em Portugal, o Santuário de Fátima também possui uma fonte a
qual se confere poderes de cura. Na cidade de Meca existe uma fonte
sagrada que passou a ser uma parada importante para todo peregrino
antes de chegar ao centro onde está a Caaba.

Os textos alquímicos mencionam, freqüentemente, uma fonte
que jorra a água da vida, a *aqua permanens*, a água permanente, a
água eterna. Os alquimistas a chamam de fonte mercurial e a descrevem como uma nascente de água pura e clara que possui a força da
transformação física e espiritual. A Tábua da Esmeralda fala de uma
"fonte forte de toda força", que desce das regiões celestes mais lon-
gínquas e é atraída pela matéria preparada e purificada para recebê-la.
Entre os alquimistas árabes, a fonte mercurial tem o nome de Holmat
e, segundo esses textos alquímicos, as suas águas conferem a imortalidade. Foi dessa água que o profeta Elias bebeu e se tornou imortal.

Jean de la Fontaine de Valenciennes, no seu tratado *A Fonte dos
Amorosos da Ciência* (1413), fala de uma fonte que diz ter descoberto:

> Então surgiu à minha frente uma fonte
> De água intensamente clara e pura e fina,
> Que ficava sob um pé de *alba spina*
> Alegremente junto dela me sentei
> E, tomando de meu pão, sopas preparei.
>
> Na fonte uma coisa está presente
> Que a fonte encerra mui nobremente;
> Quem essa coisa vier a conhecer a fundo
> Vai amá-la mais do que tudo nesse mundo[4].

As águas mercuriais se assemelham ao elixir da longa vida existente no paraíso mítico que jorra da fonte da juventude e da imortalidade. Descrita como uma água divina, a água da fonte mercurial é a
aqua ardens, a água ardente, uma água ígnea, semelhante a um fogo
líquido, à substância purificadora e transformadora essencial, sem a
qual é impossível realizar a Obra.

Segundo o texto alquímico *Gloria Mundi*, o mistério de cada coisa é a vida, isto é, a água; pois a água dissolve o corpo mudando-o
em espírito e faz os mortos ressuscitarem espiritualmente. A água da

3. Junito de Souza Brandão, *Dicionário Mítico-Etimológico*, Petrópolis: Vozes,
1992, v. II, p. 153.
4. Jean de La Fontaine, *La Fontaine des amoureux de la science in le romain de
la Rose*, Paris: Edition A. Mary, 1949.

A FONTE : O CENTRO DOS CENTROS   119

fonte mercurial, a água ardente, esta associada ao poder transformador das emoções que se originam na alma e com a ajuda que o adepto
recebe do Cristo, a verdadeira e única água viva.

De acordo com a maior parte dos textos alquímicos, todos os metais foram gerados da fonte mercurial, ela é a mãe e o pai dos metais
e só a sua água é capaz de dissolvê-los. Muitas gravuras alquímicas
representam a fonte mercurial jorrando o líquido precioso, através de
três canos, como aparece no *Rosarium Philosophorum*. O alquimista
Artephius se refere à fonte mercurial como a fonte real, na qual o rei
e a rainha se banham e realizam a sua morte e ressurreição através do
casamento alquímico.

A água viva que corre das fontes é masculina e feminina ao mesmo tempo. Ela é, freqüentemente, comparada com a chuva, com o
sêmen, com o sangue e com o leite divino que mantém e nutre a vida,
permanentemente. A água mercurial também é chamada de mênstruo,
o sangue da mãe que alimenta o embrião espiritual encerrado no vaso
hermético, o leite materno. O sangue, o leite e o sêmen são variações
da mesma substância essencial, da substância arcana. Trata-se de uma
alegoria simbólica da maternidade espiritual de Deus, o leite do Pai
que nutre e assiste aos homens.

De acordo com o sistema tântrico, o leite é o *bodicita*; é, ao
mesmo tempo, pensamento e sêmen. Beber desse leite equivale a
assumir um processo iniciático de busca do conhecimento da vida
eterna. Representa a renuncia do iniciado ao alimento do mundo
profano, temporal e ilusório para que, livre dos apegos materiais,
possa iniciar a jornada iniciática em busca do alimento da vida eterna, do Self.

A água da fonte mercurial como representação da potência maternal divina é denominada *Lac Virginis*, Leite da Virgem, símbolo
da abundância e fertilidade material e espiritual. Em uma gravura
alquímica chamada de *Viatorium*, do alquimista Michael Maier, a
Virgem aparece amamentando o Filho, símbolo da Pedra. Seu leite é
chamado da água mercurial dos filósofos, devido a sua semelhança na
fluidez e brancura com o leite comum. Tendo o poder de nutrir material, psicológica e espiritualmente, a água da fonte é, simbolicamente,
semelhante ao leite materno.

A alquimia faz referência, freqüentemente, a uma fonte de
Magnésia. E, segundo Fulcanelli "tinha perto dela uma outra fonte
chamada Rocha. As duas fontes saíram de uma grande rocha, cuja
forma imitava o seio de uma mulher; de maneira que a água parecia correr dos dois seios como se fosse leite"[5]. A fonte da vida está
freqüentemente associada aos seios de uma mulher que jorra leite. A
fonte é o seio da terra do qual a vida flui, a fecundidade e a promessa

5. Fulcanelli, *O Mistério das Catedrais*, Lisboa: Edições 70, 1964, p. 100.

OS SÍMBOLOS DO CENTRO

de renovação. Suas águas são propiciadoras de benesses espirituais, como as qualidades benéficas do amor da mãe pelo filho.

No tratado alquímico chamado de *Azoth* (1659), atribuído ao monge Basílio Valentim, aparece uma sereia nadando no mar e de cujos seios jorram dois jatos de leite como se fossem fontes, que se misturam com a água do mar. A alquimia relaciona, do mesmo modo, o leite à Pedra Filosofal, que muitas vezes é chamada de Leite da Virgem.

O cristianismo foi profundamente influenciado pela alquimia, da mesma forma, a alquimia adotou muitos símbolos cristãos. Muitos místicos cristãos serviram-se das idéias e dos símbolos presentes na alquimia. San Juan de la Cruz, poeta e místico, no seu poema A Fonte, fala da sua experiência com Deus.

Que bem sei eu a fonte que mana e corre,
Mesmo de noite!
Aquela eterna fonte está escondida,
Que bem sei eu onde tem a sua ermida
Mesmo de noite!
Sua origem não conheço, não a tem
Mas bem sei que toda origem dela vem
Mesmo de noite!
Sei que não pode haver coisa tão bela,
Que todo o céu e a terra bebem dela
Mesmo de noite.
Bem sei que não se acha leito nela
E quer ninguém consegue vadeá-la
Mesmo de noite.
Sua claridade nunca é escurecida
E nela toda luz foi incendida
Mesmo de noite...
Que impetuosas são suas correntes,
Regando infernos céus e toda gente
Mesmo de noite.
E dessa fonte nasce uma corrente
Bem sei como é capaz e onipotente[6].

Diversos temas alquímicos foram representados em igrejas cristãs, principalmente nas catedrais góticas. Algumas igrejas e catedrais possuem, assim, um rico acervo de imagens alquímicas que formaram uma rica iconografia cristã alquímica.

Segundo Fulcanelli, a igreja de Brixen, no Tirol, possui uma pintura, de autor anônimo, na qual Jesus faz jorrar para um recipiente o sangue das suas chagas. Ao seu lado, a Virgem Maria aperta os seus seios e o leite que deles jorra cai no mesmo recipiente. A mistura de sangue e leite cai desse recipiente em um segundo recipiente, que por sua vez derrama o líquido num abismo de chamas, onde as almas do

6. *A Poesia Mística de San Juan de la Cruz*, tradução de Dora Ferreira da Silva, São Paulo: Cultrix, 1985, p, 105-107.

A FONTE : O CENTRO DOS CENTROS

purgatório se apresentam para receber esse precioso licor, que as alivia de suas dores. Logo abaixo desse quadro podemos ler uma inscrição em latim que diz: "Enquanto o sangue escorre da bendita ferida de Cristo e a Santa Virgem aperta o seu seio virginal, o leite e o sangue jorram e misturam-se, e tornam-se a Fonte da Vida e o Manancial do Bem"[7]. O leite da Virgem representa ainda a concentração da energia maternal do cosmo.

A catedral de Notre Dame de Paris exibe uma série de baixos relevos com temas alquímicos, muitos dos quais se referem à fonte da água viva. Fulcanelli, no seu livro *O Mistério das Catedrais*, apresenta os baixos-relevos da catedral de Notre Dame de Paris, como a descrição do trabalho alquímico. Numa dessas imagens (gravura IV), ele descreve uma fonte que sai de um carvalho, considerada uma árvore sagrada entre os alquimistas: "Na face lateral dos contrafortes que limitam o grande portal encontraremos, à altura dos olhos, dois pequenos baixos-relevos embutidos cada um numa ogiva. O do pilar esquerdo apresenta-nos o alquimista descobrindo a Fonte misteriosa, que o Trevisano descreve na Parábola final no seu livro acerca da Filosofia natural dos metais"[8]. Fulcanelli prossegue na sua narração: "O ribeiro de água viva corre a seus pés; sai aos borbotões do velho carvalho oco [...]"[9].

A fonte da "água da vida" está representada nas catedrais góticas como um rio subterrâneo, ou um poço sagrado, que corre embaixo das naves centrais dessas catedrais, aos quais são atribuídas virtudes curativas. Quando era permitido ao público o acesso a essas fontes, as suas águas eram utilizadas no tratamento de muitas doenças. A Catedral de Chartres possui uma fonte subterrânea, a qual se confere um grande poder milagroso.

No interior da basílica de Notre Dame de Lépine, no Marne, existe uma fonte da qual se dizia ter poderes milagrosos. Em Aude, a basílica de Notre Dame de Limoux, há uma fonte a qual se confere o poder de curar todas as doenças. Em Paris, na abadia de Saint-Germain-des-Prés, se supõe haver também uma fonte milagrosa. As fontes sagradas e milagrosas são numerosas no cristianismo, geralmente ligadas a uma revelação, a uma hierofania, como a fonte de Lourdes e a fonte de Fátima, que brotaram milagrosamente, com a aparição da Virgem.

Os alquimistas usaram numerosos símbolos do cristianismo e da Cabala judaica, com a finalidade de ocultar, ao homem comum, os seus conteúdos herméticos. Cristo, muitas vezes, é associado à Pedra Filosofal. Numa gravura do século XV, Cristo aparece jorrando sangue para um cálice e desse cálice o sangue flui para o mundo humano, através de vários canais.

7. Fulcanelli, op. cit., p. 101.
8. Idem, p. 99.
9. Idem, ibidem.

Considerada como o celeiro do saber universal, a fonte representa o Centro de onde se emana todo o conhecimento sagrado. É o lugar da tradição primordial, da qual se originaram todas as tradições espirituais de todos os povos da terra. Nesse sentido, a fonte se converte na fonte do verdadeiro conhecimento, do ensinamento e da sabedoria eterna.

No livro *La Toyson D'or* do alquimista Trismosin, há uma gravura que mostra um carvalho, de cujas raízes saem uma fonte oculta, que corre para o campo. A fonte é oculta somente para aqueles que não têm olhos para ver, porque ela se derrama no campo, no mundo. Ela aparece ao lado de outro símbolo do Centro, a Árvore da Vida, simbolizando a manifestação da Unidade, através da multiplicidade de seus símbolos no mundo fenomenal.

Por sua vez, a fonte do conhecimento está associada, simbolicamente, à fonte da juventude, pois quem da sua água bebe, fica liberto da ignorância da condição temporal e assume a qualidade imortal, da vida eterna. É preciso abandonar a busca da fonte dos prazeres e satisfações no mundo temporal, no exterior, para buscar dentro de si a verdadeira fonte da água viva, que reside no interior de cada um. De acordo com Jean-Yves Leloup: "É necessário passar constantemente da verdade que temos para a verdade que somos, no Sopro e na Vigilância. Se estivermos nessa escuta do Sopro e da Vigilância, nos reuniremos à fonte do Sopro, à própria fonte da consciência. E então nos aproximaremos do Eu Sou"[10].

A fonte de todo poder está dentro de cada um, quando essa descoberta é feita, o poder aflora como um poço cintilante através do centro do corpo. Sensivelmente, ela poderá sustentar e nutrir física e espiritualmente, mas também poderá fazer muitas outras coisas, como ligar com a Fonte eterna do Ser. De acordo com o mestre taoísta Deng Ming Dao:

> A fonte de energia
> Nasce no âmago do corpo
> Sirva-se dela e sustente-se.
> Canalize-a e ele falará[11].

A fonte como potencialidade de vitalidade, conhecimento espiritual, transformação e renovação está latente, internamente, em todo indivíduo, de tal modo que qualquer um pode aprender a servir-se dela. Mas, para isso, é necessário que se ponha em atitude de quietude, de harmonia e receptividade com esse poder interno.

---

10. Jean-Yves Leloup, *O Livro das Bem-Aventuranças e do Pai Nosso. Uma antropologia do desejo*, Petrópolis: Vozes, 2004, p. 32.
11. Deng Ming Dao, *Tao. Meditações Diárias*, São Paulo: Martins Fontes, 2003, p. 59.

A FONTE : O CENTRO DOS CENTROS   123

O acesso à fonte de luz interior se dá através do silêncio profundo, quando a consciência se desprende do exterior, das coisas superficiais e atinge um nível de interiorização e de abertura para o mistério do transcendente.

> Colocar-se na beleza,
> sem ter nada a dizer, sem um gesto.
> Depois deixar jorrar
> A Fonte,
> à medida que o poço é escavado.
>
> A seu tempo
> virá o oásis[...][12]

A perda da integridade, da inteireza e da perfeição, gerada pela alienação da alma e pela perda da conexão com o Self é a causa de todas as doenças físicas e psíquicas. É necessário ultrapassar o nível da consciência ordinária, ilusória do ego, para se ter acesso a um nível mais elevado de percepção, de receptividade ao alimento espiritual, capaz de assegurar a imortalidade que jorra da Fonte das fontes. Para retornar ao estado de sanidade, de unidade, de pureza essencial é forçoso superar essa disfunção da consciência egóica, que nos mantém alienados. E, através da reconexão com o poder espiritual que habita em cada um, na fonte interna, nos religarmos ao Self.

O acesso à fonte interna permite que um poder maior de compreensão e de amor surja. A consciência ampliada percebe que debaixo da aparência ilusória todas as coisas estão unidas, significativamente entre si, com a Fonte de toda a vida. E ao relembrarmos que a fonte interna somos todos nós, permitimos que as suas águas jorrem sobre a nossa vida, fortalecendo a nossa confiança e a nossa fé na providência divina.

Embora as circunstâncias externas do mundo profano possam atrapalhar o contato do indivíduo com a sua fonte interna, o verdadeiro movimento de renovação vem unicamente do interior, da lembrança e religação com a fonte divina de Luz, que é parte da essência do homem.

O afastamento da fonte interna, do Self, deixa o homem triste, sem esperança e a sua saúde física, psíquica e espiritual são afetadas. Ao passo que, a conexão com os poderes espirituais internos é essencial para a manutenção da vitalidade, da saúde integral.

Segundo os *Textos das Lâminas de Ouro Fúnebres* (conjunto de ensinamentos do caminho do mundo inferior, dirigidos aos iniciados da fraternidade órfico-pitagórica), existem duas fontes no mundo inferior associadas entre si: uma é chamada de Lete, situada à esquerda

---

12. J.-Y. Leloup, *A Sabedoria do Salgueiro*, Campinas: Verus, 2005, p. 51.

do Hades e que deve ser evitada, pois as suas águas mantêm o indivíduo esquecido da sua origem divina.

> À esquerda da morada do Hades encontrarás uma fonte,
> E ao lado dela existe um cipreste branco.
> Não te aproximes dessa fonte[13].

A outra é a fonte da Memória, de cuja água se deve beber, para se recordar da origem divina. Os textos órficos recomendam que o iniciado beba da água desta fonte, que se encontra à direita do Hades.

> Mas encontrarás outra, do lago da Memória,
> Da qual brota água fresca, e diante da qual se postam guardiões.
> Dize: "Sou filho da Terra e do Céu estrelado;
> Mas minha raça é (só) do Céu, Isto vós sabeis.
> Mas estou ressecado pela sede e estou perecendo. Dá-me rápido
> Da fresca água que brota da fonte da Memória.
> E por si mesmos te darão de beber da fonte sagrada,
> E depois disso terás soberania sobre todos os heróis[14].

O sentimento de limitação, separação, falta e sofrimento está no ego, sempre é o ego que sofre, por sua ilusão, por sua ignorância, por seu esquecimento. Se conseguirmos nos desprender da identificação como o ego e nos ligar à fonte interna de plenitude e alegria, conheceremos o Self que está além de toda falta, de todo sofrimento.

Assim lembraremos quem realmente somos, através dessa fonte de Luz, da abertura da alma para o encontro com o Centro numinoso.

Porque nesse momento, a vida que respira em nossas veias, que bate em nossos corações, não está separada da Fonte da Vida. Se estivéssemos separados da Fonte da Vida, não estaríamos vivos. É preciso, pois, tomar consciência dessa relação com a Fonte do Ser. Essa Fonte do Ser que Jesus vai chamar Pai. Que é seu Pai e nosso Pai. Que é seu Deus e nosso Deus. É sua Origem, nossa Origem e também a Origem do mundo[15].

A fonte interior é o reservatório das dádivas que vão do conhecimento incomum, sobre os mistérios da vida, à paz e à tranqüilidade de Deus. Tudo depende de como cada um consegue ultrapassar a identidade com o ego e se colocar em consonância com as energias internas, com o poder numinoso de renascimento, que leva à ampliação da identidade que está além do ego, que está além da forma, que reside na alma e no Self.

---

13. Jean Chevalier; Alain Gheerbrant, *Dicionário de Símbolos*, Rio de Janeiro: José Olympio, 1988, p. 87.

14. Mircea Eliade, *Tratado de História das Religiões*, Lisboa: Edições Cosmos, 1977, p. 323.

15. J.-Y. Leloup, *O Livro das Bem-Aventuranças e do Pai Nosso. Uma antropologia do desejo*, p. 99.

A FONTE : O CENTRO DOS CENTROS

Ao longo do curso do rio, acreditar na Fonte,
acreditar no Oceano.
Não desejar o resultado, estar presente à passagem
Do Vivente em nós[16].

Assim, a libertação do homem preso na matéria é realizada e ele agora, alimentado pela Água Viva, se transforma.

16. Idem, *A Sabedoria do Salgueiro*, p. 61.

10. O Labirinto: Caminho Iniciático para o Centro

Considerado um dos mais antigos símbolos da humanidade, o labirinto é encontrado em diferentes épocas e nas mais distantes culturas, tanto do Oriente, quanto do Ocidente. Esse motivo arquetípico aparece impresso em distintos lugares e materiais; no solo, no barro, na rocha, em objetos de cerâmica, gravados em manuscritos, desenhados no chão das catedrais, ou feitos em mosaico. Foram encontrados labirintos das mais diversas formas; redonda, octogonal, retangular, quadrada e, ainda, em forma de animais. Existem labirintos dos mais simples de três voltas, aos mais complexos de dezenove voltas e até de trinta e quatro voltas.

Os labirintos mais elementares foram concebidos a partir do desenho de uma cruz central, em torno da qual surgem círculos, acabando por formar um caminho entrelaçado, que sempre conduz da periferia ao centro, e desse para o exterior, como o clássico labirinto cretense. Geralmente os labirintos possuem uma só entrada e um só caminho, mas também foram descobertos labirintos com duas entradas.

A representação gráfica mais antiga do labirinto foi encontrada sobre um pedaço de marfim de mamute, numa tumba do período Paleolítico, na Sibéria (5000 a.C.). Foram descobertos, também, labirintos em Fayum, no Egito, inscritos na tumba de Amemenhet III (4000 a.C.). Na Sardenha, em Luzzanas (2500-2000 a.C.), foi encontrado um labirinto impresso sobre uma tumba do período Neolítico, medindo mais de 30 cm de diâmetro; supõe-se que estivesse ligado a ritos de morte e renascimento. Ainda do período Neolítico, foram achados desenhos de labirintos perto de Belgrado, na Iugoslávia. Na Índia, nas ruínas de Kunlani, perto de Madras, foi descoberto um curioso labirinto gravado em manuscrito datado de 1044 d. C., que narra o épico Ramayana. Nesse documento, o labirinto representa a cidade de Ravana, para onde foi levada a princesa Sita, depois que foi raptada pelo demônio Ravana.

Mas o labirinto mais famoso se encontra em Cnossos, Creta, e foi descoberto em 1902, pelo dr. Arthur Evans, professor em Oxford. O labirinto de Cnossos está ligado ao mito de Teseu e do Minotauro.

Na Irlanda foi visto um labirinto gravado num bloco de granito nas montanhas Wicklow, num caminho considerado de peregrinação, e que foi chamado de pedra de Hollywood. Esta pedra está hoje no Museu de Antiguidades de Dublin.

Em toda a Escandinávia existe uma grande concentração de labirintos feitos de círculos de pedras, geralmente compostos de sete voltas e ligados ao tema mítico do resgate da jovem virgem que está no seu centro. O resgate tem o significado iniciático de reencontro com a alma que está no Centro, para que o iniciado recupere a sua integridade. Nos labirintos escandinavos eram realizadas as danças da donzela ou da virgem, mostrando a relação da busca do feminino, como a busca da alma, que está no Centro, na essência mais profunda de cada um.

Na Suécia, em Kopmanholm, ao nordeste de Estocolmo, há um labirinto de pedra, o Jungfruringen ou Anel da Virgem, que possui duas entradas, uma que conduz para a direita e outra para a esquerda. Existe ainda um labirinto representado num mural de uma igreja do século XV, em Nyland na Finlândia. No Oceano Glacial russo, existe uma ilha na qual se encontram quinze labirintos de pedra, cuja origem no tempo é desconhecida.

Nos Andes peruanos foram descobertos desenhos gigantescos de formas geométricas e de animais, que só podem ser vistos do alto. Esses desenhos foram chamados "linhas de Nazca" devido à cultura que floresceu nesse lugar, nos séculos VI e VII. Nesses desenhos são incluídos labirintos, como na cauda em curva de um macaco e no corpo de uma aranha.

Estudiosos descobriram, na América do Norte, labirintos que acreditam terem sido inscritos no século XII, nas paredes rochosas das reservas dos índios americanos Hopi, Pima e Navajo. Esses desenhos são chamados de Homem no Labirinto, pois apresentam um homem na entrada do labirinto o "Irmão Antigo". Este labirinto aparece reproduzido em outros objetos como cestas e jóias, em tecidos, o que se supõe ter o labirinto um caráter simbólico e artístico importante para esse povo. Ele se assemelha ao labirinto clássico cretense, mas o centro da cruz corresponde ao centro do círculo e as voltas são representadas como raios solares. O tema do labirinto índio foi reproduzido

O LABIRINTO: CAMINHO INICIÁTICO PARA O CENTRO 129

numa parede externa do Museu Internacional de Arte e Folclore de Santa Fé, no Novo México.

Devido a sua ligação com a morte simbólica, o labirinto era freqüentemente encontrado nos lugares de iniciação, de transformação e regeneração espiritual. Tem, assim, a mesma equivalência simbólica da entrada para o mundo interior, como a caverna, os lugares escuros de interiorização e incubação. Talvez seja por este motivo que muitos labirintos foram gravados nas paredes de certas grutas e cavernas, locais de transformação, morte e renascimento. Segundo o poeta Virgílio, existia um labirinto desenhado na entrada da caverna da Sibila de Cumas. Penetrar no labirinto era viver o processo iniciático de morte e renascimento ritual, que levava ao Centro, pois aquele que alcança o Centro volta a nascer.

Na Idade Média era comum se encontrar labirintos em manuscritos e documentos. Existe em Munique, na Bayerrische Staatsbibliothek, um documento medieval do século XII que descreve o plano arquitetônico da cidade de Jericó em forma de labirinto. Esse labirinto desenhado como uma meia lua, representando a cidade de Jericó, faz uma referência simbólica à história de sua conquista, na qual os israelitas tiveram que dar sete voltas em torno da cidade antes de entrar. Um documento judaico do século XIV escrito na Espanha e conservado, ainda hoje, em uma biblioteca de Jerusalém, mostra as muralhas de Jericó como um labirinto.

Em Roma existem muitos labirintos impressos em mosaicos nas igrejas e catedrais, que datam de 165 a 400 d.C. Os romanos costumavam decorar suas vilas com figuras de labirintos. Labirintos de um só curso eram desenhados e cortados na grama e serviam de jogo, muito popular, entre as crianças romanas. Em Pompéia foram encontrados muitos mosaicos com labirintos. Esses labirintos geralmente mostravam um centro com a figura de Teseu.

Para melhor expressar o caráter iniciático do símbolo e mostrar a sua relação com a busca do Centro, o labirinto era desenhado no chão das catedrais e das igrejas, no ponto de intersecção da nave com os transeptos que formam os braços da cruz. Geralmente o labirinto estava colocado num local visível e acessível a todos, mostrando que ele está disponível para todos aqueles que desejarem percorrê-lo.

No século XII e XIII, o motivo do labirinto foi desenhado no chão de muitas igrejas e catedrais, principalmente da França e da Itália. No entanto, W. H. Mattews, um estudioso do assunto, diz que o exemplo mais antigo de um labirinto desenhado no pavimento de uma Igreja se encontra na Igreja de Reparatus, em El Asnan, na Argélia, que se supõe ter sido feito no século IV.

Nas paredes da entrada de muitas igrejas e catedrais da Itália, havia pequenas figuras de labirintos, como na catedral de Luca. Esse labirinto apresenta uma forma quadrada e tem, no seu centro, um curioso

130   OS SÍMBOLOS DO CENTRO

quebra-cabeça baseado na palavra Santa Eclesia. Uma inscrição diz ser
esse o labirinto que Dédalo construiu em Creta, no qual Teseu matou o
Minotauro saindo vitorioso, graças à ajuda de Ariadne. Na catedral de
San Vitale, em Ravena, se encontra um labirinto junto ao altar, provavelmente construído no século XVI. O caminho está marcado por uma flecha
que aponta para fora e se dirige para uma concha, símbolo da renovação.

Mas os mais famosos labirintos encontrados em igrejas estão na
França e podem ser vistos nas catedrais de Chartres, de Amiens, de Sens,
de Reims, de Bayeux, Poitiers, de Saint-Quetin, e de Auxerre. Supõe-se
terem esses labirintos uma função iniciática em rituais secretos, simbolizando o caminho para Jerusalém, que deveria ser feito pelo homem comum, como um meio de introspecção na sua caminhada até ao altar.

O labirinto era percorrido, ritualmente, de joelhos pelos fiéis,
pois se acreditava que esta postura facilitava o acesso às dimensões
superiores da consciência.

O labirinto, semelhante ao batismo, representa a entrada no caminho espiritual,
que passa, antes de tudo, por um trabalho sobre sua própria materialidade. É por essa
razão que esses dois rituais acontecem na parte material da catedral. Uma vez domi-
nada a materialidade, o homem terá direito a passar para o mundo da primeira lumino-
sidade, ou seja, o mundo da alma, cuja realização, passando pelo coração (ou o coro),
levará ao mundo do espírito[1].

Muitos labirintos foram destruídos propositalmente, como o labirinto em mármore azul, da Catedral de Reims. Construído no ano
de 1240, ele foi destruído no século XVIII. Mas, graças à existência
de um desenho do século XVI, foi possível se conhecer como era o
labirinto originalmente. Este labirinto octogonal apresenta quatro
bastiões, nos quais aparecem quatro figuras segurando símbolos relacionados à construção do labirinto, além de uma figura central enig-
mática. Este labirinto também era conhecido como o Caminho para
Jerusalém, sugerindo a relação simbólica do caminhar pelo labirinto
com a peregrinação até a Jerusalém Celeste.

O labirinto da catedral de Poitiers media cerca de dez metros de diâmetro e levava quase uma hora para ser percorrido. Ele foi construído
num formato de Árvore da Vida, mas já não existe mais. Assim como
os labirintos das catedrais de Sens e Auxerre, também foi destruído.

Na catedral de Sens, o labirinto foi feito no século XII e destruído
no ano de 1768, por um bombardeio. Ele se assemelha ao labirinto de
Chartres, mas possui voltas até a sua metade, que levam sempre para
fora, antes de alcançar um centro de forma octogonal.

As igrejas de Saint-Quentin e Bayeux e a catedral de Chartres ainda
conservam os seus labirintos. Bayeux é a única igreja na qual o labirinto

―――――――――――
1. Pierre-Alexandre Nicolas, *O Segredo das Catedrais*, São Paulo: Triom, 2001,
p. 130.

não se encontra na nave central, mas em uma sala particular. Possui quatro metros de diâmetro e é feito em cores, porém infelizmente o colorido desapareceu. O labirinto se divide em duas metades ou caminhos, um que vai para o centro e outro que vai para a periferia.

Os labirintos existentes nas diversas catedrais não são idênticos. Eles aparecem largamente difundidos, sob as mais diferentes formas, desde os labirintos arredondados aos de forma quadrada ou octogonal. Os labirintos das catedrais de Amiens, de Saint-Quentin e de Reims foram feitos no formato octogonal. O octógono simboliza a renovação, que ocorre no final de um trabalho ou processo.

No labirinto de Amiens, construído com pedras brancas e azuis, havia uma grande laje com uma barra de ouro e um semi-círculo, forjado com o mesmo metal, incrustado no centro representando o nascer do sol. Mais tarde, o sol de ouro desapareceu e foi substituído por um sol de cobre, e este, que também desapareceu, nunca foi reposto. Neste labirinto há uma associação do sol com o Centro como o alcance da redenção.

Figura 1. O labirinto octogonal de Amiens.

O labirinto de Chartres é o mais conhecido. Ele foi construído no ano de 1216 e é chamado de *le lieu*, o lugar, o que reforça a suposição de que estava realmente ligado a um processo iniciático. Este labirinto é claramente planejado em detalhes, formado por uma série de círculos concêntricos e circundado por uma margem dentada, constituída de 113 dentes pretos e 112 dentes brancos. É composto, ainda, de 365 pedras brancas e 273 pedras pretas, que parecem estar simbolizando, intencionalmente, a expressão das polaridades luz e sombra, masculino e feminino. No centro do labirinto há uma representação da Flor da Vida, com seis círculos centrais.

Figura 2. O labirinto de Chartres.

Em Chartres, o labirinto também era percorrido de joelhos pelos iniciados, mas, na Páscoa, o bispo realizava uma dança circular pelo labirinto aberta a todos aqueles que quisessem participar. Na Idade Média, nos labirintos das catedrais góticas, era comum a realização de danças rituais coletivas na época da Páscoa, para simbolizar a renovação.

Desde os primórdios, o labirinto também esteve associado com a dança, como instrumento iniciático. Na Grécia, a dança do labirinto era conhecida como a dança dos grous, espécie de pássaro, e também relacionada ao mito de Teseu, ao seu percurso heróico pelo labirinto. Da mesma forma, na China, encontramos a dança labiríntica, ligada ao vôo dos grous, como uma metáfora espiritual, o caminho da alma em direção ao mais alto. O grou é, segundo o taoísmo, a ave representante do estado de pureza e de transcendência dos imortais.

O caminho pelo labirinto de Chartres compreende ao todo 34 voltas. O número 33, que é a idade de Cristo, representa a potencialidade de mudança da consciência comum para um nível crístico, o nível do Self. E o número 34 representa a mudança já realizada, além de ser o número de rosas de tamanho médio dos vitrais da nave.

A catedral gótica de Ely, perto de Cambridge, na Inglaterra, possuía um labirinto que foi destruído em 1870. Junto a ele se encontrava uma escultura do Cristo, como o "Curador Ferido", símbolo da presença crística que acompanha o ser humano em seu caminho. O labirinto moderno mais recente é o da catedral de Colônia, construído em 1977. Situado perto da escada que dá acesso à cripta, sugere a relação simbólica com os processos de morte e ressurreição.

A evidência da larga reprodução de labirintos nas igrejas e catedrais, considerados antigos centros de iniciação, confirma o fato de o labirinto ser um motivo simbólico importante para a humanidade, como representação do processo de interiorização, de autoconhecimento e de transformação. O tema do labirinto estava ligado ao caminho iniciático de mudança de consciência e de renovação psíquica e espiritual, cuja meta é a busca do Centro, da Unidade essencial.

O arquétipo do labirinto aparece ainda, freqüentemente, associado aos mito e às lendas, sobretudo, aos mitos ligados aos processos iniciáticos de morte e renascimento. Existe entre os Malekula, habitantes das ilhas novas Hébridas, no Oceano Pacífico, um mito que diz que a entrada da alma na terra da morte é guiada por uma mulher que tem a função de guardiã. Esta senhora desenha um labirinto na terra e depois apaga metade do desenho. A alma deve ter a capacidade de completar o desenho, antes de ter a permissão de entrar no mundo inferior. Se a alma, por acaso, não conseguir cumprir a tarefa será devorada pela mulher.

O labirinto mais conhecido ligado a um mito é o Cnossos em Creta, também chamado de "Absolum" (Absoluto), o mesmo nome dado pelos alquimistas à Pedra Filosofal. O labirinto de Creta estava ligado ao mito de Teseu e do Minotauro. Ele apresenta sete voltas assemelhando-se a um candelabro, mostrando a sua relação com os caminhos da luz, da iluminação.

Figura 3. O labirinto Cnossos.

Embora tenha chegado de forma fragmentada aos nossos dias, o motivo do labirinto mostra, claramente, o propósito iniciático de morte e renascimento contido no mito e no símbolo. A origem mítica do labirinto de Creta é o palácio de Cnossos do rei Minos, onde estava encerrado o Minotauro, de onde o herói, Teseu, somente conseguiu sair com a ajuda do fio da princesa Ariadne.

Segundo o mito, o Minotauro era um monstro com corpo de homem e cabeça de touro preso num labirinto, especialmente construído pelo rei Minos. Periodicamente sete moças e sete rapazes atenienses eram sacrificados e alimentavam o monstro. Então Teseu, filho do rei de Atenas, penalizado diante da exigência do holocausto dos jovens, resolveu dar um término a essa situação. Ele entrou no labirinto, dominou e conseguiu aprisionar o Minotauro e, finalmente, saiu do labirinto guiado pelo fio de Ariadne. Segundo o mito, quando saiu do labirinto e durante o seu regresso para casa,Teseu dançou com Ariadne a dança dos grous.

Teseu é o herói que libertou Atenas do jugo de Minos, do jugo do ego, que necessita devorar a energia da individualidade da alma. O labirinto representa o modelo mítico e iniciático do caminho heróico, que o homem deve trilhar, a fim de libertar a psique do domínio do ego que mantém os aspectos sombrios aprisionados no inconsciente.

O monstro prisioneiro representa os conteúdos instintivos reprimidos, cujo processo de recalque, mantido pelo ego, consome muita energia, roubando essa força do processo de transformação da psique. Os conteúdos da sombra, impedidos de tornarem-se conscientes, não podem ser elaborados. Isso garante ao ego manter o poder de paralisação do desenvolvimento e de impedimento do acesso ao Centro. Enfrentar o Minotauro significa, simbolicamente, o confronto com aspectos obscuros da psique, o seu domínio e a transformação da energia que pode ser utilizada para fins mais evoluídos.

Todo herói, na sua busca de desenvolvimento, recebe a ajuda de forças espirituais. O fio de Ariadne é a ajuda espiritual que o herói recebe no combate à sombra e às forças materiais opostas ao desejo espiritual evolutivo. A princesa Ariadne representa a alma feminina redentora, que fornece os fios da consciência espiritual intuitiva, orientando e guiando o herói na sua busca pelo Centro.

As provas que Teseu deve enfrentar referem-se aos obstáculos contrários ao seu desenvolvimento e que ele, como herói, precisa combater para seu próprio fortalecimento psíquico. Ao lutar contra as forças regressivas, que se opõem a sua evolução, Teseu se defronta com as suas defesas e com a sua sombra. O mito trata de um profundo processo de autoconhecimento, tanto o conhecimento com os aspectos negativos da sombra quanto com os potenciais que o herói possui e que deve assumir na sua personalidade. Nesse confronto, o herói se transforma e descobre os seus recursos internos, antes desconhecidos e, assim, amplia a consciência sobre si mesmo e sobre a sua vocação.

O LABIRINTO: CAMINHO INICIÁTICO PARA O CENTRO

O arquétipo do labirinto simboliza a jornada que conduz o homem ao interior de si mesmo, à luta com sua sombra, à sua transformação e, finalmente, ao resgate de sua alma e o alcance do Centro e da Unidade. O labirinto é uma metáfora da vida humana, um símbolo perfeito para descrever a trajetória espiritual da transformação da consciência, a via que o indivíduo percorre, recolhendo os pedaços perdidos e esquecidos de si mesmo. Como alegoria simbólica do percurso humano, o labirinto representa a tarefa que o indivíduo tem que trilhar em busca do desenvolvimento, assumindo todos os percalços, à procura do Centro, em busca da salvação. É a jornada heróica que o indivíduo deve fazer, desde a entrada a partir do exterior para o interior, no mais profundo de si mesmo, visando a sua transformação, o encontro consigo mesmo, com a sua alma, com o Centro.

Geralmente o caminho para o Centro está cheio de dificuldades e de obstáculos, que devem ser vencidos por todo indivíduo na busca de sua individuação. Com suas voltas tortuosas e seus meandros, o labirinto representa as dificuldades que o iniciado terá que enfrentar, como os medos, as ansiedades, os sentimentos de desânimo e de estagnação. A estrutura arquetípica do labirinto apresenta um entrecruzamento de caminhos e atalhos, muitos dos quais não têm saída aparente, mas que simbolizam os impasses, as paradas e as provas iniciáticas que o herói-iniciado terá que enfrentar e vencer para alcançar o Centro.

O labirinto possui, em si mesmo, a qualidade de dualidade inerente; o caos e a ordem, o medo e a coragem, a feiúra e a beleza, o humano e o divino. O indivíduo, no seu percurso, tem a oportunidade de reconhecer os opostos que convivem em sua psique. Essa dualidade simbólica representa não só as polaridades do homem, depois da separação, mas também o anseio do homem pela cura da divisão, o anelo em alcançar a *coincidentia oppositorum*, a coincidência dos opostos, a Totalidade, a consciência da Unidade.

O herói é o modelo do iniciado que no seu processo terá que vencer as provas que se apresentam no seu caminho para a sua transformação e purificação. A chegada ao final do labirinto e a saída para a luz correspondem à vitória sobre as forças sombrias e hostis de separação e alienação que leva ao alcance da visão de Totalidade, de Unidade, à conclusão do processo de iniciação. Somente aquele que vence as provas, que se apresentam diante de si mesmo, que enfrenta os seus monstros, a sua dualidade interna, se fortalece e permanece firme e fiel a si mesmo, na sua caminhada que o conduz, finalmente, a realizar a união dos opostos e alcançar o verdadeiro Centro.

O caminho labiríntico em direção ao Centro é o caminho iniciático de volta à Unidade, à Totalidade, ao paraíso, onde o homem pode reconhecer a sua origem divina, realizar a reconciliação dos opostos e se curar da ferida da separação. O alcance do Centro transcendente é, sem dúvida, a meta última do caminho.

As mais diversas culturas e tradições iniciáticas usaram o labirinto como um símbolo e instrumento de transformação da consciência. A passagem pelo labirinto simbolizava o caminho que todo iniciado faz em busca do Centro. O labirinto é um símbolo ligado ao processo de morte e renascimento iniciático, que leva para o Centro. É um instrumento simbólico, cujo uso cria uma abertura da percepção que motiva o indivíduo a realizar a jornada da periferia do ser para o Centro.

Na tradição cabalística, o labirinto tinha uma função mágica e espiritual, cujo segredo é atribuído a Salomão e, por isso, seu significado se perdeu. Os alquimistas viam no labirinto o símbolo do processo de interiorização e de transformação, do trabalho alquímico que levava à busca da Pedra Filosofal. O herói Teseu era comparado com o alquimista e a sua luta contra o monstro simbolizava o confronto com o dragão egóico que levava à realização da Grande Obra. A imagem do labirinto aparece assim, impressa em muitos manuscritos alquímicos e cabalísticos, mostrando a relação com o trabalho alquímico. O símbolo do labirinto aponta as dificuldades inerentes à vida que o adepto deve seguir, e o combate que deve travar com as suas naturezas opostas, positiva e negativa, realizando a tarefa da cura da divisão para conseguir alcançar o Centro.

No livro *Amphitheatrum Sapietiae Aeternae* (1609) do alquimista Heinrich Khunrath, há uma gravura que mostra as dificuldades diante das quais se encontra o adepto na sua busca da Pedra. Essa ilustração descreve uma cidadela construída em uma planície sobre o mar. A fortaleza está rodeada por um labirinto circular, que contém vinte e uma casas. Cada casa tem portas que fazem comunicação com o exterior. Somente uma dessas casas tem comunicação com o centro do edifício. Homens, mulheres e crianças formam pequenos grupos diante de cada porta e parecem em dúvida antes de entrar no labirinto. A cidadela está defendida por sete baluartes, que se referem ao sete graus de iniciação. Pelos arredores da cidade circulam marinheiros, artesãos ou camponeses que estão ocupados com suas atividades sem tomarem consciência do labirinto.

Em um outro tratado alquímico do alquimista holandês G. van Vreeswyck, chamado *De Goude Leeuw* (1676), cada volta do labirinto aparece representado por um nome químico. No centro há uma torre-templo selada com o sol e a lua. A figura de um querubim conduz o casal alquímico, Enxofre e Mercúrio, para o labirinto. A sua união se realizará no templo central.

Percorrer o labirinto corresponde a uma profunda mudança ontológica, a morte simbólica, a morte de um estado de consciência para o nascimento de outro mais amplo. É somente através da morte da consciência egóica, que o homem pode renascer na alma e se transformar no novo homem espiritual. O reino espiritual se encontra no final do labirinto, no Centro.

O LABIRINTO: CAMINHO INICIÁTICO PARA O CENTRO 137

Fulcanelli, no seu livro *O Mistério das Catedrais*, interpretou os labirintos presentes nas catedrais como verdadeiros símbolos alquímicos.

A imagem do labirinto oferece-se-nos, então, como emblemática do trabalho completo da Obra, com suas duas dificuldades maiores: a da via que convém seguir para atingir o Centro – onde se trava o rude combate de duas naturezas - e a outra, a do caminho que o artista deve seguir para sair. É aqui que o fio de Ariadne se lhe torna necessário, se não quer vagar pelos meandros da Obra sem chegar a descobrir a saída[2].

No labirinto de Amiens, que possuía um sol no seu centro, ele vê a vitória do sol, da consciência solar sobre a escuridão.

Percorrer o labirinto corresponde, simbolicamente, à realização da iniciação, do processo de individuação que compreende o trabalho sobre a própria materialidade, o domínio das forças instintivas, das energias densas do ego, simbolizadas pelo Minotauro, que devem ser transformadas em aspectos mais sutis. Entrar no labirinto requer que se tenha a consciência clara da responsabilidade com o caminho evolutivo a ser trilhado pelo homem, em busca da transcendência. E ao alcançar esse nível de consciência, o comprometimento com o caminho espiritual é reforçado como também a aspiração pela ascensão ao mundo espiritual.

Existe uma relação simbólica muito próxima do labirinto com o mandala, como um caminho de interiorização que se aprofunda, cada vez mais, e se dirige para o Centro. Por isso, muitos mandalas apresentam formas labirínticas. O labirinto e o mandala representam a jornada humana em direção ao desenvolvimento psíquico e espiritual e a completude, o caminho de volta para o Centro, para o alcance da consciência unificada, para o Self.

O labirinto demarca, simbolicamente, o caminho que deve ser percorrido pelo iniciado na sua busca do Centro, da Totalidade do Deus interno. E aquele que se mantém fiel a este propósito não pode se perder, porque só há um único caminho que conduz ao Centro. A própria palavra labirinto significa um caminho de apenas um percurso, aquele que leva a uma meta central.

O labirinto está relacionado ao simbolismo do Centro, porque sempre leva o homem ao interior de si mesmo, ao seu templo interno, a sua profundidade, onde pode haver o encontro da alma com o Espírito. Mas, para aquele que não está inteiramente comprometido com esse objetivo, os desvios e atalhos são inúmeros e sempre levam para longe do Centro. O caminho para dentro de si mesmo não tem desvios, sempre conduz ao mais essencial de si mesmo, à alma e ao Centro, ao encontro com o Self.

O labirinto deve ser vivenciado como um caminho de meditação, como um instrumento de reflexão espiritual que leva para o núcleo e

2. Fucanelli, *O Mistério das Catedrais*, Lisboa: Edições 70, 1964, p. 64.

a interioridade do ser, onde é possível reencontrar a alma, ansiosa por recuperar a sua inteireza, a sua ligação com o Self. Percorrer o labirinto é fazer o caminho iniciático da alma, da purificação que conduz para o interior, para o Centro.

11. O Coração:
o Centro Real do Ser

Considerado universalmente o Centro da verdadeira natureza do homem, o coração é o espaço sagrado interno, o lugar da real experiência do Ser, onde habita a centelha divina, a imagem de Deus. O *punctus cordis médium* (ponto médio do coração) é onde Deus acendeu a sua luz na alma, colocou o seu amor e soprou o Espírito.

Nas antigas tradições espirituais, o coração sempre foi visto como um Centro divino, o local da morada dos deuses e onde se encontra a idéia do ser humano essencial. No taoísmo chinês, o coração é o centro do Ser, é o soberano, o imperador, o senhor que detém a autoridade. Ele é a fonte da vida, fonte da luz, o sol do homem. Os taoístas se referem ainda a um coração celeste situado na testa, entre os dois olhos, onde acontece a realização da consciência unificada, da iluminação.

Segundo os Rishis, os antigos sábios hindus, o coração é o trono da consciência pura (*Cit*), é a porta para o puro Ser-Consciência Bem-Aventurança. O triângulo invertido representava o coração e também era o símbolo da deusa Shakti, o princípio feminino divino.

O sábio Shankara diz que o Atman, o Ser Supremo, habita no coração. "Aqui dentro desse corpo, na mente pura, na câmara secreta da inteligência, no universo infinito do coração, o Atman reflete no seu esplendor fascinante, como o sol do meio-dia; pela sua luz, o Universo é revelado"[1]. No versículo 132 do *Viveka-Chudamani*,

---

1. Shankara, *A Jóia Suprema do Discernimento (Viveka-Chudamani)*, São Paulo: Pensamento, 1992, p. 51.

140   OS SÍMBOLOS DO CENTRO

Shankara diz que o Self se encontra luminosamente presente na caverna mental, dentro de cada um, no coração. A trilha para ele é a vontade, a esperança, o silêncio, a meditação e a solidão.

Nos *Upanishades*, o coração é a sede onde Atman habita: "Ele (Atman) é eu mesmo dentro do coração, menor do que um grão de arroz, menor do que um grão de cevada, menor do que um grão de mostarda, menor do que uma semente de alpiste ou do que um germe de uma semente de alpiste. Ele também é eu mesmo dentro do coração, maior do que a terra, maior do que o céu, maior do que todos esses mundos"[2]; "O Atman menor do que os pequenos, maior do que os grandes está oculto no coração de cada criatura. Pela graça do Criador, quem o realiza como o Grande Senhor se liberta de sofrimentos e de desejos"[3]; "Há um espaço dentro do coração que contém todo o espaço, céu e terra, fogo e ar, sol e lua, relâmpago e estrelas. Tudo e o que existe está contido na cidade de Brâman, todos os seres e todos os desejos"[4].

No *Bhagavad Gïta*, Krishna diz a Arjuna que Brâman se revela a todos os seres humanos não só como o Espírito, mas como o Senhor que reside no coração de todos, por isso, deve ser visto como objeto de adoração e amor:

> O Supremo Senhor Deus
> reside no coração e dirige cada passo
> de todos os seres vivos,
> que estão como em uma máquina
> movida pela energia da matéria natural.
> Ó Arjuna, descendente de Bhárata,
> Busca refúgio nele com toda a tua alma: pela sua Graça alcançarás
> a paz suprema(Param Shantim) e a eterna morada[5].

No Vishinu Purana 3:17, Vishinu é descrito como:

> Ó Morador do lótus do Coração! Curvamo-nos diante de Ti,
> eu do Tempo que és, e que, ao fim dos séculos,
> infalivelmente devora todo os seres[6].

Segundo a doutrina budista do *Tantra Kalachakra*, o centro mais importante do sistema psicossomático é o coração, a sede da alma e a porta que conduz a Deus. O iniciado, para estabelecer o contato com

---

2. *Chandogya Upanishad (3.14.3) In the Upanishads*, organizado por Max Muller, Nova York: Dover Publication, 1972, v. I.

3. Idem, (3: 20)

4. Idem, (8: 13)

5. *Bhagavad Gïta. A Canção do Divino Mestre*, tradução e introdução de Rogério Duarte, São Paulo: Companhia das Letras, 1998, Capítulo XVIII, versículos 61-62.

6. M. Eliade, *O Conhecimento Sagrado de Todas as Eras*, São Paulo: Mercuryo, 1995, p. 38.

O CORAÇÃO: O CENTRO REAL DO SER 141

a sua alma e com o Ser supremo, tem que fazer a sua consciência se desprender do exterior e penetrar nesse Centro superior. O coração e a alma têm uma profunda conexão que está sempre presente, mas da qual nem sempre tomamos consciência. Quando nos permitimos entrar em contato com o coração e com os sentimentos que o tocam, temos acesso à profundidade de nosso ser anímico que faz a ponte com o Self, que habita em sua profundidade.

Os antigos Vedas consideravam o verdadeiro conhecimento como o "conhecimento do coração", pois este é o ponto de retorno, onde o homem abandona o mundo egóico, das ilusões, da dualidade, para penetrar na realidade última de todas as coisas que é Brâman. Retornar à origem é voltar ao fundamento do Ser e deixar que Ele volte a nós. Sri Aurobindo aconselhava a concentração no coração, como uma forma de meditação e como o caminho para a Totalidade.

O *Mundakopanishad* volume II, capítulo 2, versículo 5 um dos livros da literatura oculta do Tantra, diz que como os raios de uma roda se encontram no seu centro, assim os *nadis* se encontram no coração. Neste Centro, Ele (o *Paratman*), que se tornou múltiplo, vive nas suas profundezas. Devemos meditar nele graças ao uso da palavra Om. E, dessa forma, cruzar o mar das trevas da ignorância e atingir a outra margem.

O chacra do coração, Anahata, nas tradições hindu e tibetana, era representado como um lótus de oito pétalas (embora, muitas vezes, seja representado também como um lótus de doze pétalas, o lótus vermelho, no centro do qual tem um cálice). Com a subida do Kundalini, o chacra Anahata é estimulado e o Eu interior que habita este chacra também é despertado, levando o indivíduo à experiência da compaixão, da verdade e da benevolência.

No Egito antigo, o coração do deus era considerado o centro e a fonte da criatividade divina, da imaginação e da sua atividade geradora. Segundo a cosmogonia do período de Menphis, o deus da criação, Ptah, pensou o universo com seu coração, antes de materializá-lo pela força do seu verbo criador.

O coração humano (*Ab*) era também, para os egípcios, concebido como o Centro sagrado da vida, o lugar da inteligência, das paixões, da coragem e da consciência moral e a sede da alma dupla que os egípcios acreditavam possuir. A alma dupla era referida como a alma individual e a centelha divina presente no coração, o Self, a consciência da presença de Deus no corpo. Geralmente o coração era representado como um vaso divino, o *krater*, cheio de *nous* (pneuma-espírito) enviado pelos deuses aos homens, como uma espécie de fonte batismal. Este vaso era, ao mesmo tempo, o hieróglifo do coração.

No coração habita o espírito de Kepher, o escaravelho, o arquétipo daquilo que o homem pode vir a ser. Através da transformação da consciência egóica, de seus sentimentos, atitudes e valores, o homem abre o coração para a realização da sua alma e do Self e permite que esse guie a sua vida. Assim ele liberta o escaravelho alado, símbolo da transcendência espiritual.

Ainda de acordo com a tradição espiritual egípcia, por ser o coração o centro da alma, nele ficava gravada toda a vida da pessoa na terra. Quando o indivíduo morria, ele tinha que passar por uma avaliação moral e espiritual; o seu coração era pesado contra a pluma da verdade na balança de Mâat. Se o coração fosse leve e não tivesse cometido nenhuma falta, nem abrigado sentimentos ruins, ou ocultado pensamentos maldosos, era permitido ao morto entrar na Sala de Julgamento de Osíris, onde recebia a vida eterna. Pelo contrário, se o coração estivesse pesado, era atirado a Am-rit, a deusa-monstro que devorava os corações dos maus.

Para os egípcios, quanto mais leve era o coração maior era o desenvolvimento da consciência e o sinal de que o indivíduo tinha alcançado o conhecimento e a sabedoria, tinha levado uma vida correta e dedicado o seu coração a Osíris. O peso sempre se refere à predominância dos sentimentos desarmoniosos como a raiva, a mágoa, o ciúme, a inveja, que impede a fluidez da alma e obstrui sua abertura para o encontro com o Self.

O papiro de Ani, que compõe o Texto dos Sarcófagos, ensina como se deve proceder no ritual de doação do coração a Osíris, deus dos mortos no mundo inferior:

Possa meu coração (*Ab)* estar comigo na Casa dos Corações! Possa meu coração (*Hat*) estar comigo na Casa dos Corações! Possa meu coração estar comigo e descanse ele ali, ou não comerei dos bolos de Osíris no lado oriental do Lago das Flores, nem terei um barco para descer o Nilo, nem outro para subi-lo, nem poderei singrar contigo as águas do Nilo. Possa a minha boca (ser-me dada) para que eu fale com ela, e sejam dadas a mim as minhas pernas para que eu possa andar com elas, e minhas mãos e braços para eu derrubar meu inimigo. Sejam abertas para mim as portas do Céu para que a deusa Sekhet faça com que eu me erga para subir aos céus, e que lá seja feito o que eu comandar na Casa de *Ka* (duplo) de Ptha. Conheço o meu coração, tenho domínio sobre o meu coração, tenho domínio sobre as minhas pernas e ganhei poder sobre o que agradar ao meu *Ka*. Minha alma não será presa ao meu corpo às portas do mundo inferior; mas nele entrarei em paz e dele sairei em paz[7].

No papiro "Não morrer em *Amen-Hetep*", o texto propicia ao morto os meios para impedir que o seu coração seja roubado no Outro Mundo: "Salve Deus-Leão! Sou a Sarça Florida. Não deixeis que este meu coração me seja arrebatado pelos deuses combatentes de *Anu*"[8].

O renascimento espiritual, nas tradições antigas, estava relacionado ao coração, pois é através da purificação dos sentimentos que o

7. Sri E. A. Wallis Budge, *O Livro Egípcio dos Mortos*, São Paulo: Pensamento, 1987, p. 211.

8. Idem, p. 212.

O CORAÇÃO: O CENTRO REAL DO SER   143

habitam que o indivíduo realiza a transformação da consciência. O coração limpo de todas as impurezas permite que a divindade se manifeste. No coração mora a alma, a individualidade real, é através da purificação de seus sentimentos que é criado o espaço para o encontro com o Espírito, com o Self, o renascimento espiritual.

Segundo a teologia órfica, o deus Dioniso, depois de ser despedaçado e morto pelos Titãs, renasce pelo coração. Dioniso representa o princípio palpitante da vida, a alma, o sol interior, a hipóstase do espírito de Zeus. Dioniso é o coração, o vaso que contém o espírito de Zeus, a potencialidade do renascimento espiritual.

No Islã, o coração (*qalb*) é o lugar da atividade divina, da afetividade e da contemplação espiritual. É o ponto de comunicação entre o Espírito e a alma, por isso era importante manter o coração aberto em devoção a Deus, para que ele pudesse manifestar a sua presença. Segundo o profeta Maomé, o coração do crente é o trono de Deus, é o lugar da revelação de Deus, o seu espelho.

A tradição mística sufi sempre enfatizou o coração como o local da inteligência superior e do encontro com Deus. Segundo os sufis, há no coração um ponto profundo e íntimo chamado de Mistério, o lugar onde o homem encontra Deus. O coração é o trono da Misericórdia, a sede do amor de Deus. Os nomes e os atributos divinos, dizem os sufis, constituem a verdadeira natureza do coração. O coração representa a natureza do Espírito sobre seu duplo aspecto: Conhecimento e Ser. Ele é, ao mesmo tempo, o órgão da intuição (revelação) e o ponto de identificação com o Ser.

O grande mestre sufi Al Ghazali (1058-1111) viu o conhecimento do coração e de seus atributos como a chave para o conhecimento de Deus. Quanto mais o homem purificar a sua alma dos desejos mundanos e concentrar sua mente em Deus, mais consciente ele ficará dessas ilusões. Para ele o coração não era o órgão material, mas uma entidade espiritual invisível. Na sua obra; *A Alquimia da Felicidade*, Al Ghazali diz que o coração foi feito por Deus, de tal forma que contém um fogo escondido, que é evocado pela música e pela harmonia, deixando-o fora de si em êxtase. E essas harmonias são ecos do mundo superior espiritual de Beleza.

Segundo Ibn'Arabi (1165-1240), um dos maiores mestres sufis, considerado sábio e santo, o estado espiritual é uma aptidão para receber a revelação da essência divina no coração. Ele aceitava e amava todas as diferentes formas de manifestação de amor e fé em Deus: "Meu coração abriu-se para todas as formas; ele é pastagem para as gazelas, retiro para monges cristãos, templo para os ídolos, Caaba para o peregrino mulçumano, as tábuas da *Torá* e o livro do *Alcorão*. Eu pratico a religião do Amor..."[9].

9. Philip Novak, *A Sabedoria do Mundo*, Rio de Janeiro: Nova Era, 1999, p. 342.

OS SÍMBOLOS DO CENTRO

E para o grande poeta sufi, Jalal ud-Din Rumi (1207-1273), o conhecimento real é aquele que vem do coração, porque este conhecimento é intuitivo e está além da razão. No coração estava contido o verdadeiro saber livre de todas as ilusões. Rumi diz que devemos manter o coração aberto para o amor e para a presença poderosa do Amado, assim o coração se tornará o lugar da revelação.

> Dentro do coração empedernido do homem
> Arde o fogo que derrete o véu de cima abaixo,
> Desfeito o véu,
> O coração descobre as histórias de Hidr
> E todo o saber que vem de nós[10].

Os místicos sufis são chamados homens do coração. Seus corações são absolutamente receptivos às mensagens e ao amor de Deus. O coração é o lugar escondido e secreto da consciência divina. Ele é representado como sendo constituído de vários envoltórios de cores que são percebidas nos estados de êxtase. Segundo o poeta sufi Al-Junayd (-910) considerado o mestre mais inspirado e intuitivo do sufismo, a visão espiritual, a visão da unidade é a visão do coração:

> Agora sei Senhor
> O que se passa em meu coração;
> Em segredo, longe do mundo
> Minha língua conversou com o meu
> Adorado.
>
> Assim, de um modo,
> Somos unidos e Um,
> E, de outro, a separação
> É eternamente o nosso estado.
>
> Ao meu profundo olhar
> Um terror vertiginoso esconde tua Face,
> Mas, na Graça maravilhosa do
> Êxtase
> Sinto o teu contato no âmago do meu Coração[11].

O amor é, entre os sufis, o sentimento de maior importância, é a linguagem do conhecimento do coração e a resposta do homem à misericórdia divina. É pelo amor que o homem expressa e realiza o seu desejo de se unir a Deus. A finalidade da vida do homem é purificar o coração para que ele possa, finalmente, alcançar a identidade com Deus, assim, o único caminho para Deus é pela prática que purifica radicalmente o coração.

10. Jalal udi-Din Rumi, *Poemas Místicos*, São Paulo: Attar, 1996, p. 111.
11. Anton Kielce, *O Sufismo*, São Paulo: Martins Fontes, 1986, p. 86-87.

O CORAÇÃO: O CENTRO REAL DO SER 145

A purificação consiste em uma vigilância contemplativa constante, para afastar todos os sentimentos egóicos, todo o egoísmo e tudo mais que impede a realização da individualidade. Ser completamente fiel a quem somos, ser fiel à alma, ao nosso ser essencial é o caminho possível para o encontro com a presença de Deus no coração. Pelo cultivo dos sentimentos de amor e compaixão, pelo comportamento harmonioso de acordo com essa consciência, o homem cria o espaço para a união com Deus.

Para o poeta hindu-muçulmano Kabir (1398-1448), o homem devia procurar Deus em seu coração e não nas instituições. A verdadeira riqueza, o verdadeiro diamante é o nome de Deus, o mantra Shabd, ou outros nomes como Ram, Alá, Karim, Rahim (o Misericordioso), que deve ser procurado no coração. Para Kabir, Deus está no coração, mas, também, em todos os lugares, nas estruturas e nas atividades do mundo, como em todas as religiões. Ele dizia que seu único guia espiritual (Pir) e guru era Deus.

> Faz do teu coração a Meca
> E do teu corpo a Caaba.
> Faz da consciência tua primeira mestra[12].

Em todas as tradições de sabedoria era, universalmente, aceita a concepção de que o verdadeiro conhecimento, a visão da Realidade, da unidade de todas as coisas, era a visão do coração, e não a visão racional. Segundo Frithjof Shuon: "O conhecimento intelectual depende do cérebro ou da mente, mas o conhecimento intuitivo, que não é fruto da razão, depende do coração, da mesma forma, o sentimento determinado pelos fenômenos, depende da alma ou da sensibilidade, mas o sentimento profundo, que se nutre da essência do amor, provém do coração e não da simples sensibilidade anímica"[13].

A vida é uma oportunidade constante de aprendizagem sobre si mesmo, sobre o desejo da alma que reside no coração, que move o ser para a busca de si mesmo e para o encontro com Deus. Na Cabala a letra *lamed*, é a letra do ensino, da aprendizagem, da aspiração da alma e do coração. O verdadeiro aprendizado deve vir do coração, que impulsiona o ser a ir em direção ao desejo da sua alma, que conduz ao verdadeiro caminho de desenvolvimento.

Na *Bíblia*, o coração é um órgão físico e espiritual, é tanto o centro da vida física quanto espiritual. A *Bíblia* se refere freqüentemente ao coração, como o lugar do sopro divino impregnado pelo hálito de Deus, e iluminado pelo fogo do Espírito. Em Jeremias (4:4) o coração

---

12. *Os Melhores Poemas de Amor da Sabedoria Religiosa*, seleção, apresentação e tradução de José Jorge de Carvalho, Rio de Janeiro: Ediouro, 2001, p. 114.

13. Frithjof Shuon, *De lo Divino a lo Humano*, Barcelona: Sophia Perennis, 2000, p. 86.

é o local onde deve se realizar a transformação dos sentimentos e emoções através de uma ação consciente. Assim, ele apela para a circuncisão do coração: "Retirai os prepúcios dos vossos corações". Ele pede que o amor emocional e sentimental seja transmutado em amor divino e que o indivíduo se entregue inteiramente a essa transformação. Há um provérbio bíblico que diz: "Pois como ele pensa no seu coração, assim ele é" (*Provérbios* 23:7).

A antiga tradição cristã dos primeiros padres da Igreja, a tradição patrística, afirmava que a finalidade da vida é a gnose, o conhecimento de Deus pelo coração e a participação no Ser-Amor. Segundo os antigos patriarcas, a fonte de todo sofrimento do homem é o esquecimento do Ser que o habita. Clemente de Alexandria (150-215), um dos primeiros patriarcas, afirmava que a verdadeira gnose é a inteligência do coração, nela o amor e a consciência não estão separados. Tornar-se gnóstico, segundo ele, era ampliar a capacidade de receber, era abrir o coração e a inteligência para "Aquele que É". Esta verdade era vivida por todos os antigos patriarcas.

Outro importante patriarca, Evágrio Pôntico (345-399), ficou conhecido pelos seus tratados gnósticos e práticos, entre eles a *Pratiké,* um método espiritual cuja finalidade é a purificação do coração dos aspectos egóicos doentios para que o indivíduo encontre a sua beleza anterior, a sua saúde, a sua salvação e a paz. O coração impuro é o coração dominado pelos desejos egóicos, que o torna egoísta, intranqüilo e endurecido para receber a Luz. A *puritas cordis*, a pureza do coração, purifica o coração preparando-o para receber a Luz de Deus. A *Pratiké* de Evágrio era uma forma de psicoterapia antiga, cuja finalidade era libertar o indivíduo de suas neuroses, das auto-afirmações egóicas, levando-a a reconhecer a sua natureza mais profunda e a sua identidade com o Self.

De acordo com João Cassiano (365-435), o Reino de Deus não pode se estabelecer no coração do homem, sem o *scopos,* a purificação do coração de todas as doenças, de todos os apegos, de todas as identificações com as coisas exteriores. A pureza do coração se refere ao desapego das demandas egóicas, das auto-afirmações, das neuroses, e leva ao alcance de um estado de liberdade, de tranqüilidade da alma e, finalmente, à gnose. A pureza do coração é um novo estado de consciência não egóico, uma nova percepção da realidade, a percepção da alma, que transforma aquele que a experimenta em um novo ser, em um novo homem.

Os antigos patriarcas cristãos anteciparam a concepção moderna da psicoterapia, junguiana e transpessoal, vendo a purificação do coração como a necessidade de cura das patologias e da identificação com o ego, como o pré-requisito inicial e indispensável para a identidade com a alma e a realização do Self. Para esses filósofos cristãos, a psicoterapia era o trabalho de transformar as patologias em estados não patológicos, em estados de *apatheia*, condição essencial para o encontro com Deus.

O CORAÇÃO: O CENTRO REAL DO SER   147

A identificação com o ego e com as suas demandas exteriores, constitui um grande impedimento para a realização da individualidade real, da alma. O estado de *apatheia* é um estado de espontaneidade, de inocência, de simplicidade, de inteligência que vê as coisas como elas são, livres de projeções. "*Apatheia* significa também um estado de pureza do coração, que se expressa na capacidade de amar, sejam quais forem as circunstâncias; é o amor aos inimigos, de que fala Cristo, isto é, o acesso a uma dimensão do amor que não depende de circunstâncias, das identificações egóicas ou de encontros favoráveis para manifestar-se, é o Amor-Ser, o núcleo indestrutível"[14].

O coração é o local onde Deus habita, é o centro da individualidade real, para onde a pessoa deve retornar na sua caminhada espiritual. O homem, perdendo a identificação com a alma, com a sua individualidade verdadeira, passa a se identificar excessivamente com o ego e, assim fazendo, mergulha na ilusão, que por sua vez dá origem ao medo, à ansiedade, ao conflito, à inveja, ao ódio, paixões e apegos. Para voltar a ser real, o homem deve purificar o coração de toda ilusão, de todo apego egóico, para que a luz da alma possa brilhar novamente e essa se unir à Luz de Deus.

Os místicos cristãos se referem ao coração como a casa de Deus, o lugar de veneração, de purificação, de transformação. Para Mestre Eckhart (1260-1327), o coração é o misterioso lugar fundamento da alma e o ponto de aproximação com a centelha divina. É no coração que a alma se relaciona com o Espírito e é, portanto, um lugar que deve ser purificado das impurezas do ego. Todas as doenças do ego, todas as afirmações egóicas, o egocentrismo, são impedimentos para o reconhecimento do Self, que habita o coração.

O místico cristão Angelus Silesius (1624-1677) diz que o coração é o altar de Deus:

> Meu coração é um altar,
> minha alma o sacerdote;
> a vítima, minha vontade,
> e o amor a chama e seu ardor.

> Sou eu mesmo um reino,
> o trono meu coração;
> é a rainha minha alma
> e o filho de Deus o soberano[15].

Na Idade Média, o coração de Cristo foi comparado ao Tabernáculo e à Arca da Aliança, como a fonte do amor, da graça e o símbolo da aliança de Deus com os homens. O coração foi relacionado, simbolicamente, ao vaso que recolheu o sangue de Cristo, ao Santo Graal.

14. J.-Y. Leloup, *Escritos Sobre o Hesicasmo*, Petrópolis: Vozes, 2003, p. 76.
15. Os Melhores Poemas de Amor da Sabedoria Religiosa, op. cit., p. 174.

148   OS SÍMBOLOS DO CENTRO

Na iconografia cristã, Cristo é, freqüentemente, representado apontando o seu coração exposto e cercado de espinhos. Esta imagem apresenta Jesus indicando o caminho do coração, como a via de compreensão do sofrimento que aflige o humano. Através da purificação do coração pode ser encontrada a paz, a redenção e a salvação. O adepto que purificou o seu coração pode se abrir para perceber a presença de Deus e, através do sopro e da vigilância, receber a graça e a iluminação.

A Virgem Maria, em algumas pinturas, aparece mostrando o coração rodeado de rosas simbolizando o caminho da perfeição e da realização espiritual da alma. A alquimia, inspirada pelas idéias cristãs, associou o coração com o lugar onde se realiza a transmutação dos sentimentos inferiores em superiores. De acordo com esse simbolismo, as rosas associadas ao coração representam a perfeição de Deus, a presença do Self, no centro do processo de transmutação.

Outras gravuras alquímicas mostram um leão sendo devorado por uma águia. O leão verde simboliza os sentimentos, as emoções, os afetos e as paixões egóicas que são vivenciadas pelo homem comum, mas que devem ser transformadas. O leão verde representa as energias psíquicas das personalidades que podem e devem ser transformadas em virtudes ontológicas. A águia que devora o leão simboliza a função transcendente em ação, transmutando as emoções e afetos egóicos em sentimentos mais elevados. O leão não morre, mas transforma a sua consciência. Através do trabalho alquímico o coração purificado se transforma no Centro do Amor divino.

O alquimista J.G. Gichtel (1638-1710), na sua obra *A Senda do Homem Celeste*, um tratado alquímico iniciático, diz que: "No coração está a divina Luz do mundo, ou o olho, Templo do Espírito Santo, que é habitado por Deus e na Luz é denominado Deus"[16].

Gichtel recomenda que o iniciado deve pedir ajuda a Deus para combater as formas da natureza inferior e exterior, para poder penetrar no coração, o lugar de abertura para o Cristo interior. "Quando o amor de Jesus não inflama o coração, não há desejo de imitá-lo, nem força na intenção de pedir a Deus seu Espírito Santo, para tirar-nos desse mundo e de nós próprios e introduzir- nos em Jesus Cristo"[17].

Na alquimia o coração é comparado, freqüentemente, com o sol espiritual interior que ilumina e aquece, e é representado, da mesma forma que o sol, com raios retilíneos e ondulados. O sol, por sua vez, é visto como o Coração do Mundo, "o mundo e o homem são uno, o Coração do homem e o Coração do mundo são um só Coração"[18]. Segundo o alquimista Dorneo, existe no homem um *sol invisibilis*,

16. J. G. Ghitel, *A Senda do Homem Celeste*, São Paulo: Polar, 2001, p. 87.
17. Idem, p. 95.
18. René Guénon, *Os Símbolos da Ciência Sagrada*, São Paulo: Pensamento, 1984, p. 369.

O CORAÇÃO: O CENTRO REAL DO SER

que ele diz ser idêntico ao sol da terra. Este sol invisível acende um fogo elementar para consumir a matéria e transformá-la em Espírito. A Cabala descreve o coração como o Templo, o trono de Deus, a sua morada no centro do corpo humano. É o lugar onde o divino se manifesta, onde a *Schekhiná*, a presença feminina de Deus, penetra na consciência do homem, é o espaço de recolhimento de encontro com o Real, onde é possível alcançar a ascensão. É também no coração onde está localizado a *sefirá de tiféret* (Beleza-Amor), o lugar da união dos opostos, da harmonização, do casamento do homem com Deus. O homem deve aprender a nutrir o seu coração, a sua alma, para conquistar um nível da consciência mística, que se encontra além do ego, então ele se torna um vaso puro para receber o conhecimento elevado.

Bahia ben Iossef Ibn Pakuda, um místico judeu que viveu no século XI em Saragoza, na Espanha, dizia que devemos conhecer Deus através do coração. Na sua obra, o *Livro dos Deveres do Coração*, ele propôs um caminho de conhecimento da natureza e de autoconhecimento através de dez passos que chamou de dez portões, que preparava o iniciado para o encontro com Deus.

Os místicos de Safed, chamados de *haverim* (camaradas), além de seguirem um comportamento ético diário, seguiam as instruções recebidas do grande cabalista Moisés Cordovero (1522-1570) para nutrir o Centro espiritual do coração e cultivar o primeiro nível da consciência mística, a Reverência, cujo padrão de percepção e ação era diferente daquele dominado pelo ego.

Na maior parte das tradições iniciáticas, a vivência do coração é considerada um caminho iniciático, cuja meta é o reencontro com a alma e com o Self. A purificação do coração é considerada a condição essencial para a superação da consciência egóica, que torna límpido o espelho da alma para que a luz divina possa se refletir.

Existem muitos caminhos para a purificação do coração, mas esse trabalho é facilitado quando existe a devoção a Deus, como o Cristo mostrou no "Sermão da Montanha": "Bem aventurados os puros de coração, porque eles verão a Deus". É a crença na realidade de Deus que nos aproxima Dele, que traz significado para a existência humana, nos cura do sentimento de dispersão, de separação, de desunião, e nos unifica.

Os *Upanishades* falam de dois pássaros, na mesma árvore, um dos pássaros come o fruto, enquanto o outro olha sem comer. O primeiro representa a alma individual que come o fruto do mundo material e se torna sujeito às leis desse mundo, do nascimento e da morte. O segundo pássaro é o Espírito Supremo, que testemunha silenciosamente a atividade da alma. É no espaço interior do coração que se descobre a realidade interior da alma e do Self.

A "caverna do coração" é uma conhecida expressão em sânscrito, que designa o ponto central mais interior e oculto, onde reside o próprio princípio do Ser. No interior da caverna do coração habita tanto a alma individual quanto o Espírito. Existe uma estreita relação simbólica entre o coração e a caverna, ambos considerados centros iniciáticos, onde se realiza a purificação, a limpeza das paixões, dos apegos, dos sentimentos obscuros.

A literatura mística hindu se refere ao chacra do coração, *Anahata*, como um lugar de iniciação, onde a alma realiza a sua purificação e libertação. O coração é o centro da real natureza do homem, da sua essência mais profunda. É um lugar de iniciação, onde a alma purificada e liberta do mundo das aparências e das ilusões descobre a sua verdadeira essência e se abre para a revelação do Ser. A alma livre desenvolve a *agape*, o amor, os sentimentos de simpatia, compaixão e unidade com o outro. Esses sentimentos são a expressão da qualidade amorosa da alma, do impulso natural do coração. Quando o adepto reconhece conscientemente e vive de acordo com esses sentimentos, começa a trilhar o caminho espiritual.

O desejo de viver de acordo com o impulso amoroso do coração é um sinal de que existe no indivíduo a necessidade de expressar relacionamentos corretos consigo mesmo e com os outros, de corrigir os vícios do ego, para que possam ser adquiridas as virtudes da alma. O retorno ao estado amoroso natural motiva que o amor se torne o principal fator na relação com o mundo. "O vício é uma expressão do impulso de separação, que subordina a alma às metas do eu inferior. Por exemplo, as virtudes incluem o perdão, a ternura, a humildade, a tolerância, a paciência, a compaixão, a serenidade, a mente aberta. Por outro lado, os vícios incluem características como o ressentimento, a dureza, o orgulho, a arrogância, a teimosia, o desprezo, a preocupação e o fanatismo"[19].

O coração é o centro da vida, da vontade, da inteligência e do amor, mas de uma qualidade de amor que é o amor da alma e não do ego, por isso esse é belo e bom e conduz a Deus. A alma inebriada desse amor é transportada ao Centro do Mistério divino, unindo-se ao Espírito. No *Simpósio* de Platão, mais conhecido como *O Banquete*, Sócrates, ao discorrer sobre o amor, fala de um processo iniciático conduzido pela sacerdotisa Diotima, através do qual foi despertada a força do amor que o levou a Deus. A potência anímica do amor está presente na alma e precisa ser despertada, porque ela tem o poder de conduzir o homem a Deus. Por meio do amor o homem pode ultrapassar o mundo da trivialidade e chegar ao mundo do significado.

Numa poesia japonesa do século XII, de autor anônimo, o coração é descrito como a sede do Amor.

---

19. Zachary F. Lansdowne, *A Iniciação Espiritual*, São Paulo: Pensamento, 1993, p. 30.

No interior do coração gentil habita o Amor,
Qual pássaro na verde sombra do bosque.
Antes do coração gentil, no esquema da natureza,
O Amor não existia, nem o coração gentil antes do Amor.

Pois com o sol, ao mesmo tempo,
Assim surgiu a luz imediatamente; nem ocorreu.
Seu nascimento antes do nascer do sol.
E o Amor teve seu efeito na gentileza
Do verdadeiro eu; tal como
No fogo brando, o excesso de calor[20].

A vivência para o encontro com o Self, para o retorno simbólico ao Centro do Ser, acontecerá no coração. O coração é o lugar da identidade essencial e mais profunda do Ser, da alma, que leva ao encontro com a divindade, com o Self. Alienar-se do coração é se perder, é ficar a deriva, sem alma, sem Centro e sem direção, é permanecer confundido na ilusão do mundo egóico, das formas aparentes e fugazes. É necessário que cada um descubra este local interno no seu coração, onde a alma e o amor estão ocultos na sua profundidade.

A Filosofia Perene, a verdade essencial presente em todas as religiões, fala de um Mistério sagrado, da presença no mundo de uma Sabedoria Oculta que não pode ser expressa por palavras, nem conhecida pela razão, pois está além de palavras e pensamentos. A Sabedoria Oculta está guardada no coração – considerado o Centro ou o fundamento da alma –, e só pode ser revelada àqueles que buscam o silêncio do Ser. O coração é o lugar onde se pode encontrar a alma como essência individual, e esta leva ao conhecimento do Self e ao amor como a força que conduz a Deus.

Os nahuas acreditavam que o homem nascia com um coração e um rosto físico, mas que, com o tempo, ele deveria criar um coração divino e um verdadeiro rosto. Pois o brilho do coração divino deveria aparecer na sua face, mostrando o reflexo de Deus, do Self. Para este povo, fazer o coração e a face tinha o significado de desenvolvimento da força espiritual. "A face e o coração eram dois aspectos de um só processo, cujo objetivo era o de criar um centro firme e duradouro, de onde seria possível agir como ser humano. Sem o segundo coração e a segunda face, o homem seria um ser errante sem objetivo"[21].

É necessário estar centrado no coração, na raiz do ser mais profundo e do conhecimento divino interno para que possamos nos religar ao princípio Último das coisas. Estar centrado no coração é se tornar uno com a vida, com o Self através da força do amor.

20. Citado por Joseph Campbell, em *O Herói de Mil Faces*, São Paulo: Círculo do Livro, 1989, p. 119.
21. Denise Ramos Gimenez, *A Psique do Coração*, São Paulo: Cultrix, 1990, p. 62.

No estado de união amorosa, a alma se ilumina e fica imersa na mente de Deus. Quando o indivíduo consegue alcançar o estado de Unidade, ele vê Deus habitando o seu coração, percebe Deus penetrando todo o universo, venera Deus em cada criatura. E, de acordo com o *Bhagavad Gïta*:

> Sua mente está morta
> Para o apelo das coisas exteriores:
> Mas vive para
> A bem-aventurança de Atman.
> E porque seu coração conhece Brahma,
> Sua felicidade é perene.

Quando o indivíduo caminha em direção a si mesmo, ao seu coração, ao Centro do seu Ser, cria uma abertura para o numinoso, um espaço para a revelação do Self, que se traduz em um fluxo constante de plenitude, união, gratidão, amor e compaixão por tudo e por todos. Somente a abertura do coração para o encontro com a alma e com o Self levam ao retorno para casa e fazem do homem um ser realmente pleno e feliz.

12. O Santo Graal: a Jornada para a Perfeição

A busca de alguma coisa preciosa a qual se atribui um valor extraordinário, por conter a imortalidade e a perfeição, é um tema arquetípico, freqüentemente encontrado nos mitos, nas lendas e nos contos de fadas. A imortalidade e a perfeição se equivalem simbolicamente e, geralmente, estão associadas ao conhecimento e a um grande poder transformador concentrados numa planta, numa árvore, num objeto, ou num local inacessível simbolizando o Centro, o lugar sagrado por excelência.

Esse motivo simbólico, entre os hindus, é representado pelo Soma, a bebida dos deuses, que contém o princípio da perfeição e da transformação espiritual. Segundo o *Rig Veda*, aquele que bebe o Soma torna-se imortal: "Tendo bebido o Soma nos convertemos em imortais, alcançamos a luz e falamos com os deuses". (*R. V.* VIII: 48) O Soma é, também, considerado um deus e a este o *Rig Veda* dedica pelo menos cento e dezessete hinos.

Da mesma forma, no Irã, entre os masdeístas, o bem precioso é simbolizado pelo Haoma[1], a bebida da imortalidade. O *Zend-Avesta*, o livro sagrado dos iranianos, faz freqüentes referências ao Haoma como o fluido transformador:

---

1. Ambas as palavras, a avesta Haoma e a sânscrita Soma, derivam da proto-indo-iraniana Sauma, e possuem o mesmo significado. (N. da E.)

Honramos a Haoma, aquele de cor dourada que cresce nas alturas.
Honramos a Haoma, aquele de ramos estendidos que fazem prosperar os mundos.
Honramos a Haoma, aquele que afasta a morte. *Avesta* (Yasna, XLVIII31: 32-33)

No épico babilônico, Gilgamesh é o herói que sai em busca da planta maravilhosa da imortalidade, que se encontra no fundo mar. O herói não desanima diante da difícil tarefa, amarra pesadas pedras aos pés e mergulha nas águas profundas. No fundo do mar, Gilgamesh vê a planta e a apanha, embora ela picasse a sua mão. A preciosidade difícil de alcançar está oculta aos olhos profanos, no mar do inconsciente, mas pode ser encontrada por todo aquele que busca a autotransformação.

Para os judeus, o bem valioso que se perdeu ou foi esquecido não era um objeto, mas a pronuncia correta do Tetragramaton, do nome de Deus. Somente os homens sábios e virtuosos ainda sabiam pronunciá-lo.

Os alquimistas representaram de diversas formas o bem precioso árduo que se busca conseguir. Entre essas idéias simbólicas, a mais freqüente é aquela que se refere ao tesouro oculto na matéria escura, o ouro filosófico que só pode ser obtido através de um intenso trabalho de transformação interior do adepto ou iniciado.

Através do tema arquetípico da busca do objeto valioso ou da qualidade de perfeição perdida, as tradições espirituais, universalmente, afirmaram que o homem perdeu a consciência da unidade, o conhecimento da sua união com a fonte original do Ser, com o Centro. Deste modo, se sente incompleto, imperfeito, em desarmonia consigo mesmo e, assim, anseia por readquirir a condição de totalidade, completude e de unidade. Todas essas tradições comentam que o homem deseja superar a imperfeição, a divisão, a dualidade para que possa curar-se, restabelecer-se da queda e recuperar a integridade perdida.

Alcançar a perfeição, a imortalidade, a qualidade valiosa que foi perdida significa restaurar o estado de totalidade, de plenitude, recuperar o conhecimento essencial esquecido que pode levar o homem de volta para o Centro. A imortalidade encerra o significado de perfeição e de beleza e geralmente é simbolizada por algum objeto ou lugar de difícil acesso ou inacessível ao homem comum, ao homem profano.

Somente aquele indivíduo descrito nos mitos como herói, porque dotado de qualidades especiais desenvolvidas, como a *timé* e a *areté*, é capaz de se interessar e de empreender a aventura em busca da perfeição e da imortalidade. O herói é aquele que se distingue e se diferencia do homem comum, porque não se guia por valores externos profanos, pelas demandas do ego, a sua motivação é interna, valorizando o encontro consigo mesmo, a busca do desenvolvimento psíquico e espiritual.

A jornada em busca do tesouro perdido, do conhecimento essencial é um tema, usualmente narrado nos mitos e lendas de heróis.

O SANTO GRAAL: A JORNADA PARA A PERFEIÇÃO   155

Simboliza o caminho iniciático que deve ser seguido por todo aquele que busca o seu desenvolvimento interior, a transformação da consciência. Esse caminho é descrito como longo e penoso, semeado de dificuldades como todo o caminho que leva para o Centro.

A função do herói mítico é reconquistar a condição primordial de perfeição perdida ou deturpada. Com essa finalidade, o herói abandona a casa paterna, o conforto da vida fácil, para realizar a missão para a qual foi destinado; a busca do bem precioso desaparecido. No seu caminho, o herói terá que enfrentar e vencer determinadas provas, que o tornarão mais forte e seguro e que o conduzirão, finalmente, ao sucesso, realizando, dessa forma, a sua redenção.

A aquisição do bem precioso é o resultado do processo iniciático do herói e corresponde ao conhecimento de ordem superior, a sabedoria, o alcance da consciência unificada. Por meio da transformação da consciência compreendida, o herói conquista a imortalidade, pois não está mais identificado com o ego mortal, mas com a alma e com o Self. O herói persa Zaratustra obteve, por seus méritos, a permissão de Ahura Mazda para beber a taça da onisciência.

A lenda do Graal é a representação simbólica do tema do herói que empreende a busca do objeto valioso e sagrado, que conduz ao Centro, ou que é o próprio Centro, presente em cada um. A busca do Graal é um tema arquetípico e corresponde a um caminho iniciático, cujo percurso é feito de vicissitudes, mas que é determinante para que o iniciado desenvolva as suas qualidades e se aproprie dos seus potenciais internos. Realizando aquilo que ele verdadeiramente é, em sua essência mais profunda, o herói alcança a plenitude.

A lenda do Graal descreve a jornada heróica em busca da redenção, da totalidade. Representa o percurso de todo indivíduo que procura sua completude, descrito por Jung como o processo de individuação. Para trilhar o caminho do herói, o indivíduo deve possuir qualidades heróicas, que o distingam dos demais. Esses atributos heróicos são descritos no mito como compromisso ético com o propósito assumido, sinceridade, honestidade, determinação, perseverança, confiança e fé em si mesmo e na vida espiritual. Essas qualidades são indispensáveis para que o herói possa ser bem sucedido na sua jornada.

O herói do Graal é um jovem cavaleiro que desconhece as suas origens nobres, isto é, que não conhece a sua verdadeira identidade. Mas é eleito pelo destino para realizar uma missão. Dessa forma, ele abandona o lar materno para ir em busca de algo que ainda não sabe o que é. No entanto, é no decorrer de sua aventura e à medida que enfrenta as tarefas e provas que lhe são apresentadas, que ele descobre a sua verdadeira identidade e natureza, o seu verdadeiro nome, a sua alma. A descoberta do objeto sagrado, do Centro, coincide com a descoberta de sua identidade real. Ele realiza o caminho heróico sintetizado na fórmula arquetípica: separação-iniciação-retorno.

156 OS SÍMBOLOS DO CENTRO

A procura do objeto valioso, do Santo Graal, é um tema arquetípico de uma grande força inspiradora que motivou não só a criação de mitos e lendas, mas também a produção de obras artísticas. No final do século XII e início do século XIII, o paradeiro do Graal e a sua busca inspiraram a criação de uma série de lendas e contos, que pertencem ao conjunto de lendas da cavalaria, ao "ciclo arturiano", referente aos cavaleiros da Távola Redonda do rei Artur. "Como se tivesse aberto uma mina d'água subterrânea, jorrava, no final do século XII e início do XIII, uma após outra, toda uma série de diferentes versões da mesma matéria, e não apenas em francês, mas em alemão, italiano, espanhol e nas línguas nórdicas"[2].

A busca do Graal era a meta espiritual dos cavaleiros do rei Artur e faz parte do conjunto de criações literárias que misturam lendas celtas com elementos cristãos, elementos míticos com dados históricos, em que os elementos simbólicos, de uma ordem superior, se superpõem aos elementos temporais e factuais. Esses contos referem-se, simbolicamente, ao processo de iniciação vivido pelos cavaleiros do rei Artur, representando a procura do homem pela verdade essencial, pelo Centro, pelo Graal. Nesses contos, os personagens como o rei Artur, Merlim, Guinevere, Lancelot, Percival, Galahad, Gauvain, Gareth e Lamorat, embora procedam do imaginário das lendas celtas, são personificações de arquétipos do inconsciente coletivo de toda a humanidade.

Entre as obras mais conhecidas se encontra o famoso *Conto do Graal*, do poeta francês Chrétien de Troyes, criado entre 1180 e1185 por encomenda de Philipe von Flandern, conde da Alsácia, que lhe emprestou um livro antigo contendo a lenda atribuída a um certo Mestre Blihis, possuidor de uma tradição secreta. Nesse conto Percival é o herói, que por sua simplicidade e bom senso descobre o lugar onde se encontra o Graal, o monte Salvat (a montanha da salvação), de difícil acesso, onde somente um puro de coração, um iniciado poderia alcançar. O nome do herói já esclarece o conteúdo simbólico de sua iniciação. Percival quer dizer, em latim, *per se valens*, aquele que vale por si mesmo, é a pessoa indicada, por esse motivo, para recuperar o recipiente precioso.

Wolfran von Eschenbach compôs a ópera *Parzifal* (entre 1197 e 1210), e inspirou, mais tarde, Richard Wagner a compor o seu *Parsifal*. Segundo Von Eschenbach, as fontes de sua narrativa são atribuídas a Kyot, o provençal, que teria encontrado a lenda em textos antigos pagãos.

O franco-provençal Robert de Boron publicou, por volta de 1203 e 1204, a obra *O Romance da História do Graal*, dividida em três partes: a primeira parte, *José de Arimatéia*, está conservada integralmente, a segunda parte, *Merlin*, possui-se apenas um fragmento, e a terceira parte, *Perceval*, toda feita em prosa, também está preservada integralmente. Robert de Boron tentou dar ao Graal uma essência

---

2. Emma Jung, e M. L. von Franz, *A Lenda do Graal*, São Paulo: Cultrix, 1989 p. 10.

O SANTO GRAAL: A JORNADA PARA A PERFEIÇÃO 157

puramente cristã, ao identificar o Graal com o cálice, no qual Jesus bebeu na Última Ceia. No entanto, ele atribuiu as suas fontes a um livro secreto, no qual estão escritos os grandes mistérios do Graal. Boron diz que se inspirou também no *Evangelho de Nicodemos*, um texto apócrifo, e localizou a ação de sua obra no vale de Avalon. De acordo com esse evangelho, José de Arimatéia e Nicodemos são os guardiões da grande tradição primordial cristã.

W. Map escreveu, entre 1200 e 1210, cinco romances: *A História do Santo Graal*, *A História de Merlim*, *O Livro de Lancelot do Lago*, *A Busca do Santo Graal* e *A Morte do Rei Arthur*.

Albrecht von Scharfenberg, em 1270 criou um poema, *O Jovem Titurel*, no qual mostra as raízes mais antigas do Graal e dos seus primeiros guardiões, que vieram do Oriente para a Espanha, onde introduziram o cristianismo.

O tema do Graal influenciou também a arte sacra por intermédio dos vitrais. Algumas igrejas da França e da Inglaterra encomendaram, a artistas vidraceiros, vitrais representando o tema do Graal. Na França, a igreja da aldeia de Tréhorenteuc tem seu vitrais do coro dedicados ao Santo Graal. O vitral do fundo do altar mostra Cristo com o Graal diante dele e, por sua vez, José de Arimatéia ajoelhado diante do Cristo. Acima se lê: "O cálice de meu sangue". O vitral da direita representa anjos levando um cálice de cor verde para a távola dos cavaleiros do rei Artur. Na Inglaterra, em Somerset, a igreja de Langport, All Saint Church (Capela de Todos os Santos), possui um vitral (século XV) no qual aparece José de Arimatéia carregando o Santo Graal.

No século XIX, Richard Wagner compôs a sua ópera *Parsifal*, que é uma recuperação do Conto do Graal, com uma qualidade nitidamente psicológica, em que o artista mistura os elementos lendários e míticos com os históricos e os relaciona com os problemas de cunho psicológico da época.

E a lenda do Graal continua inspirando os artistas contemporâneos, principalmente aqueles ligados ao cinema. Existe algumas produções de filmes baseados no tema do Graal, como o filme *Lancelot du Lac*, de Robert Bresson, e o filme *Perceval le Gallois*, de Eric Rohmer.

No entanto o Graal não motivou ou inspirou apenas a arte, mas, sobretudo, muitos movimentos espiritualistas do início do século, como a antroposofia. Esses reconheceram no Graal o motivo simbólico do processo iniciático e, por isso, usaram-no, dentre outras coisas, como um guia para aquele que busca o aperfeiçoamento psíquico e a transformação espiritual.

O significado etimológico da palavra Graal é vaso. O Graal é considerado simbolicamente o recipiente, o vaso que guarda o conhecimento e, como tal, ele contém a revelação da verdade, da perfeição. O Graal é a expressão do arquétipo do "vaso sagrado" presente em muitas culturas e tradições espirituais. Na tradição egípcia, o vaso sagrado era um objeto santificado que pertencia à deusa Néftis. Esta deusa era a guardiã do conhecimento oculto e a reveladora do conhecimento escondido, simbolizado pelo vaso. O vaso ainda aparece representado na cabeça do deus boi Apis, como um vaso que produzia um fogo espiritual. Segundo as narrações de Apuleio em *O Asno de Ouro*, a deusa Ísis segura um vaso de ouro em forma de gôndola.

No mito grego o vaso é representado como um recipiente sagrado, pois contém o elixir da vida. É ainda descrito como um reservatório do alimento espiritual essencial, da vitalidade e da imortalidade. Segundo as narrações do poeta Ovídio, a ambrosia, o alimento dos deuses, está contida em um vaso guardado por Ganimedes.

Os alquimistas se referem freqüentemente ao *vas hermetis*, o vaso hermético ou alquímico, que contém o elixir da vida e no interior do qual se dão as transformações. Michael Maier atribui à alquimista Maria, a Judia, a afirmação de que todo o segredo alquímico consiste no conhecimento do vaso hermético, que é divino e escondido dos homens infiéis pela sabedoria do Senhor. Zósimo de Panópolis, um famoso alquimista e gnóstico do século III, teve uma visão na qual vê um sacerdote diante de um altar sob a forma de uma taça ou vaso em cima do qual aparece um espírito ígneo.

As visões de Zósimo foram analisadas por Jung no livro *Estudos Alquímicos*. Segundo Jung: "O que chama a atenção, antes de mais nada, é o altar em forma de taça. Há uma relação evidente entre ele e o *kratér* de Poimandres. Foi o demiurgo que enviou o *kratér* (o vaso) à terra, cheio de *Nous* (Espírito), a fim de que aqueles que buscassem uma consciência mais elevada pudessem nele batizar-se"[3].

O vaso hermético é o recipiente que contém o processo de transmutação que leva à aquisição da Pedra Filosofal, ao alcance da Unidade, do Centro. O alquimista Johann D. Mylius, na sua obra *Philosophia Reformata*, diz que o vaso é a raiz e o princípio da própria Arte. O tratado *Aurora Consurgens* diz que o *vas naturale* (recipiente natural) é a própria matriz onde o filho do filósofo é gerado.

O alquimista Dorneo chama o vaso de *vas pellicanicum*, do qual é extraída a quinta essência da matéria-prima. É o símbolo da Pedra Filosofal, que pode multiplicar-se tirando dela mesma a sua força. O pelicano, pelo fato de alimentar os filhos com o sangue do próprio peito, é também associado ao Cristo que derramou sangue para salvar o homem.

Na alquimia medieval, o Graal tornou-se o símbolo do conhecimento espiritual e do vaso hermético, recipiente que contém a sabedoria sagrada e no interior do qual se opera a transformação alquímica.

Na Cabala, o vaso tem o significado do recipiente que contém o tesouro. As *Sefirót* são comparadas a vasos que guardam as luzes do conhecimento divino. A *Schekhiná* também é vista como um belo vaso.

---

3. C. G. Jung, *Estudos Alquímicos*, Petrópolis: Vozes, 2003, p. 75.

O SANTO GRAAL: A JORNADA PARA A PERFEIÇÃO   159

Antigas lendas celtas, anteriores ao cristianismo, referem-se a uma tradição ancestral que fala da existência de uma taça que contém a água da "ressurreição", que inspira os poetas, confere a sabedoria e opera todo o tipo de cura e de milagres. Nessas lendas, há referências que dizem ser o Graal a taça milagrosa alimentadora dos cavaleiros de Avalon.

O Graal é também apresentado sob outras formas simbólicas; como um objeto imaterial, com características indefinidas e enigmáticas, possuidor de movimento próprio. Também pode ser mostrado como uma pedra, uma pedra celeste ou de luz, ou como uma taça talhada numa pedra preciosa. Ao Graal são atribuídas as mais diversas qualidades espirituais a de possuir e ser o transmissor de uma luz sobrenatural, a de doador de vida, de alimento espiritual e de conhecimento, de curar feridas incuráveis, de transmitir força de vitória e de domínio, de possuir qualidade numinosa poderosa etc.

No *Parzifal* de Wolfran von Eschenbach, o Graal é a esmeralda caída da coroa de Lúcifer, por ocasião de sua queda, e trazida do céu pelos anjos que ficaram neutros no episódio de Lúcifer. Segundo a versão de Von Eschenbach, os anjos puros, que não seguiram Lúcifer, recolheram a pedra e a depositaram sobre a terra, confiando sua guarda aos homens puros, àqueles de bom coração. Assim, o Graal foi guardado no Monte da Salvação e conservou as suas virtudes. Já na interpretação de Albrecht von Scharfenberg, o Graal é a pedra caída da fronte de Lúcifer e recolhida por Titurel, o fundador da dinastia do Graal.

A relação da pedra com o conhecimento, a cura e a imortalidade, é um motivo simbólico que aparece, freqüentemente, nos mitos e na alquimia. Zeus é curado do seu mal de amor na pedra de Leucádia. A loucura de Orestes é sanada por meio da pedra da Lacônia. A pedra verde reforça o simbolismo de portadora do princípio vivificante e curador. Na alquimia, a pedra é a lápis, a tintura, o antídoto que transforma o vil metal em ouro e o cascalho sem valor em pedra preciosa. E o Cristo, na alquimia, foi relacionado com a pedra, que tudo cura e salva.

Deste modo, como muito outros temas importantes da tradição celta, a lenda do Graal sofreu um processo crescente de assimilação pelo cristianismo. Depois da sua cristianização, o Graal passa a ser visto como o cálice sagrado usado por Jesus na Última Ceia e erguido diante de seus discípulos quando ele proferiu estas palavras: "Este é o meu Sangue da Nova Aliança". Esse gesto e palavras pontuam o significado da aliança estabelecida entre Deus e os homens através do Cristo.

Porém, como mostra Julius Evola, mesmo na sua forma cristianizada, o Graal não é mencionado nos textos do cristianismo. "Se em alguns textos o cálice se identifica com o da Última Ceia, em nenhuma tradição cristã se encontram traços de uma tal associação"[4].

___

4. Julius Evola, *O Mistério do Graal*, Lisboa: Vega, 1978, p. 91-92.

OS SÍMBOLOS DO CENTRO

Embora a Igreja Católica Romana não tenha assumido essa identificação, o imaginário popular aceitou a relação do Cristo com o Graal e esse se transformou num símbolo poderoso que uniu a tradição celta à tradição cristã. O Graal passou a representar a afinidade e identificação do homem com Cristo e a busca da harmonia espiritual que permite a ligação com Deus. Como já dissemos, o Graal simboliza a aliança estabelecida entre Deus e os homens através do Cristo.

A versão celta-cristianizada conta que depois da última ceia o Graal foi passado de mão em mão, até que foi guardado por José de Arimatéia, o tio de Jesus. Foi essa taça preservada por José de Arimatéia que recebeu o sangue e a água que escorreram das feridas de Cristo, quando ele foi transpassado pelas lanças dos soldados romanos. Mais tarde, José de Arimatéia teve um sonho, no qual recebeu a visita de um anjo que o encarregou de cuidar do Santo Graal e de levá-lo a um local onde plantaria o seu cajado na terra e dele brotariam flores. A ocorrência de tal fato assinalaria que esse era o lugar indicado para abrigar o Santo Graal.

Segundo outra lenda de origem cristã, o Graal foi carregado em três távolas; uma redonda, uma quadrada e uma triangular. A távola retangular é a mesa onde Jesus realizou a Santa Ceia junto com seus discípulos. Ela está relacionada com as proporções do Templo de Salomão. A távola quadrada foi construída por José de Arimatéia e tem relação com a base quadrada das pirâmides e dos templos. A távola redonda foi a que Jesus recomendou que fosse construída para levar o Graal. Essa terceira távola também está ligada à távola redonda do rei Arthur, em volta da qual se reuniram os cavaleiros que partiriam em busca do Santo Graal.

Essas távolas referem-se a um simbolismo geométrico sagrado e à inter-relação desses símbolos com o Graal. A távola redonda simboliza o círculo como representação do Centro, da dimensão atemporal de eternidade. A távola quadrada faz referência à realidade humana temporal. As távolas redonda e quadrada unidas entre si, representam a quadratura do círculo, a conjunção da terra com o céu, do mundo humano com o mundo divino. A távola retangular refere-se à união do homem com o Cristo, a aliança que este estabeleceu para ajudar o homem em seu percurso.

Juntas as três távolas representam a união entre o lado racional, o lado intuitivo e o lado emocional que devem estar reunidos na busca do Santo Graal. Estas távolas têm a mesma função simbólica que o Graal, a de religar o homem com as forças divinas do universo e fazer a conjunção entre as energias do céu, da terra e do homem.

José de Arimatéia, seguido por Maria e José e por alguns discípulos, levando o Graal às três távolas, viajou desde a Palestina até a região mística de Avalon, que segundo seus autores, está localizada na cidade de Glastonbury, na Grã-Bretanha. Neste lugar, plantou o seu cajado e pediu à Virgem Maria que consagrasse o local. Foi então

O SANTO GRAAL: A JORNADA PARA A PERFEIÇÃO   161

construída uma igreja para abrigar o Santo Graal. Este ficava sobre o altar e era objeto de adoração. A lenda diz que essa foi a primeira igreja cristã do Ocidente.

Mas o Rei Pescador, temendo que o Graal fosse roubado, levou o tesouro precioso e o escondeu numa câmara subterrânea dentro de uma montanha. O cálice era vigiado noite e dia por três donzelas e só aparecia em público por ocasião de uma festa importante. Nessa ocasião ele podia passar de mão em mão. Dizia-se que aquele que bebia no Cálice, nunca mais sentia sede, pois era despertada a Fonte da Água Viva dentro de si.

Porém os tempos se tornaram difíceis e o Rei Pescador, temendo o desaparecimento do Cálice escondeu-o em um manancial que se encontrava ao pé da montanha. As águas desse manancial brotavam de um poço sagrado dos druidas. Suas águas, contendo uma grande quantidade de ferro, são vermelhas, mantêm-se quentes e fluem como o sangue. Devido a essas circunstâncias esse manancial se chama o Poço do Sangue, ou o Poço do Cálice.

Depois disso, conta a lenda que o destino do Cálice permaneceu ignorado e só se fazia notar por seus efeitos sobre algumas pessoas. Foram então construídas muitas hipóteses quanto ao seu paradeiro, nas quais se misturam a história e o mito.

Ainda segundo a lenda, José de Arimatéia terminou seus dias em Glastonbury. "José de Arimatéia, o discípulo secreto de Cristo, teria, portanto, sido enterrado perto do sítio que ia dar origem, no século XIII, à famosa abadia de Glastonbury, graças à vontade do rei Henrique II e à sua esposa, a rainha Leonor d'Aquitânia"[5]. Glastonbury foi, de fato, um dos principais centros de difusão do cristianismo.

O desaparecimento do Graal contém o significado simbólico da perda do objeto precioso, do conhecimento essencial, da visão da unidade que faz a ligação do homem com o Centro primordial, com Deus. Com a perda da visão do Self, o homem perde a unidade, se separa da origem do Ser, rompe o elo de ligação com a divindade. Sentindo-se incompleto, separado de sua fonte de alimento espiritual, do Graal, o homem adoece. Na versão de Chrétien de Troyes, o rei Pescador adoeceu gravemente e ansiava pelo Graal, quando o herói Percival aparece.

No entanto, o Graal não está perdido, ele está somente oculto aos olhos profanos, isto é, não pode ser visto através da percepção do ego. Cabe aquele que deseja se curar, buscar recuperar a visão da alma e do Self, da unidade, pois ela se encontra como potencial no interior de cada um. O Graal escondido guarda o conteúdo espiritual, o conhecimento essencial, o remédio que cura a visão de dualidade, de separação, para que se realize a união entre os homens e Deus.

5. Patrick Riviére, *Sur les sentiers du Graal*, Paris: Robert Lafond, 1984, p. 90.

Para Jung, o Graal estava ligado ao simbolismo do Centro e representava a busca da individuação, a religação com o Self, o alcance da plenitude interior que é um dos grandes anseios humano. Em *Psicologia e Alquimia* e em *Mysterium Coniunctionis*, Jung mostrou que a alquimia medieval assimilou o símbolo do Graal e o incorporou ao seu rico imaginário e aos seus conceitos simbólicos sobre o processo de transformação psíquica e espiritual.

Emma Jung, a esposa de Jung, escreveu, em parceria com Marie Louise von Franz, um livro sobre o Graal, onde analisa os símbolos contidos na lenda, de acordo com os conceitos da psicologia analítica. Segundo Emma: "O recipiente que contém o sangue de Cristo representa o surgimento de um símbolo totalmente novo – é o motivo principal da história, o motivo do Graal. Ele contém o que permaneceu vivo, a substâncias da alma do Cristo, isto é, o elemento a partir do qual a sobrevivência mística do seu Ser é possível"[6].

Emma Jung vê o Graal como um símbolo do Self, da alma do Cristo que permaneceu viva, que possui propriedades miraculosas, mas que é difícil de ser alcançado pelo homem profano. Encontrar o Graal é encontrar a imagem do Cristo, do Self, inscrita internamente no coração, na alma de cada um, representando o princípio da Água Viva, do renascimento espiritual.

Segundo Julius Evola, o Graal representa o elemento transcendente ao qual os cavaleiros do rei Artur aspiravam para a realização da sua completude, da Totalidade[7]. As histórias do Graal e do rei Artur se entrelaçam e seus cavaleiros entregam-se à procura do Graal, para devolver ao seu reino o antigo esplendor. A lenda sobre o rei Artur afirma que o Graal estaria guardado no seu castelo giratório, também identificado como um Centro hiperbóreo, que, ainda segundo Evola, faz alusão à Terra Polar, que gira em torno do seu eixo e arrasta o mundo no seu movimento de rotação[8].

Como representação simbólica do bem precioso que se perdeu e que deve ser reencontrado, o Graal muitas vezes está relacionado a outros símbolos do Centro, como o Paraíso Terrestre, representante do estado de perfeição, da consciência de unidade. No *Contes de Graal* de Chrétien de Troyes, também chamado de *Romanz de Perceval*, o castelo do Graal tem o mesmo nome do paraíso bíblico, o Éden. Wolfram von Eschenbach fala do Graal como um objeto tão maravilhoso que não existe nada igual no Paraíso.

O tema da busca do Graal se refere ao processo de transformação da consciência que leva ao retorno do estado primordial de integridade paradisíaca, ao estado de unidade, de identidade com o Self. A

6. E. Jung; M. L. von Franz, op. cit., p. 94.
7. J. Evola, op. cit., p. 53.
8. Idem, p. 56.

O SANTO GRAAL: A JORNADA PARA A PERFEIÇÃO   163

procura do Santo Graal tem o significado de reencontro com um estado que foi perdido, mas que pode ser recuperado através da dedicação fiel a esse propósito.

Mas essa meta exige daquele que a empreende o empenho na transformação profunda da personalidade, na mudança dos objetivos de vida, além da crescente interiorização e dedicação à vida espiritual. O significado dessa meta é a transformação da consciência egóica para o alcance da consciência Unificada, para o encontro com o Centro, com o Graal, com o Cálice da verdade espiritual.

Somente a alteração da percepção do ego e o abandono das suas demandas externas pode levar ao caminho de volta ao Centro, ao Graal. Não se pode alcançar o Centro, a unidade da consciência, se a visão profana de separação, característica do ego, não ser transformada em visão sagrada da unidade, do Self.

O Graal, como símbolo do Centro sagrado, contém em si mesmo o significado da ressurreição, da salvação e da iluminação. A sua busca pode ser empreendida por todo aquele que se compromete com esse caminho, que se sente motivado a realizar a transformação da consciência profana em consciência de Self. A busca do Graal simboliza o impulso para a individuação, para a progressiva transformação interna que leva à realização do ser crístico de cada um. Cristo diversas vezes declarou ser ele a porta para a vida real.

Por conter um forte simbolismo iniciático, que exige a fidelidade ao processo de transformação interior, a procura do Graal, na lenda, é sempre realizada pelo herói. O herói é o indivíduo que, por suas qualidades intrínsecas de desenvolvimento, de diferenciação da consciência, sente-se impulsionado e disposto a enfrentar todas as provas na vida, porque tem em vista um propósito maior, a busca do seu desenvolvimento, da sua perfeição.

O cálice do Graal é o símbolo do coração do Cristo que contém o sangue, o princípio vivificante do conhecimento da realidade espiritual, da vida eterna, da imortalidade. Sendo assim, ele se mostra como o símbolo vivo do alimento espiritual, da "Água Viva" que restabelece a aliança feita pelo Cristo com a humanidade. O Graal contém o elemento vital, o fogo espiritual, capaz de operar a transformação da consciência egóica em consciência de unidade, levando o homem de volta para casa, para o Centro, para a religação com o Self.

13. O Sol: o Símbolo Luminoso do Centro

Desde os tempos primordiais o sol é considerado a representação do Centro original do deus criador, de onde emerge a luz espiritual e a energia que vitaliza todas as coisas. Nas cosmologias antigas, o sol foi concebido como a representação visível do fogo e do amor divino criador. Na iconografia das religiões mais antigas, a imagem do sol representado por uma roda significava o Centro primordial criativo e os seus raios, a expansão da energia solar no mundo, assim como a sua capacidade de regeneração e de renovação. Estudos da arte megalítica revelaram que já existia neste período um culto ao sol, em que ele aparecia representado como uma roda de oito raios.

Como um símbolo do Centro inicial da vida, o sol é concebido, muitas vezes, como um ponto no meio do círculo, assinalando a primeira manifestação do princípio criativo divino, o Self, em sua expressão fenomenal no mundo físico. O ponto no meio do círculo é considerado o menor e mais sintético símbolo do sol que se conhece.

O ponto é semelhante à *scintilla*, à faísca, o ponto de luz que tudo cria. Segundo a alquimia, a *scintilla* é o centro terrestre em estado ígneo, onde os quatro elementos, em movimento incessante, projetam sua semente. Todas as coisas têm sua origem nessa fonte, e nada no mundo nasce a não ser dessa fonte.

De acordo com o tratado alquímico *Turba Philosophorum*, na gema do ovo se encontra o *punctum solis* (ponto do sol), que se transformará em pintinho. E no tratado *Novum Lumen*, o sol é o espírito

OS SÍMBOLOS DO CENTRO

e o fogo, a vida da substância arcana. Conforme a concepção cabalística da criação, o sol, o princípio da Unidade, jorrou para o espaço os dez números primordiais, as *sefirót*, formando, assim, a medida de criação de todas as coisas.

É, como a representação da Inteligência Suprema, da mais alta Consciência, que o sol é muitas vezes relacionado ao olho de Deus. Representado como um único olho sem pálpebra, o sol é concebido como o olho do mundo, o olho divino que tudo vê, como o símbolo da essência e do conhecimento divino.

No Egito, Rá, o deus sol, era dotado de um único olho incandescente e representado como uma serpente erguida de olho dilatado. Na Índia o sol é o olho de Agni. Na Mesopotâmia o deus-sol é Shamash, na Pérsia, Ahura-Mazda. No Irã, o sol é representado pelo deus Mitra. Mitra era considerado o deus da luz e o distribuidor da energia vital, o sol Invicto.

Nos antigos mistérios mitraicos, Mitra era ainda conhecido como o deus do Tempo Infinito, era o divino que se manifestava através da luz e se encontrava ligado à origem do universo.Tinha a função de salvador, mediador e conservador da humanidade e, muitas vezes, era relacionado ao Cristo.

Na Grécia é o olho de Zeus. No Islã, é o olho de Alá. Considerado, portanto, como a inteligência cósmica do universo, era natural, para o homem antigo, ver no sol o poder de ajudar o homem a alcançar níveis de consciência mais altos.

A assimilação do sol ao coração é bastante comum em muitas tradições, indicando a relação do Self com o homem e desse com a Totalidade. O sol está no centro do céu, como no centro do ser. "O mundo e o homem são uno e o coração do homem e o Coração do Mundo são um só Coração"[1]. Plutarco afirmava que o sol, tendo a força de um coração, espalha e emite de si o calor e a luz, como se fosse o sangue e o sopro.

Na maior parte das tradições espirituais, tanto do Oriente quanto do Ocidente, o sol foi universalmente concebido como um ser supremo, propiciador da vida, da luz, do conhecimento, da manutenção e da renovação de todas as coisas. E cada cultura representava e nomeava o sol como um deus particular e local. Entre os nahuas e os astecas havia um ritual de renascimento realizado a cada 52 anos, quando, então, se apagavam todos os fogos, limpavam tudo que era velho e esperavam o nascimento do novo sol. Segundo essa crença, o homem alcançaria a felicidade definitiva quando chegasse à casa do sol, onde se tornaria imortal.

---

1. René Guénon, *Os Símbolos da Ciência Sagrada*, São Paulo: Pensamento, 1984, p. 369.

O SOL: O SÍMBOLO LUMINOSO DO CENTRO   167

O SOL NA ANTIGUIDADE

Na Índia dos Vedas

Segundo o Proto-Ioga védico, o sol é a manifestação visível da luz espiritual, da luz transcendente que ilumina o mundo interior. Na Índia dos *Vedas*, o sol é representado na forma do deus Surya, o olho de Varuna, aquele que vê ao longe, e por isso chamado de Olho do Mundo ou Coração do Mundo. O *Rig Veda* dedica dez hinos ao deus sol gerador Surya, o dispensador da luz, tanto física quanto espiritual. Ele é representado como um deus, no seu carro dourado, puxado por cavalos, no templo de Konarak. Tudo que existe emana de Surya, o deus dos deuses. Ele é origem da luz, do calor e do conhecimento.

De acordo com a filosofia Védica, o sol não é apenas um corpo físico que produz luz, ele é Savitri, a energia, o poder cósmico e espiritual, a Suprema Consciência, subjacente ao sistema solar, o supremo Centro. A palavra Savitri significa, de forma geral, o sol, mas, de acordo com os *Vedas*, o sol físico é apenas uma aparência externa de uma realidade gloriosa que permeia e energiza todo o sistema solar. A Luz maior Savitri é, em essência, a mesma realidade que está oculta no coração de todo ser humano. A Luz Espiritual oculta dentro do sol é a luz divina, ela brilha no coração de todo o ser humano sob a forma de consciência.

Conhecer diretamente essa realidade em seu próprio coração é o objetivo de todo *sadhaka* (iniciado) e o único meio de destruir as limitações da vida e da consciência profana. O iniciado em sua meditação deve concentrar a mente na Luz da Consciência Divina oculta em seu coração. Quando descobre essa realidade dentro de si, o *sadhaka* pode invocar a realidade oculta por trás do sol e pedir o seu auxílio para tornar mais fácil a sua tarefa de auto-realização.

O mantra considerado o mais sagrado dos *Vedas*, o *Gayatri*, se dirige a Savitri e é recitado pelos brâmanes ortodoxos todos os dias ao nascer e ao pôr do sol.

"Meditemos sobre a Luz Divina do adorável sol da Consciência espiritual que estimula o nosso poder de percepção espiritual"[2].

Gayatri quer dizer tanto o próprio mantra quanto o poder de Savitri associado ao mantra. Quando o mantra é recitado, esse poder é invocado e sua ação liberta o praticante da prisão de Maia, do poder da ilusão. Assim, gradativamente, a consciência se desenvolve através do processo de auto-realização.

A auto-realização é vista como uma elevação progressiva da percepção, até o alcance da Consciência do Logos Solar. A recitação do

---

2. "Tat savitur varenyan/ bhargo devasya dhi mahi/ dhiyo yo nah prachodayat". I. K. Taimni, *Gaytri, The Daily Religious Practice of the Hindus*, Adyar: Ananda Publishing House, 1983, p. 58-59.

168   OS SÍMBOLOS DO CENTRO

Gayatri pelo poder da vibração produz formas sublimes, é de essencial importância para a manifestação superior da consciência, em seus níveis mais altos de desenvolvimento, desde o intelectual, intuitivo, até o nível da consciência unificada.

A *japa* (recitação meditativa) do G*ayatri,* constituía, assim, uma parte fundamental da *sandhya* (caminho iniciático, prática espiritual), por isso era recomendado o seu exercício diário. O G*ayatri* está registrado nos quatro *Vedas* e no Tantra, e comentado em muitas outras obras em sânscrito. Este fato mostra a importância que os sábios hindus (*rishis*) atribuíam a esse mantra. Quando usado corretamente, confere-se ao mantra amplos poderes, como a purificação da mente de seu obscurecimento, o desenvolvimento das faculdades espirituais e a iluminação. A prática diária do *Gayatri* provoca a destruição das impurezas e, assim, pode surgir a iluminação espiritual que se manifesta na percepção da Realidade Última.

Segundo a filosofia dos *rishis*, todo o universo cognoscível era a expressão de uma realidade transcendente, que está muito além dos sentidos e do alcance do intelecto. Essa realidade é representada pelo sol e traduzida como Deus, manifestando-se como o universo estendido em todas as direções e por diferentes planos, pelas almas individuais consideradas como centros ativos da realidade transcendente. "A temática relacionada com o *Gayatri* tem um significado muito profundo, pois diz respeito à relação entre o homem, o universo e a Realidade que subjaz a ambos"[3].

O Sol no Egito Antigo

No Ocidente, o culto solar remonta, principalmente, aos mistérios do antigo Egito. O sol, além de ser a fonte de vida, de calor e de luz, era, acima de tudo, a luz e o fogo espiritual.

A adoração ao deus sol perdurou por várias dinastias no Egito antigo, sendo representado por vários deuses, dependendo do período. Entre eles podemos destacar o deus Rá, o deus Osíris e Aton. O culto ao deus-sol Rá surgiu na quinta dinastia em Heliópolis. Rê ou Rá era considerado um deus primordial que criou a si mesmo. No começo dos tempos, conta o mito, ele elevou-se das águas primordiais e passou a reinar no céu como o sol. Outra versão conta que ele foi gerado pela deusa Hator ou pela deusa Nut. Nut dá a luz ao sol ao amanhecer e o devora ao anoitecer. Durante o dia, Rá navegava com sua barca pelo céu acompanhado de seus fiéis. À noite ele viajava pelo mundo subterrâneo.

Durante o Médio e o Novo Império o deus-sol Rá foi identificado com Osíris. Rá era o aspecto transcendente e Osíris o aspecto imanente.

3. Idem, p. 20.

O SOL: O SÍMBOLO LUMINOSO DO CENTRO 169

Na tumba do faraó Ramsés II, os dois deuses são representados como um só deus, cada um sendo o complementar do outro. Os iniciados nos mistérios de Osíris buscavam o sol espiritual, que também era identificado com o próprio deus Osíris.

No *Livro dos Mortos do Antigo Egito*, encontramos o "Hino aos Deuses", que glorifica o sol em suas múltiplas formas e a Osíris:

Deus vivo Senhor do amor! A nação inteira vive quando brilha e surge feito rei dos deuses! Nut asperge a tua face. Maat abraça-te a cada estação, tua comitiva se regozija por causa de ti e se lança ao chão quando passas. Senhor dos céus, senhor da terra, rei da verdade, senhor da eternidade, que criastes os céus e neles te estabelecestes![4]

O papiro de *Nekht*, que está no Museu Britânico, saúda ao deus-sol Rá:

Rá singra sobre a brisa suave... Sul e norte velam-te, leste e oeste adoram-te, ó primogênito da terra, que passaste a existir por ti mesmo! Ísis e Néftis te saúdam e te coroam neste barco, como seus braços por trás de ti a te protegerem. As almas do leste seguem atrás de ti, as almas do oeste rejubilam ante a tua presença, governas todos os deuses, recebes o coração cada vez maior no interior do teu santuário[5].

A partir da XII dinastia, há um processo de unificação dos deuses egípcios em um só deus representado por Amon-Rá, o deus-sol supremo. Uma forma combinada do deus celeste primordial Amon, de Tebas e do deus Rá, de Heliópolis.

O culto ao deus-Sol Aton se desenvolveu a partir do antigo culto ao deus-sol de Heliópolis, Rá. No hino a Aton, o sol é chamado de Aton e glorificado como o criador do universo, como o deus universal que cria e sustenta todas as coisas. O deus-sol Aton concebe o universo e habita o coração dos homens, sendo identificado a Rá, como aparece no hino a Aton atribuído a Amenófis IV, faraó que reinou com o nome de Akhenaton.

És de formosa aparência no horizonte do céu,
Ó Aton vivo, tu que fostes o primeiro a viver.
Quando te levantas no horizonte oriental,
Preenches todos os reinos com tua beleza.
És formoso, grande, deslumbrante, levado sobre toda a terra;
Teus raios rodeiam a terra até o último limite de tudo que já criastes.
És Rá, e alcança até aquele limite
E tudo sujeitas (a) teu bem amado filho[6].

O curso do sol representava, para os egípcios, o modelo da ordem e da lei cósmica. O sol, fiel ao seu curso, é a garantia da regularidade

4. Alan W. Shorter. *Os Deuses Egípcios*, São Paulo: Cultrix, 1984, p. 60.
5. Idem, p. 60.
6. Mircea Eliade, *O Conhecimento Sagrado de Todas as Eras*, São Paulo: Mercuryo, 1995, p. 31.

da natureza. A viagem celeste do sol era ainda vista como o modelo simbólico do destino do homem: nascimento, morte e renascimento. O sol imortal nasce toda manhã e se põe todas as noites no reino dos mortos. A evolução da alma deveria passar por este processo inúmeras vezes até a sua completa ascensão. Por ser o viajante que entra e sai renascido do reino dos mortos, o sol era considerado o guia seguro para a entrada e a saída deste reino.

O sol é, na cosmologia egípcia, o modelo mítico do deus que morre e renasce toda as manhãs, que realiza a sua iniciação, enfrentando as forças obscuras e saindo vitorioso espiritualmente. Durante o seu percurso, através dos céus e do mundo subterrâneo, o deus solar tem que enfrentar o seu eterno inimigo Apophis, a serpente, as forças involutivas e obscuras. A viagem do morto ao submundo é comparada com o percurso do barco do sol abaixo da linha do horizonte.

Os egípcios possuíam um hino ao sol que deveria ser recitado todos os dias, para que o homem pudesse se conscientizar de sua origem divina como o filho do sol. Este hino deveria ser recitado pelo adepto ao ar livre, voltado para leste, ao nascer do sol, e olhando para o oeste, quando o sol se punha.

Na maior parte dos templos do Egito havia uma festa todo ano, na qual era vivida a união com o sol. Esta festa era um rito de regeneração, pois a divindade solar impregnava, com seus raios, a sua estátua terrestre. Neste ritual, a estátua do deus era levada em procissão até um local alto, onde era exposta aos raios solares para ser impregnada com a fonte de energia divina do cosmo. A união com a energia divina tinha o significado de assegurar a ordem universal.

O Sol na Grécia Antiga

Na Grécia Antiga, o sol era representado por Hélios, um deus considerado de grande beleza, cuja cabeça era cercada de raios como se fosse uma cabeleira de ouro. Conta o mito que ele percorria o cosmo em seu carro de fogo, ou numa taça gigantesca de incrível velocidade. Toda manhã derramava a sua luz sobre o mundo e à tardinha, como o sol poente, descansava no seu palácio de ouro. Era considerado o olho do mundo e como tal tinha o poder de curar a cegueira.

O deus solar por excelência, que suplantou o culto a Hélios, era Apolo. Considerado um deus iniciador, cuja flecha era vista como um raio de sol, Apolo nasceu na ilha de Delos, que significava a luminosa, a brilhante, em referência ao deus solar.

Nos mistérios dionisíacos, o sol invocado para brilhar nas almas do iniciados não era o sol físico, mas sim o sol dos iniciados, a luz pura do sol de Dioniso. Afirmava-se que esta centelha pura de luz brilhava no coração de todo os homens.

O SOL: O SÍMBOLO LUMINOSO DO CENTRO

O filósofo grego Pitágoras partilhava dessa crença, comum aos iniciados dos mistérios de Dioniso. No seu hino ao sol, ele mostra muitas das concepções presentes nas tradições iniciáticas:

> Ó sol que dissolves as trevas da ignorância
> Tu que unificas com teus raios todas as criaturas
> No céu e sob o céu
> Tu que distribuis calor a todos os homens
> Sem te importares com a casta
> Mas premiando as inteligências
> Tu, ó sol, alarga a minha mente e permite-me
> Compreender a unidade do criado
> Do Ser unificante
> Do homem para além da aparência.

Na antiguidade era crença comum que, por trás da luz e fogo solar físico e visível, havia uma outra luz e outro fogo espiritual e imaterial. O filósofo Empédocles afirmava a existência de dois sóis. O sol espiritual e o sol físico. O fogo solar espiritual representava o princípio masculino criador e gerador, o Logos do universo. E a luz solar espiritual representava o princípio feminino, a alma formadora do universo.

O SOL NA IDADE MÉDIA

Na Idade Média, foi ainda conservada a concepção espiritual do sol. Mas, com o advento da ciência, o sol passa a ser também visto, do ponto de vista científico, como o centro do sistema solar e a fonte de todos os movimentos planetários.

Johannes Kepler era cientista mas, sendo um homem religioso, concebia o sol como o trono de Deus, o centro do poder divino. No universo de Kepler, o sol tinha três papéis complementares: o centro matemático das órbitas planetárias; o centro físico, garantindo a continuidade dos movimentos orbitais; e o centro metafísico, o templo da divindade.

No Renascimento, com a tradução de Marsílio Ficino (1433-1499) dos catorze tratados gnósticos-neoplatônicos compostos nos primeiros tempos do cristianismo, que constituíam o *Corpus Hermeticum*, houve um grande interesse e curiosidade espiritual pelo sol. Segundo Ficino, o sol era o representante de Deus, numa progressão descendente: Deus, a luz divina, a revelação espiritual até o calor físico. O alquimista Robert Fludd, em seu livro *Philosophia Sacra* (1626), numa ilustração mostra como Deus, no início da criação, coloca o seu tabernáculo no sol e, através dele, anima e ilumina todo o cosmo.

Na alquimia, o sol é comparado, freqüentemente, com o coração espiritual interior que ilumina e aquece, sendo representado, assim, com raios retilíneos e ondulados. Segundo o alquimista Dorneo, existe

OS SÍMBOLOS DO CENTRO

no homem um *sol invisibilis*, que ele diz ser idêntico ao sol da terra. O sol invisível acende um fogo elementar para consumir a matéria e transformá-la em Espírito. O sol interior é o fogo espiritual que transforma e ilumina a matéria.

Em muitas tradições, o sol foi assimilado ao coração, como o fogo do Self que arde internamente, iluminando a alma, representando o fogo divino interno. Os alquimistas referiam-se, freqüentemente, ao sol interno, comparando-o com o coração e com o sal alquímico, o bálsamo natural. Robert Fludd, na sua obra *Philosophical Key* (Chave Filosófica) (1619), diz que no corpo humano o sol corresponde ao coração, de onde, a partir do centro, irradia os seus raios indispensáveis à vida.

Na alquimia, o sol também é visto como o Coração do Mundo. O alquimista Sendivogius, aluno do grande alquimista e médico Paracelso, referiu-se ao sol espiritual como o sol central, o coração do mundo. Paracelso denominava de fogo superior, brilhante fogo essencial, ao sol espiritual, o principal agente da Obra.

Seguindo esse simbolismo, o sol é, muitas vezes, relacionado com a rosa vermelha, a tintura solar, a pedra vermelha, a grande Obra, de onde se origina o precioso sangue de cor rosa, do Cristo como Lápis. Por influência da Cabala na alquimia, a imagem da rosa no coração representa ainda, a *Schekhiná*, a emanação da sabedoria divina no coração do homem, a luz solar que ilumina interiormente.

O sol interior que habita o coração corresponde, ainda, à imagem do leão vermelho alado, representante da matéria que passou por diversas operações, por várias transmutações, até haver se transformado em ouro, em Lápis. O sangue do leão vermelho é, segundo Basílio Valentim, o próprio sol, a Lápis. A Aurora, a "hora dourada", a *aurea hora* dos alquimistas, simbolizava o sol dourado, a iluminação, o fim da inconsciência, do apego egóico às coisas materiais e o alcance da unificação da consciência, da ascensão espiritual. A Aurora era, portanto, o símbolo de uma nova consciência espiritual nascente, da luz que surge e elimina a escuridão e a ignorância.

O livro alquímico *Aurora Consurgens* (Aurora Nascente), do final do século XIV, atribuído a Santo Tomás de Aquino, diz: "Por acaso a Sabedoria não clama pelas ruas, por acaso a prudência não eleva sua voz nos livros dos sábios lamentando-se: Humanos a vós os chamo, minha voz se dirige aos filhos da inteligência. Compreendam insensatos, prestem atenção aos dizeres dos sábios e aos seus enigmas"[7].

O autor define a Sabedoria como a Aurora:

Eis aqui a Sabedoria, Rainha do Meio Dia, a que se diz que veio do Oriente, como a Aurora em seu despertar, para escutar, para compreender a sabedoria de Salomão. Ela

7. Tomás de Aquino, *Aurora Consurgens*, Barcelona: Ediciones Índigo, 1997, p. 31.

O SOL: O SÍMBOLO LUMINOSO DO CENTRO   173

encerra poder, honra, virtude e autoridade. Brilha como uma coroa resplandecente com raios de doze estrelas, como uma esposa que se adorna para o seu esposo[8].

Em outra gravura do mesmo livro, *Sophia* é representada como a Aurora, e com o seu leite virginal, com a água mercurial, que alimenta os filósofos.

A Aurora que no auge do seu esplendor tinge o céu de vermelho representava o fim de toda a escuridão e a expulsão da noite, da ignorância, do tempo sombrio, com o qual o homem se confronta e se aventura para buscar a luz. Para os membros da Rosacruz, a Aurora era o símbolo de uma reforma espiritual, que se passava interiormente.

As teorias herméticas falam de um duplo sol e estabelecem a distinção entre o sol espiritual luminoso, o ouro filosófico, e o sol natural obscuro, que corresponde ao ouro material. Há referências na astrologia, na alquimia e também na mitologia de alguns povos, a um sol negro, que corresponde à consciência do homem vulgar, não transformado. Entre os astecas, o sol negro aparece representado sendo carregado nas costas pelo deus dos Infernos.

Para os alquimistas, o sol negro é a matéria-prima não trabalhada, ainda a caminho da evolução. Na alquimia árabe, a escuridão ou a sombra do sol representava as impurezas do ouro comum, que precisavam ser eliminadas. O sol negro é o sol poente em sua trajetória noturna no mundo das sombras, representando a fase inicial da matéria, imatura e nociva. O livro alquímico chamado *The Book of the Trinity* (O Livro da Trindade) atribuído a um alquimista de nome Almanus e redigido entre 1410-1419, diz que Adão, depois da queda, manchado pela falta, gera o homem que passa a se constituir do fogo do sol negro. Jacob Böehme comparou o homem à pedra tosca de Saturno.

O sol negro é o sol de Saturno, o sol exterior, cujo fogo devorador destrói e consome todas as coisas. Na alquimia, Saturno representava o domínio sobre a psique, as forças obscuras da limitação e da restrição, pertencentes à consciência do ego. A consciência egóica, antes de qualquer processo de transformação é obscura, saturnina e devoradora. Para os alquimistas, Saturno participava da qualidade terrestre do homem, possuía a força telúrica da qual era regente e determinava o peso dos corpos, que os filósofos denominavam de chumbo.

Saturno representava o chumbo, a matéria pesada e obscura, mas que contém o potencial para se transmutar em ouro filosófico, em luz interior da consciência. Ele encarnava a melancolia alquímica, o estado de alienação do ego afastado de sua fonte de luz, da sua origem

---

8. C. G. Jung, *Psicologia e Religião Oriental*. Petrópolis: Vozes, 1980, p. 93.

174 OS SÍMBOLOS DO CENTRO

divina, por isso mesmo dominado pela ansiedade e pelo desespero. Saturno é representado em trajes miseráveis, em um manto escuro, que esconde a criança dourada, o ouro alquímico, o sol espiritual. Em Saturno se concentra a putrefação, o nigredo (fase da alquimia), mas, também, a possibilidade de ressurreição, pois em todo estado de morte se encontra o potencial de vida.

A luz sempre simbolizou o conhecimento, a iluminação, o Self, e a escuridão, a ignorância, a ilusão que domina a consciência do ego. Para Jung, o sol era a representação da divindade, do Self, "O sol é a fonte de calor e da luz, o centro inegável de nosso mundo visível, por isso como dispensador da vida ele tem sido, por assim dizer, em todos os tempos, e em todos os lugares, ou a divindade em pessoa ou pelo menos uma de suas imagens. Até mesmo no universo das representações cristãs é uma alegoria muito difundida de Cristo"[9].

No seu livro *Psicologia e Religião Oriental*, Jung cita uma meditação da ioga que se utiliza da imagem do sol poente com a finalidade de provocar a compreensão e a imagem clara daquilo que o sol representa, a visão luminosa. "Este exercício começa com a concentração sobre o sol poente. A intensidade dos raios do sol poente na latitude sul é ainda tão forte que basta contemplá-lo por alguns instantes para que se produza uma imagem duradoura e intensa do sol na retina"[10].

9. Idem, p. 93.
10. Idem, p. 89.

14. As Danças Sagradas: a Comunicação com o Centro

Todas as culturas antigas possuíam as suas danças sagradas. O homem dançava porque através da dança ele restabelecia a comunicação com o Centro, com a energia do tempo primordial, na qual o mundo surgiu pleno de força. Dançar, no contexto sagrado, era vivenciar o momento cosmogônico, um meio de restaurar o contato com as potências primordiais da criação. Dançar era buscar a religação com o poder hierofânico, com a emergência do sagrado.

Os mitos cosmogônicos de diversas culturas descrevem a criação do mundo como tendo origem no som e na dança de um deus. A mitologia hindu conta que Shiva Nataraja, o deus da dança, criou o mundo dançando. A natureza e todas as criaturas vivas nasceram do movimento milagroso de sua dança.

Shiva simboliza o poder divino de criar, de manter, de destruir e de recriar toda a ordem cósmica. Dançando, o senhor da dança cria e mantém todo o universo e, dançando, Shiva destrói todas as formas pelo fogo. Este acontecimento primordial era representado na dança chamada *tandava* realizada dentro de um círculo de chamas, simbolizando a criação, a conservação e a destruição realizada pelo deus cósmico.

Para os hindus, dançar era imitar o gesto de Shiva, era se identificar com o deus e ajudá-lo a manter a ordem e a harmonia do universo. E sendo a dança a representação universal da atividade divina criadora, ordenadora e mantenedora, quando o homem dançava se sentia identificado e unido ao gesto do deus, participando da criação.

Segundo um outro mito hindu, a dança surgiu quando o deus Vishnu matou os demônios e sua esposa, Lakhsmi, observou os belos movimentos de seu esposo e os repetiu, criando, assim, a dança. Matar os demônios corresponde a uma ação cosmogônica, significa eliminar o caos e estabelecer a ordem, o cosmo.

Dançar, criar e ordenar têm o mesmo significado simbólico de estabelecimento da harmonia e corresponde à expressão da Beleza e do Bem do Espírito. A ordem, a beleza e o bem se equivalem, enquanto que a desordem, o mal e o feio têm a mesma relação.

De acordo com o *Rig Veda*, as Apsaras, ninfas celestiais, dançam e incitam o deus Indra a criar o universo. Criar é um predicado dos deuses e se realiza através da ação divina no mundo, através da dança. A dança é a expressão da ordenação cósmica que se expressa como beleza, como harmonia.

No mito grego, Nereu, o deus do mar, semelhante a Shiva, simboliza a energia criadora, mantenedora, destruidora e regeneradora. As ondas do mar, com seus movimentos constantes, representam a atividade divina eterna, a dança do Espírito que ordena e regula toda a criação, produzindo beleza e harmonia.

As filhas de Nereu, as nereidas, são descritas como belas mulheres que cantam e dançam em honra a seu pai. Elas personificam o fluir da energia vital do Espírito, através do feminino, o influxo do poder criador, o eterno movimento cósmico de manifestação e reabsorção. As nereidas dançam a dança da vida e a vida é, em si mesma, movimento que produz beleza e harmonia. Assim, como as ondas do mar, as nereidas criam, destroem e recriam permanentemente, expressando o eterno e constante dinamismo da existência, o poder divino do Pai de renovação e de fixação e estabilidade.

Nas culturas tradicionais, a dança sagrada tinha a importante função de restabelecer a conexão com as energias primordiais, esgotadas pela vida profana. Dessa forma, o homem era levado a se religar ao estado de harmonia, de reintegração com a Totalidade. O objetivo das danças sagradas era representar o deus e os seus atos e, através dessa imitação, dar ao homem a oportunidade de se identificar com o deus. Repetindo os gestos dos deuses, o indivíduo se abria para a emergência ou incorporação do deus dentro de si, para a identificação com a divindade. Platão dizia que a dança é um dom dos deuses e, por isso, deve ser consagrada aos deuses que a criaram.

No Tibet, certas danças praticadas nos mosteiros reproduzem o momento da criação e têm a finalidade de recompor o reino espiritual, estimular os seus participantes a vivenciarem a energia primordial que foi degradada. "Ao representar, através da dança, uma e outra vez o mistério da criação original, o dançarino, na qualidade de *médium*, de intérprete e centro do rito, põe-se em contato com o acontecimento

AS DANÇAS SAGRADAS: A COMUNICAÇÃO COM O CENTRO

primordial que, por sua vez, transforma a dança num ato de autocompreensão"[1].

Usada como um rito, como uma técnica de contato com as energias primordiais sagradas, como um meio de alcançar um estado elevado de consciência, a dança sempre fez parte da tradição iniciática hindu. A dança era considerada um *sadhana*, uma prática espiritual que ajudava o homem a se religar ao Centro, a Deus.

Na Índia há mais de duzentas formas de danças que promovem a união com Deus e muitas delas estão representadas nos entalhes dos templos hindus. Nesses templos havia bailarinos que realizavam a dança como um ofício sagrado, como uma forma de oração. Os adoradores de Krishna, da seita dos *vaisnavitas*, praticavam a dança e o canto como um meio de alcançar a união com Deus.

O homem sempre desejou entender os mistérios da criação do mundo e da sua própria vida, assim ele encontrou na dança um modo de representar simbolicamente esses mistérios e de se ver fazendo parte da criação divina. Através da dança o homem descobriu que podia ampliar o seu conhecimento sobre a vida, sobre si mesmo e sobre a realidade transcendente criadora de todas as coisas. Deste modo acreditava poder intensificar a sua relação com os deuses e a sua participação na criação.

A dança sagrada é a linguagem simbólica corporal que permite ao homem vivenciar o Centro e compreender o sentido profundo da criação e da organização do mundo. A dança circular sagrada é universalmente considerada um meio de entrar em contato com o Centro, com o Self.

Geralmente a dança sagrada é circular, representando o movimento intemporal em torno da Verdade e o desejo de retorno ao Centro. Dançar em círculo é se colocar em consonância com toda a criação, é buscar a comunicação com o Centro, com a origem do ser. Dançar é um ato voluntário de busca do Self, uma forma de manifestar a aspiração de retorno à origem, ao lugar de encontro da terra com o céu, da matéria com o Espírito. Por meio da dança circular, o homem podia sair do seu isolamento e buscar a harmonia existente em toda a criação, abrir-se para o transcendente, e encontrar o seu eixo, o estado de integridade, a alegria e a paz interior.

As danças sagradas sempre se dão em torno de um eixo ou ponto central, representando o Centro, marcando o local onde ocorreu pela primeira vez a manifestação da energia criadora primordial, da ordenação do mundo. O círculo que se forma em torno desse ponto central simboliza a manifestação da criação, da qual o homem faz parte. Quando o homem dança em círculo, ele adquire a consciência

---

1. Maria Gabriele Wosien, *Danças Sagradas*, Madri: Ediciones Del Prado, 1996, p. 13.

178 OS SÍMBOLOS DO CENTRO

sobre si mesmo, sobre o seu lugar na existência e a presença do Espírito.

Dançar em torno do Centro favorece a experiência corporal desse símbolo e desperta o desejo de união com o divino, de reencontro com a Totalidade. Girar em torno de um ponto é fazer um movimento de reconhecimento e de reintegração ao Centro, é realizar um rito de circum-ambulação, de homenagem a Deus, é permitir que o Self assuma a presença como Centro do seu ser.

Provavelmente as danças circulares sagradas tiveram originaram nos antigos ritos circum-ambulatórios de muitos povos ainda realizados hoje em dia. Os árabes ainda praticam a circum-ambulação em torno da Caaba, os budistas circulam em volta das Stupas e os judeus dão voltas em torno do Tabernáculo. Segundo o *Talmud*, os anjos cantavam e dançavam em torno do Trono de Deus. O Antigo Testamento descreve a dança de Davi ao redor da Arca da Aliança. Santo Agostinho apresenta a dança de Davi como "a misteriosa configuração da harmonia sacra de todos os sons e gestos".

No mito grego, as Musas, filhas de Zeus e de Mnemósina, nasceram com a finalidade de cantar e dançar o reino do pai, o reino de Zeus. "O mundo como manifestação da sabedoria de Zeus, da sabedoria do Self e do seu poder criativo, é presentificado através do canto e da dança das Musas. Elas cantam e dançam em honra de seu pai, revelando a sua obra criativa"[2].

Conta o mito que as Musas costumavam dançar em círculos em torno da fonte de Hipocrene, cujas águas dizia-se favorecer a intuição. Hesíodo, no seu *Hino às Musas (Teogonia, 5)*, canta:

Para começar, cantemos as Musas *heliconianas,* rainhas de Hélicon, a grande e divina montanha. Muitas vezes, em torno da fonte de águas sombrias e do altar do todo poderoso filho de Cronos, elas dançam com seus pés delicados. Muitas vezes também, depois de terem lavado seus ternos corpos na água do Permesso ou do Hipocrene ou do Olmeo divino. Elas formam, no cimo do Hélicon, belos e encantadores coros, onde giram seus passos[3].

As Musas dançavam em torno do Centro sagrado em homenagem a Zeus e a sua dança formava um círculo, fortalecendo o caráter mandálico da própria fonte, revelando a ordem criativa do cosmo e a manifestação do poder criador do Self. A fonte é a representação do Centro, da Totalidade e a dança das Musas ao seu redor mostrava a reverência e a gratidão das filhas à manifestação da potência criadora do pai. Ao dançar em torno do Centro, as Musas garantiam a permanência do fluxo criador, a harmonia e a plenitude que é encontrada na ligação ao Centro.

2. Raissa Cavalcanti, *O Mundo do Pai*, São Paulo: Cultrix, 1996, p. 155.
3. Hesíodo, *Théogonie*, tradução para o francês de Paul Mazon, Paris: Societé D'Édition Les Belles Lêtres, 1986, p. 29.

AS DANÇAS SAGRADAS: A COMUNICAÇÃO COM O CENTRO

A dança mostra a possibilidade da experiência do prazer ligado ao fluir da energia criativa, da alegria de viver, da emoção, que são os prazeres da alma. A alma representada pelas Musas, através da união do prazer dos sentidos com o prazer transcendente, cria a beleza que é a fonte de todo amor, satisfação e alegria.

Na história humana, são incontáveis as danças com a finalidade sagrada de busca de união com o Espírito. As mais diferentes culturas realizavam a dança como um meio de superação dos condicionamentos egóicos, para que fosse possível a saída de si mesmo, da consciência comum, para o contato com o Self, com o Centro. As danças dionisíacas, em homenagem ao deus Dioniso, tinham a finalidade de alcançar o êxtase e o entusiasmo, almejando a saída da consciência ordinária, cotidiana, para que o homem pudesse se tornar um *entheos*, cheio de Deus, uno com Deus.

Nas danças dedicadas a um deus, a pintura ritual sempre teve o caráter de preparar o corpo como o espaço sagrado para a entrada do deus, para a sua incorporação, como ainda hoje é praticado nos processos de iniciação do candomblé. O corpo era considerado o instrumento de manifestação do divino, o lugar de encontro do deus com o homem, onde acontece a identificação e a unificação. O uso das máscaras nessas danças, representando os deuses, significava que o homem abandonava a sua própria identidade e cedia o espaço de seu corpo para o deus. Assim, o indivíduo se transformava e a sua vida era consagrada ao serviço da divindade.

No Tibete, a máscara era usada também como um meio de conseguir a vitória das forças benéficas sobre as malévolas, como as danças do "bode expiatório", onde o mal representado pelos bailarinos mascarados é expulso. Em muitos mosteiros tibetanos, a dança é praticada como uma forma de estabelecer o contato com os espíritos da natureza. Os monges usam máscaras para representar os espíritos com os quais eles desejam se comunicar e recitam cantos e salmos. Há ocasiões em que a dança é usada como meio de narração e representação de fatos e acontecimentos sagrados, como a vida do Buda. Ela se dá, ainda, como uma forma de homenagear aos deuses, ou narrar um acontecimento mítico.

Para o homem das sociedades tribais, o animal também encarnava o espírito do antepassado totêmico. Desta forma, o animal não era somente o seu alimento, mas também o seu deus.

O antepassado era o portador de todas as forças da natureza e, como tal, também do espírito da fertilidade, da vitória, da morte e do nascimento. O homem admirava o animal como seu antepassado, possuidor de todas as qualidades de que ele próprio carecia. Admirava o vigor do urso, a velocidade das aves e sua capacidade para voar. Quanto mais o bailarino conseguisse se identificar com o deus, maior era o poder mágico do ritual[4].

4. M. G. Wosien, op. cit., p. 18.

180 OS SÍMBOLOS DO CENTRO

Muitas danças sagradas dos povos tribais que imitavam animais, entidades ou deuses tinham, ainda, a finalidade de adquirir a energia e a identidade daquele ser considerado sagrado, Por isso, os seus gestos são imitados e incorporados. Para dar mais clareza à identificação, os dançarinos usavam pinturas corporais, com a intenção de facilitar a assimilação das características físicas do animal ou do deus.

Nas mais diversas sociedades, a dança sagrada era exercitada com distintos objetivos, mas a finalidade principal era a religação ao Centro, à Luz. "A maioria das danças sagradas eram feitas em homenagem à luz. E o próprio círculo formado pelas pessoas de mãos dadas era preenchido pela luz"[5]. Nas religiões e filosofias hindus existe a idéia básica de que a luz é criadora de mundo por ser considerada a manifestação da Consciência Suprema.

A dança dos Geranos realizada em Delos, geralmente durante a noite, narrava a iniciação de Teseu. Nesta dança, os bailarinos seguravam uma corda representando o fio de Ariadne e dançavam, enrolando a corda para o centro do labirinto e, depois, desenrolando a corda, realizavam, ao mesmo tempo, um traçado em espiral. O desenho do espiral representava tanto a continuidade da vida como o caminho evolutivo humano em direção ao Centro, ao Espírito.

A dança dos Geranos, segundo Gabriele Wosien, influenciou, mais tarde, as danças eclesiásticas do cristianismo primitivo. Cristo foi identificado com Teseu e o Minotauro com Satanás. E, a partir do século XI, labirintos foram desenhados no assoalho de muitas catedrais e igrejas cujo Centro representava a Jerusalém Celestial. "No labirinto da catedral de Auxerre, executava-se anualmente o jogo ou dança da bola, no dia da Páscoa, seguindo um rito de três passos (*tripudium*) com o acompanhamento do canto rítmico da antífona pascoal"[6].

Considerada como um instrumento de transformação da consciência, nas antigas tradições de mistério, a dança sagrada era praticada em muitas cerimônias iniciáticas, como nos mistérios do Antigo Egito. Nesses cultos, a dança ajudava o iniciado a entender os aspectos ocultos do mito, presentes na mitologia do deus Ápis e do deus Osíris.

A DANÇA DE JESUS

Os mistérios cristãos antigos também possuíam danças rituais. Os primeiros padres da Igreja viam a dança como um meio de adoração e de comunicação com os anjos. No início do cristianismo a dança era

5. Renata Carvalho Lima Ramos (org.), *Danças Circulares Sagradas*, São Paulo: Triom, 1998, p. 49.
6. Idem, p. 28

AS DANÇAS SAGRADAS: A COMUNICAÇÃO COM O CENTRO   181

valorizada como um elemento importante do ritual e estava perfeitamente integrada às atividades sagradas. Através da dança o homem se colocava em ressonância e comunicação com Deus.

A dança da qual temos notícias mais detalhada é a Dança de Jesus. Esta dança ficou conhecida depois da descoberta dos textos gnósticos apócrifos (datado de 130-150 da Era Cristã). E aparece descrita no *Atos de João*, que faz parte do conjunto desses textos, onde o apóstolo João descreve Jesus convidando os seus discípulos para formarem uma roda e darem-se as mãos, a fim de se despedirem dele, antes de sua prisão.

E então, antes de Jesus ser levado (...) unindo-nos a todos ele disse:
"Antes de eu ser entregue a eles, cantemos um hino ao Pai e depois saiamos para o que nos espera". Tendo nos mandado colocar em círculo, cada um segurando a mão do outro e ele próprio no meio, ele disse; "Respondam com o Amém!"
E assim ele começou a cantar um Hino e a dizer Glória a Ti, Pai! E nós, girando em volta no círculo, dizíamos "Amém!"[7]

Os discípulos se colocaram em volta do Cristo e ele cantou um cântico de louvor ao Pai. O Cristo no centro da roda falou de seus pensamentos mais profundos em vinte e oito versos:

Quero ser salvo e quero salvar. Amém.
Quero ser desligado e quero desligar. Amém.
Quero ser ferido e quero ferir. Amém.
Quero ser gerado e quero gerar. Amém.
Quero comer e quero ser devorado. Amém.
....
Quero ser pensado, eu que sou todo pensamento. Amém.
Quero ser lavado e quero lavar. Amém.
A única oitava louva conosco. Amém.
O duodenário dança lá em cima. Amém.
....
Quem não dança não sabe o que acontece. Amém.
....
Quero ser unido e quero unir. Amém.
....
Sou uma lâmpada para ti, que estás me vendo. Amém.
Sou um espelho para ti, que me conheces. Amém.
Sou uma porta para ti, que és um peregrino.
Mas quando continuares a minha ronda, contempla a ti mesmo em mim, que estou te falando...

Enquanto dançares, considera o que estou fazendo; vê que esse sofrimento que eu quero sofrer é o teu (sofrimento), pois não compreenderias o que sofres, se meu pai não tivesse me enviado a ti como Palavra (Logos)... Se conhecesses o sofrimento,

---

7. Greenlees Duncan, *The Gospel of the Gnostics*, Adyar. Madras: Theosophical Publishing House, 1978, p. 46.

182 OS SÍMBOLOS DO CENTRO

possuirias a impassibilidade. Conhece, pois, o sofrimento e terás a impassibilidade...
Reconhece em mim a Palavra da Sabedoria[8].

Esta dança consistia de um hino cantado e dançado em glorificação a Deus e ao mesmo tempo era a celebração da Ceia do Senhor. Os
apóstolos formavam um círculo em torno de Jesus e entoavam o hino
de glorificação. Dessa forma, repetindo os atos do Mestre se torna-
vam unidos ao Cristo, no interior do círculo místico.

Jesus disse que o verdadeiro significado do seu sofrimento está
simbolizado na dança, como a união do homem com Deus. A dança
de Jesus era vista como uma forma de oração e um instrumento de
evocação dos espíritos.

A dança de Jesus foi vista pelos gnósticos como um movimento cósmico e transcósmico, do qual toda a criação participa e que é
abençoado pelos representantes da plenitude celestial. O Cristo é o
ponto central em torno do qual os fiéis devem realizar o movimento
de circum-ambulação, o movimento de volta ao Centro, ao Self, que
está dentro de cada um.

Jung comentou essa dança no livro *Símbolo da Transformação na
Missa*. Segundo ele: "a ronda solene tem por objetivo fixar a imagem
do círculo e do Centro na mente e marcar a relação de cada ponto da
periferia com o meio do círculo. Psicologicamente, essa disposição significa um mandala, conseqüentemente um símbolo do Si Mesmo"[9]. No
século IV, a Dança de Jesus foi considerada um ritual de iniciação.

Em muitas sociedades, a preparação para a dança sagrada era
realizada como um momento de oração. Na dança-oração o homem
pode superar o sentimento de fragmentação e de separação, característico da consciência do ego, e voltar a se sentir unido ao Self, consigo mesmo e com os outros.

Segundo o grande bailarino especialista em dança sagrada,
Bernhard Wosien: "O homem vivencia na dança a transfiguração de
sua existência, uma metamorfose transcendente de seu interior, relati-
va ao ser e, também, à elevação ao seu eu divino. A dança como uma
forma de uma imagem sagrada característica e móvel é o próprio sagrado"[10]. Wosien era um grande especialista no assunto e muito contribuiu para a recuperação e divulgação da dança sagrada como uma
técnica de contato com o Self.

Bernhard Wosien encontrou nas formas mais antigas das danças circulares o caminho para a meditação, para o silêncio interior. Esta forma de
meditação, em movimento, tornou-se para ele uma oração sem palavras.

8. C. G. Jung, *O Símbolo da Transformação na Missa*, Petrópolis: Vozes, 1979,
p. 73-74.
9. Idem, p. 76.
10. Bernhard Wosien, *Dança. Um Caminho para a Totalidade*, São Paulo: Triom,
2000, p. 27.

AS DANÇAS SAGRADAS: A COMUNICAÇÃO COM O CENTRO   183

A dança, como toda obra de arte, surge a partir da meditação. A dança em especial tem essencialmente a ver com a meditação, porém só quando o bailarino verdadeiramente participa e é arrebatado pela sua musa. Jamais uma fonte pode se tornar acessível se nós não acreditarmos nela. Este ser arrebatado, porém, é o elemento meditativo. Contrariamente a isto, estão aqueles esforços dedicados essencialmente à apresentação e ao desempenho[11].

Wosien acreditava que o conjunto de ritmo, melodia e compasso ativava as camadas mais profundas da alma e fecundava criativamente o momento. Ele ministrou cursos na comunidade de Findhorn, na Escócia, e em outras partes do mundo.

Dançar em círculo provoca o contato com o Centro e com a Presença que nele habita. O modo mais natural do homem alcançar a harmonia com os poderes cósmicos é a dança.

A DANÇA DOS DERVIXES RODOPIANTES

Segundo os sufis, o objetivo do homem é purificar o coração para que possa alcançar a identidade com Deus e com o Centro. Todos os métodos iniciáticos do sufismo orientam-se no sentido de favorecer a aproximação com a Realidade última, o alcance da consciência dessa realidade. As práticas místicas do sufismo têm a finalidade de levar do individual para o universal, da diversidade para a Unidade. Através desses exercícios é esperado que o homem realize a unidade divina (*tawhid*), que reencontre a sua essência de homem perfeito (*ahsan taqwim*) e a sua identidade com todas as coisas.

Os dervixes rodopiantes são sufis que utilizam a dança para provocar um estado alterado de consciência, para mudar o centro da consciência do ego em direção ao Self, para que aconteça o encontro com Deus. Segundo um ditado sufi: "Aquele que busca Deus é um homem cujo pensamento acerta o passo com o seu pé". Através da dança é esperado que o homem possa ter a experiência da Unidade.

A ordem dos Dervixes-Mevlevi foi fundada por Jalal ud-Din Rumi, considerado um dos maiores poetas místicos do Islã. Através do seu encontro com o dervixe errante Shams ud-Din de Tabriz, ele se torna seu discípulo e é iniciado nos segredos da dança girante. Mais tarde Rumi, inspirado por Shams de Tabriz, desenvolve o *sama*, uma dança extática, adaptada das técnicas de êxtase religioso que Shams utilizava. Segundo o *Alcorão*, *sama* significa audição e é também um dos atributos de Deus (aquele que tudo ouve).

No início da dança os dançarinos realizam, tradicionalmente, a volta da pista por três vezes, acompanhados por uma música lenta. Essas três voltas representam a integração progressiva do homem com Deus, através das três vias: o conhecimento, a visão e a união.

11. Idem, p. 28.

OS SÍMBOLOS DO CENTRO

No final da terceira volta eles tiram o manto negro e, vestidos de branco, giram em torno de si mesmos, e, ao mesmo tempo, em torno de um eixo projetado no centro, imitando os movimentos de rotação e translação dos planetas em torno do sol. Segundo os seus praticantes essa dança é a resposta do fiel ao chamado de Deus.

A dança circular dos dervixes inspira-se num simbolismo cósmico e místico e tem o propósito iniciático de transformação da consciência egóica em consciência de Unidade. Ao dançar eles mostram o movimento rodopiante e axial do universo, que é semelhante ao movimento do homem na sua busca de Deus. Nos rodopios os dervixes evocam a evolução dos astros e provocam o êxtase da alma. Para os dervixes, a dança sempre abre na alma a porta para a consciência divina. Pois é através do êxtase que o homem compreende ou recebe a revelação de que Deus é o único objeto de seu amor e é também a única Realidade que permanece no íntimo de seu coração.

Para o poeta Rumi, da mesma forma que o universo se move na busca amorosa de Deus, os dervixes, na sua dança, buscam Deus na figura do amado mestre. Os dervixes se referem a Deus freqüentemente como o "Amado". Rumi descreve, nos seus poemas, a alegria extática que acontece quando o Um é encontrado.

Em todas as tradições espirituais de Mistério, o desejo profundo de encontrar o Bem-Amado da alma é o tema principal. Nos evangelhos, tanto gnósticos como ortodoxos cristãos, a união com o Bem Amado sempre simbolizou o mistério da transformação do indivíduo. São João da Cruz descreve nos seus poemas a sua paixão pelo Bem Amado. No *Cântico dos Cânticos* há a exaltação do Amor que leva ao êxtase.

Nos mistérios egípcios é reencenada a paixão de Ísis pelo seu amado esposo Osíris. Nos mistérios órficos, Orfeu canta para a sua amada Eurídice. "Este anseio pela união com o Bem-Amado está no âmago da psicologia sagrada, pois é ele que, transcendendo o desejo do amor romântico, o alimento do amor parental e todas as múltiplas e maravilhosas formas de amar humanas, nos chama para a fonte"[12].

Rumi vê no amor a alma do universo e para ele toda a natureza se acha animada pelo amor que é, ao mesmo tempo, a manifestação do mistério divino e a representação de todas as parcelas de átomos. O *sama* é tanto uma forma de meditação como uma forma de êxtase. Por meio dessa técnica, Rumi entrava em transe místico e compunha odes e versos que falavam da ausência-presença de seu mestre Shams ud-Din de Tabriz e do Amor. O seu filho registrou num poema os momentos de êxtase criativos de seu pai.

12. Jean Houston, *A Busca do Ser Amado. A Psicologia do Sagrado*, São Paulo: Cultrix, 1993, p. 120.

AS DANÇAS SAGRADAS: A COMUNICAÇÃO COM O CENTRO

Noite e dia em êxtase ele dançava,
na terra girava como giram os céus.
Rumo às estrelas lançava os seus gritos
E não havia quem os escutasse.
Aos músicos provia ouro e prata,
E tudo mais de seu entregava.
Nem por um instante ficava sem música e sem transe,
Nem por um momento descansava.
Houve protestos, no mundo inteiro ressoava o tumulto.
A todos surpreendia que o grande sacerdote do Islã,
tornado senhor dos dois universos,
vivesse agora delirando como um louco,
dentro e fora de casa.
Por sua causa, da religião e da fé o povo se afastara;
E ele enlouquecido de amor.
Os que antes recitavam a palavra de Deus
Agora cantavam versos e partiam com os músicos[13].

A obra de Rumi, *Divan de Shams de Tabriz*, foi inspirada por seu mestre Shams ud-Din de Tabriz, e é composta de poemas que em sua maioria foram concebidos no estado de transe. Estes poemas foram depois registrados e divulgados por seus discípulos e falam da experiência amorosa e espiritual do mestre. No poeta Rumi, a via do conhecimento do amor e da atitude amorosa se integra à via do conhecimento intelectual. Através de seus poemas Rumi revela a natureza última das coisas terrenas e celestes e a verdade suprema escondida atrás da ciência racional e das paixões humanas. No poema "O Desejo é um Ídolo", Rumi diz:

O amor não vive na ciência ou na instrução,
Não habita papéis ou pergaminhos.
O assunto do vulgo
Não há de ser o caminho dos amantes.
O ramo do amor antecede a eternidade
e suas raízes vão além do eterno
Essa árvore não se apóia nem no céu nem na terra
nem sobre qualquer coluna.
Depusemos a razão
e traçamos um limite à paixão,
pois a majestade do amor não se conforma
a tal razão ou a tal costume.

Enquanto sentires desejo,
sabes que cultuas um ídolo.
Quando se é verdadeiramente amado,
cessa de vez o espaço para as carências deste mundo[14].

13. Jalal ud-Din Rumi, *Poemas Místicos. Divan de Shams de Tabriz*, seleção, tradução e introdução de José Jorge de Carvalho, São Paulo: Attar, 1996, p. 30.
14. Idem, p. 61.

OS SÍMBOLOS DO CENTRO

Os dervixes dançantes consideram a música e a dança como exercícios espirituais onde são expressos os sentimentos de aspiração à união com Deus. Através dos giros, o bailarino busca atingir a iluminação, a experiência mística divina da totalidade, da eliminação da dualidade e a vivência da consciência unificada. Como diz o poeta místico em uma de suas odes composta em estado de transe, chamada "Sama III":

Viemos girando
do nada,
espalhando estrelas como pó.
As estrelas puseram-se em círculo
E nós ao Centro dançamos com elas.

Como a pedra do moinho
em torno de Deus
gira a roda do céu.
Segura um raio dessa roda
E terás a mão decepada.

Girando e girando
essa roda dissolve
todo e qualquer apego.
Não estivesse apaixonada,
Ela mesmo gritaria – basta!
Até quando há de seguir esse giro?

Cada átomo gira desnorteado,
Mendigos circulam entre as mesas,
Cães rondam um pedaço de carne
O amante gira em torno
De seu próprio coração.

Envergonhado diante de tanta beleza,
Giro ao redor de minha vergonha[15].

Esta dança rodopiante também é chamada de Mukabele, que significa "face a face", em que o bailarino, dançando e girando, elimina a falsa visão de si mesmo e se vê como realmente é, na sua essência, na sua alma. Esta técnica permite ao praticante enfrentar o silêncio, o vazio que se situa para além do mundo da dualidade e onde é possível o encontro com a realidade última.

Segundo Bernhard Wosien:

O Mukabele é celebrado, tradicionalmente, toda a sexta-feira, o dia sagrado dos dervixes. É também o dia de Vênus-Afrodite, deusa do amor. Seu símbolo, a estrela de cinco pontas, é aqui o símbolo do homem como imagem divina dela. O tempo de rotação dos dervixes, como estrela de cinco pontas, num movimento em espiral, é anti-horário, não se refere ao tempo terrestre, limitado, mas sim ao tempo eterno de Deus.

15. Idem, p. 149.

AS DANÇAS SAGRADAS: A COMUNICAÇÃO COM O CENTRO 187

Cada peça de roupa tem também um significado: a capa preta é a sepultura, o vestido de dança branco é o sudário, o chapéu preto é a lápide sepulcral[16].

A DANÇA SAGRADA DOS HEXAGRAMAS

O psiquismo do povo chinês foi profundamente marcado pelas concepções do taoísmo e do confucionismo. O taoísmo concebe a visão da integração dos opostos como o caminho que leva à harmonia, ao Centro e serve de roteiro para a prática da vida espiritual. Nesta concepção o homem alcança a harmonia quando consegue integrar, em si mesmo, os opostos *Yin* e *Yang*.

Para o taoísmo, o homem é o mediador entre o céu e a terra, ele ocupa a posição central e, por isso, ele é capaz de conciliar essas polaridades. Assim, é o alcance e a manutenção do equilíbrio entre o *Yin* e o *Yang* que confere a saúde física, mental e espiritual.

No *I Ching* é encontrado o entendimento da unidade e da organização do mundo através das polaridades *Yin* e *Yang*, em suas variadas e múltiplas formas. Os trigramas são figuras compostas de três traços cada uma e que podem ser contínuos ou descontínuos, representando o *Tao*, o princípio universal ordenador do cosmo. As linhas contínuas representam o *Yang*, o masculino, o sol, o calor, a atividade, e as linhas descontínuas o *Yin*, o feminino, o frio, a lua, a passividade. Os trigramas são em número de oito e se combinam de dois em dois, formando os 64 hexagramas.

A dança na China, portanto, estava ligada à energia e ao ritmo dos números, pois são estes que permitem organizar o mundo. A dança nesta tradição cultural era vista como um meio de harmonizar o céu e a terra, as polaridades *Yin* e *Yang*, o regresso à plenitude do Ser. A dança do Yu, o Grande era o meio que punha término ao transbordamento das águas, a superabundância do *Yin*.

Quando o homem dança reunindo em si mesmo os opostos, ele pode ter a experiência de estar ligado ao seu semelhante de uma forma transcendente e isto corresponde a uma revelação e ao aprofundamento da percepção sobre si mesmo, sobre o outro e sobre a unidade significativa da vida.

Dançar os hexagramas é uma forma de integrar os opostos e rejeitar a dualidade do temporal para reencontrar a Unidade. Dançar os hexagramas é viver os ciclos eternos e se religar ao Centro, ao princípio primeiro, à sua totalidade e à energia de suas polaridades essenciais constituídas pelo masculino e feminino, pelo *Yin* e pelo *Yang*. Vivenciar os hexagramas através da dança é experimentar o fluxo da vida e entrar em contato com os quatro elementos formadores da criação, é vivenciar a essência do *Tao*.

16. Citado por J. Houston, op. cit., p. 121.

OS SÍMBOLOS DO CENTRO

Ch'ien. É o céu, o sol, o masculino, o criativo.
Kun. É a terra, o feminino, a lua, o receptivo.
K'an. O abismal, a água.
K'en. A quietude, a pausa, a montanha.
Ch'en. A ruptura, o trovão.
Sun. A suavidade, o vento.
Li. A lealdade, o fogo.
Tui. A alegria, o lago.

O confucionismo, de acordo com a sua percepção filosófica e espiritual da vida, vê, na doutrina do Caminho do Meio, a forma através da qual o homem pode levar uma vida harmoniosa e íntegra, alcançando, assim, o Centro.

O Tai Chi Chuan é uma prática corporal de movimentos inspirada na filosofia confuncionista, que levou à estruturação de uma espécie de dança com movimentos circulares. Nessa prática, os indivíduos se põem em contato com a energia universal e, dessa maneira, permitem que esta energia flua através de si. E, por meio desses gestos, favorecem a liberação e a propagação das vibrações dessa energia para o universo.

Pela sua qualidade intrínseca de movimento integrador dos opostos, a dança sempre propicia a conexão do transcendente com o imanente. Ela também realiza a união e a relação entre as pessoas, revelando, sutilmente, a interligação e interdependência dos indivíduos unidos na corrente do grande fluxo universal e a realidade de fazer parte de uma Totalidade maior, da Consciência Una.

As tradições místicas de todos os povos sempre conceberam a dança e a música como um meio através do qual o homem pode se religar aos deuses, a partir do contato com seu próprio Centro interno divino. O objetivo de toda dança sagrada é criar as condições para o encontro com a Totalidade que tanto está dentro quanto fora. Desse modo, as danças fazem parte integrante dos processos de iniciação e estão presentes nos mais diversos rituais.

15. O Centro Energético no Corpo Humano

Na maior parte das tradições espirituais o coração é considerado o Centro do Ser, o lugar onde habita o Ser divino. Para os chineses e japoneses, além desse Centro universal, existe ainda, no corpo humano, um Centro energético situado no ventre ligado ao poder pessoal, às intenções e à vontade, chamado de *Dan-Tien* ou *Tan-Tien*.

E, como o corpo é, na cosmovisão oriental, mais do que um sistema físico, o *Dan-Tien* é considerado algo muito além do sistema fisiológico e biológico, é um núcleo tanto físico como psíquico e espiritual e concebido como o Centro da unidade original do Ser representado no corpo físico.

Antigos textos chineses taoístas falam desse Centro como um local muito especial, o lugar da gravidade do corpo, o espaço onde se situa a fonte da vitalidade e da sabedoria inconsciente, da ligação com o Self. "Ensinamentos taoístas que remontam a quatro ou cinco mil anos ensinam, detalhadamente, como entrar em contato com esse Centro de vitalidade e alegria e como usá-lo para estabelecer contato com a energia cósmica *Chi*"[1]. De acordo com esses textos, o *Dan-Tien* é um ponto fundamental, pois é através dele que os impulsos divinos do cosmo são recebidos e podem ser retransmitidos, sendo, por isso, considerado um local de recepção e de irradiação de bem-estar e harmonia.

1. Christopher Markert, *Dan-Tien. O seu Centro de Energia*, São Paulo: Pensamento, 2002, p. 21.

OS SÍMBOLOS DO CENTRO

Os antigos mestres taoístas afirmavam que quando se aprende a estabelecer o contato com o *Dan-Tien* é possível enraizar a essência espiritual nesse Centro original e se fortalecer psíquica e fisicamente, permanecendo, assim, protegido e seguro de todos os perigos e doenças. "Diz-se que as pessoas que têm a energia *Chi* centrada no ponto fundamental estão protegidas contra todo tipo de perigo. O *Dan-Tien* pode acabar com tensões, dores e outras influências hostis ou queimá-las"[2].

Dessa forma, os mestres taoístas recomendavam aos seus discípulos que procurassem descobrir a localização exata do *Dan-Tien* e estabelecer a sintonia com ele e, por seu intermédio, buscar a ligação com o *Chi*. Segundo antigos textos taoístas, o *Dan-Tien* está localizado logo abaixo do umbigo, e fica mais ou menos 2,5 centímetros para dentro do corpo. Em algumas pessoas, principalmente nas mulheres, ele pode também estar localizado logo acima do útero, o espaço da gestação de uma nova vida, e nos homens, na região púbica, o lugar de vitalidade, fertilidade e criatividade.

A força vital *Chi* é formada pelas polaridades *Yang* e *Yin*, o masculino e o feminino, que estão em harmonia nesse Centro, assim, o *Chi* é capaz de dissolver todo tipo de tensão, dores, doenças e outras influências emocionais negativas. A perda do contato com o *Chi*, por outro lado, provoca a alienação, dispersão, tristeza e adoecimento físico.

A energia *Chi* existe no corpo do feto até antes do nascimento. É essa força que o mantém em crescimento, em perfeito equilíbrio e saúde. Depois do nascimento, com o passar do tempo, essa energia, também chamada de *Chi* pré-natal, diminui e não circula mais pelo organismo através dos meridianos, de tal modo que os meridianos ficam bloqueados, causando transtornos físicos e psíquicos.

Ao nascer o indivíduo está em um estado de equilíbrio e de harmonia mas perde esse estado à medida que chega à idade adulta. Esse nível energético precisa ser restaurado para que a harmonia interior volte ao organismo. O principal objetivo da prática da Ioga Taoísta, ou Alquimia Interior do Tao, é a recuperação no corpo do *Chi* pré-natal, para que ele retorne a circular livremente pelos meridianos e, dessa forma, o indivíduo possa recuperar a saúde, a vitalidade, a alegria e a felicidade.

A perda da energia *Chi* leva a todo tipo de desequilíbrio, de desarmonia tanto física quanto psíquica. Mas esse estado pode ser corrigido, pois o *Chi,* é inesgotável, portanto, o seu fluxo pode ser estimulado e dirigido mentalmente. Os mestres taoístas ensinavam a seus discípulos como estimular, como usar e como orientar o Chi para os principais canais de energia. Através do treino e da prática constante, os discípulos aprendiam a usufruir da energia vital e da

2. Idem, p. 22.

O CENTRO ENERGÉTICO NO CORPO HUMANO   191

alegria emanada desse Centro, além de conservá-la adequadamente para manter a conexão com a energia cósmica, com o *Chi*.

Inicialmente o discípulo aprendia a técnica do Sorriso Interior, considerada extremamente benéfica para a saúde do organismo e vista como uma parte essencial do treinamento. O aluno devia aprender como focalizar a energia *Chi* no *Dan-Tien* e então criar, a partir desse ponto, a sensação de um sorriso interior de felicidade. Em seguida devia-se transmitir essa sensação para todas as partes do corpo, desde a periferia da pele, músculos, órgãos até as células. A prática constante dessa técnica promovia o bem-estar físico e psíquico e a longevidade para o corpo.

No entanto, apesar do bem-estar físico ser um aspecto importante para o taoísmo, os mestres taoístas não estavam interessados somente na conquista de um corpo saudável, pois acreditavam que as suas técnicas tinham um alcance muito mais amplo, tanto a nível psicológico quanto espiritual. Dessa forma, o segundo objetivo da Ioga do Tao era ensinar o discípulo a lidar com, equilibrar e harmonizar as emoções, não permitindo que as emoções do ego, geralmente desestruturantes, invadissem e dominassem a personalidade. De acordo com os ensinamentos taoístas, qualquer distúrbio no campo emocional traz uma alteração correspondente no campo físico, desde que a psique e o corpo eram vistos como funcionando como uma unidade.

Os mestres taoístas também acreditavam que uma vida que não fosse regida por valores éticos tornava impossível o alcance da harmonia. Não é possível se estar bem, em paz consigo mesmo, se a conduta do indivíduo não está baseada em valores espirituais perenes. A filosofia taoísta possuía um código de valores humanos que pregava a ética e a harmonia em todas as dimensões da vida. Assim, o discípulo que adotava as práticas taoístas estava profundamente imbuído e identificado com os fundamentos filosóficos e com os seus valores.

A Ioga do Tao possuía ainda um terceiro objetivo: a busca do alcance de níveis de consciência espiritual elevada. Nos estágios mais avançados, as práticas da Ioga Taoísta correspondiam a uma iniciação, pois tinham como finalidade principal o desenvolvimento do autoconhecimento, a percepção da essência individual e própria de cada um, e, finalmente, o alcance da consciência unificada, que eles chamavam de fusão com o *Wu Chi*. Nesse processo, o discípulo era instruído a criar internamente a Criança Imortal, que corresponde à alma.

A princípio, a Criança era imaginada mentalmente e, com o treino, ela passava a ser percebida como uma realidade interna vívida. A partir daí ela era cuidada e alimentada amorosamente. Em seguida, ela era transferida para o corpo anímico e, como que ancorada na personalidade, passava a reger a consciência do indivíduo. A Criança Imortal corresponde, aproximadamente, ao conceito ocidental de alma, a natureza essencial de cada um. Desta maneira, o indivíduo deveria, a partir de então, guiar-se pela alma e não mais pelo ego. Finalmente a Criança Imortal era transferida para o corpo espiritual, onde havia a unificação com o Self, com o *Wu Chi*, realizando o alcance da iluminação, da consciência unificada, onde a alma obedece e se curva inteiramente aos desígnios do Self, do *Wu Chi*.

Segundo o entendimento desses antigos mestres, a pessoa que está centrada no *Dan-Tien* é regida pelo *Wu Chi*, não pelo ego. O *Dan-Tien* é o local de ancoramento da alma, do desejo e da vontade mais profunda, do respeito àquilo que se é na essência e na natureza própria. A consciência ancorada no *Dan-Tien* é a consciência da alma e do Self, que é mais ampla do que a consciência egóica e, por isso, é fonte de bem estar, de harmonia, de prazer e de alegria.

Quando o homem se aliena desse Centro, ele perde a conexão com a sua alma, com as suas necessidades mais íntimas, sente-se vazio e vê a sua vida desprovida de significado. Dessa forma, volta-se para o exterior buscando preencher o vazio interno e encontrar algum significado, através de atividades intensas, da vivência intensa de emoções que lhe dão a impressão de estar vivo, ou através do consumo excessivo de bens materiais.

Por outro lado, o indivíduo que está consciente do quanto a sua vida está privada da alegria, da beleza e da criatividade e se volta para buscar no seu interior o preenchimento de suas necessidades anímicas, tem a chance de restabelecer a conexão com a alma e com o Self, fonte da verdadeira alegria, do prazer e da plenitude. E, naturalmente, a consciência do ego e os seus valores correspondentes, perdem a importância e a predominância na vida da pessoa.

Dessa maneira, quando é alcançado um nível de reconexão e de consciência de união com a fonte interna de força e de alegria, o indivíduo alimenta a sua alma e se torna uma pessoa naturalmente amorosa, receptiva, aceitando a vida integralmente, com as suas diferenças e singularidades em relação a si mesmo e aos outros.

O *HARA* NA TRADIÇÃO JAPONESA

O *Dan-Tien* é chamado pelos japoneses de *Hara*, e significa abdômen, o lugar no corpo humano onde se encontra a manifestação do Centro transcendente, o espaço de origem divina. A palavra abdômen, no Japão, tem um sentido muito mais amplo do que nas línguas ocidentais; é um lugar associado à plenitude e à satisfação, onde está oculta a grande natureza. O *Hara* é a representação física do Centro espiritual primordial, origem de todas as coisas.

Na antiga tradição espiritual do Japão, no *Hara* está a fonte da saúde, da alegria e da harmonia, aí se encontra a unidade do ser, o local onde o corpo está unido à alma e ao Espírito. O *Hara* significa, ao mesmo tempo, o Centro espiritual e, mais corretamente, o sentido da

O CENTRO ENERGÉTICO NO CORPO HUMANO 193

natureza e da finalidade espiritual da vida. A prática do contato com o *Hara* tem como meta principal desenvolver a consciência da unidade transcendente no corpo e transformar essa consciência em presença interior. "O *Hara* é a síntese da ligação original do homem com as forças da Vida Maior nele personificadas"[3]. No *Hara* se unem os caminhos da vida histórica do indivíduo com a finalidade espiritual da existência.

Atuando como um centro de gravidade, o *Hara* é o lugar de união do Céu com a terra. É o ponto de ancoramento da energia proveniente do Centro espiritual através do qual o homem que aspira a ser completo realiza a sua qualidade essencial, aquilo que ele é, na sua natureza mais profunda. E por meio da atualização das suas qualidades no mundo, do seu potencial a serviço do outro, o indivíduo cumpre o desejo do Espírito, encontra o Centro e se torna um homem completo.

No *Hara* estão contidas todas as possibilidades que o homem precisa para realizar a união dos opostos, do corpo com a alma, do *Yin* e do *Yang*. O *Hara* é visto pelos japoneses como um presente espiritual que o homem recebeu, que atesta a sua origem divina e através do qual recebe a força e o impulso para trilhar o caminho da unificação, da totalidade. Assim, a conquista desse Centro físico e espiritual é, para os japoneses, a porta para a realização do homem pleno, que encontra a liberdade para ser.

Somente é considerado pleno e livre aquele que pauta a sua vida com fidelidade e firmeza na realização e concretização da sua alma e do Eu superior, consumando, desse modo, a iluminação. O homem que está consciente e em contato com o seu *Hara* se empenha no processo de unificação dos opostos, adquire a qualidade especial da qual é feito, corporifica a sua essência espiritual, adquire a sabedoria e se torna completo, cumprindo o verdadeiro e único propósito da vida; o serviço ao Self.

Para os japoneses, o propósito maior da vida é o espiritual e ele está codificado não só no *Hara* como também nos objetivos e metas da vida histórica profana, que devem estar em consonância e harmonia com a dimensão espiritual. É exatamente no *Hara* onde estão guardadas e conservadas as mais profundas e firmes intenções, as convicções e o potencial humano para a realização da vocação da alma, atualizando-se no percurso histórico, que é espiritual.

A conquista do *Hara* e do poder que ele contém se dá a partir da disciplina e da prática psicoespiritual, da responsabilidade, empenho e comprometimento com o próprio desenvolvimento pessoal. Assim, o indivíduo conquista o Centro do seu Ser e, quando isso acontece, ele se centra novamente, recuperando o sentido da totalidade, a consciência da unidade com todas as coisas, e então se liberta das demandas do mundo profano.

---

3. Karlfried Graf Dürckheim, *Hara. O Centro Vital do Homem*, São Paulo: Pensamento, 1991, p. 42.

OS SÍMBOLOS DO CENTRO

Somente pode servir ao sentido espiritual da vida o indivíduo que conquistou e está centrado no *Hara* e, dessa forma, não se deixa guiar pelo ego, pelos seus valores e pelas suas questões, pois está livre dos medos e das defesas que o mantêm preso à persona e ao ego. Fiel a sua alma caminha livremente em direção à auto-realização, colocando a sua individualidade a serviço do Espírito, para que o Ser se revele no seu cotidiano. Dessa maneira, o homem se torna completo e cumpre a verdadeira finalidade da vida.

O homem que está em contato com o seu Centro, com o seu *Hara*, é tranqüilo, profundo, generoso e bondoso, e tem uma atitude delicada para com o seu semelhante em todos os momentos de sua vida. È um homem fiel a sua natureza e comprometido com a realização do seu potencial no mundo, pois está aberto para tudo aquilo que promove o seu desenvolvimento pessoal e a sua realização a serviço do Self.

Por outro lado, o homem que se afasta do seu Centro, do seu *Hara*, se desequilibra, desvia-se facilmente do caminho interior de realização da alma, se deixa guiar pelo ego e ser seduzido pelas ofertas mundanas e superficiais. A ausência da ligação com o *Hara* cria a ilusão de que são as coisas exteriores que preencherão o vazio interior e a falta de significado da vida.

O conceito japonês do homem centrado no *Hara* corresponde ao conceito grego apolíneo do *métron*, a medida justa, isto é, a medida do potencial e das qualidades de cada um, que o diferencia dos outros. Aquele que através do processo de autoconhecimento se diferencia, sabe a sua medida, o seu potencial humano e divino, vive de acordo com aquilo que ele é, de acordo com a sua possibilidade de realização, nem acima nem abaixo dessa medida, concretiza no mundo a virtualidade de sua alma, a serviço do Self.

O homem que encontrou o seu *Hara* encontrou a sua forma, a sua essência, é um homem tranqüilo, equilibrado, por isso não perde o foco, nem se desvia facilmente do seu caminho, do seu propósito pessoal e se deixa orientar pelo seu Centro verdadeiro.

O *HARA* NA TERAPIA INICIÁTICA
DE KARLFRIED DÜRCKHEIM

Karlfried Dürckheim, psicólogo e filósofo alemão, desenvolveu uma linha de reflexão e de trabalho que chamou de Terapia Iniciática. O seu conceito sobre o ser humano transcende a velha dicotomia e conflito entre o corpo e alma. Segundo Dürckheim, o homem é um ser destinado a manifestar o divino na sua experiência material, mas, geralmente, está inconsciente desse propósito. Porém ele pode e deve ser ajudado a cumprir o seu destino. Esse é o papel do terapeuta e o propósito da Terapia Iniciática.

O CENTRO ENERGÉTICO NO CORPO HUMANO

Voltado, portanto, para a tarefa de auxiliar o homem a se encontrar, a se reunificar, a despertar a sua essência divina, Dürckheim descobriu, na sua vivência espiritual no Japão, os elementos que o ajudaram a conceituar e a elaborar um caminho que chamou de Terapia Iniciática, construindo uma síntese criativa entre as terapias do Oriente e do Ocidente.

Dürckheim vislumbrou, no conceito de *Hara,* profundamente enraizado na psique e na cultura japonesa, um instrumento importante para o trabalho de reencontro consigo mesmo. O *Hara* é a representação, a síntese da ligação original do homem com o Centro, com a força da Vida Maior nele personificada, constituindo a unidade do homem consigo mesmo e com o divino. O *Hara* corresponde ao Centro sagrado no corpo, é onde se localiza a essência mais profunda do Ser, o local de encontro da alma com a força superior, o Self.

Segundo Dürckheim, no processo de desenvolvimento da consciência egóica, da formação da individualidade primária, o homem se afasta, progressivamente, da sua origem divina, do seu Centro, da Unidade original da vida, desenvolvendo uma tendência exagerada para a percepção do mundo externo e objetivo. Dessa forma, perde a ligação com a alma, com o Self e com as forças naturais e a sua ordem, deixando-se guiar cada vez mais pelas forças exteriores, pela consciência do ego e seus valores.

No entanto, o indivíduo mantém, de alguma forma, no seu inconsciente, a ligação com o Centro, o que constitui a possibilidade de retorno, de reconexão com a fonte original. Em algumas pessoas, a ligação com o *Hara* é tão forte que nunca a perdem totalmente, apesar de estarem inconscientes dessa ligação. Portanto, sempre existe a possibilidade da consciência do ego não exercer a predominância absoluta na relação com o mundo e, assim, o indivíduo pode se abrir para uma dimensão mais ampla de compreensão, realização e desenvolvimento.

O homem vive na dimensão espaço-temporal, e não pode se alienar dessa condição, mas deve fazer a mediação entre as demandas egóicas e as demandas da alma e do Self. Como ser espiritual, o homem busca sempre mais do que a sua estabilidade e segurança no mundo material; ele não deseja apenas sobreviver, mas viver com sentido. No seu íntimo, não esqueceu que está destinado a manifestar a sua natureza divina no mundo, a realizar os desejos do céu na terra. Esse é o grande desafio humano, conciliar as duas dimensões do seu ser, a material e a espiritual, sem conflito, de forma harmoniosa.

Ao longo de sua experiência como terapeuta, Karlfried Dürckheim percebeu que as pessoas podiam alcançar um sentido da vida mais profundo, pela compreensão de que a consciência do ego é limitante, pois está focalizada na busca de segurança e de imagens artificiais que encobrem o verdadeiro Ser.

196   OS SÍMBOLOS DO CENTRO

A possibilidade de uma vida a partir da essência a serviço do Ser nele presente
é o sentido mais profundo do *Hara*. O homem torna-se realmente capaz – através do
Hara – de manifestar confiantemente o verdadeiro sentido da vida, de manifestar o Ser
na existência, pois à medida que o homem conquista o seu ponto de gravidade no *Hara*,
fica livre do domínio do ego, cuja exigência por segurança, posses, notoriedade e poder,
coloca em segundo plano a exigência do Ser[4].

A finalidade do *Hara* para o homem é encontrar o verdadeiro e
mais profundo sentido da vida, o estar a serviço do Self, de sua realização, apesar de sua inserção temporal no mundo.

O sentido mais profundo do *Hara* é possibilitar a vida a partir da natureza, a
serviço do Ser que nela se encontra presente. Somente pelo *Hara* o homem passa a ser
verdadeiramente capaz de manifestar o verdadeiro sentido da vida, de realizar o Ser na
existência, de inspirar mais confiança, pois só na medida em que o homem atinge o seu
Centro no *Hara* é que ele se liberta do domínio do eu, cujas exigências de segurança,
posse, valor e poder colocam na penumbra as exigências do Ser. É o sentir-se um com
o Ser Supra-mundano, é a transformação do homem em seu verdadeiro eu, que o faz
ser testemunha do Ser. É esse o sentido do caminho interior[5].

Aquele que não se deixa desviar facilmente do seu Centro é o homem com *Hara*, pois mesmo que a vida o obrigue a se afastar desse
Centro, retorna a ele, automaticamente.

O homem que tem *Hara* é aquele que se guia pelo Self e não
pelo ego, assim tem a possibilidade de se abrir para a vida e para a
revelação do Ser. Segundo Dürckheim: "A autoconsciência ancorada
no *Hara* é a consciência de um Si-mesmo que é mais do que um mero
ego e que, por um lado, não é necessariamente tocado se o ego for
agredido ou ferido e que, por outro lado, é mais abrangente e capaz
do que o pequeno ego do homem"[6].

O Centro de força e de gravidade interior que constitui o *Hara*
dota o homem da capacidade de resistir aos instintos primitivos e ao
domínio e desejo de supremacia do ego sobre o Self e as expectativas
do outro. O Hara capacita o indivíduo a viver no mundo, sem resistir
a sua relação com o outro, sem se isolar e sem se perder ou se desviar
dos desejos da alma e do Self. O homem necessita de um ego que o
instrumentalize a lidar com o mundo, e isso faz parte da condição humana, mas não deve permitir que ele impeça a revelação da essência
espiritual, do caminho da alma, fazendo com que o indivíduo perca a
transparência para o Ser.

O contato com o *Hara* devolve ao homem a unidade consigo
mesmo, onde ele não nega nem o corpo, nem os instintos, nem o ego,
nem a alma, mas torna-se capaz de viver sem conflito, de um modo
harmonioso, unificando todas as dimensões do seu ser, colocando um

4. Idem, p. 91.
5. Idem, p. 99.
6. Idem, p. 47.

O CENTRO ENERGÉTICO NO CORPO HUMANO

sentido interior naquilo que vive. Então, todas as experiências adquirem um novo significado, que anula e transcende o significado anterior dado pelo ego e a vida ganha interioridade e transcendência.

Para realizar a união das polaridades da terra com o céu, do profano com o divino, o homem precisa estar bem centrado no seu *Hara*, no seu Centro interno verdadeiro, dessa forma pode viver a sua totalidade e complexidade humanas. Onde existe predominância de uma polaridade, existe o desequilíbrio, existe a ausência de um Centro. A ausência do Centro sempre significa a perda do estado de totalidade, a desproporção entre a terra e o céu, entre o *Yin* e o *Yang*, entre o masculino e o feminino.

Segundo Dürckheim, o contato com o *Hara* confere ao homem uma força particular para a vida no mundo e, ao mesmo tempo, essa força é testemunha de que o homem conquistou o contato com as forças sobrenaturais da sua natureza. À medida que o homem conquista o seu ponto de gravidade, fica livre do domínio do ego, cujo desejo por segurança, posses, poder, notoriedade, coloca em segundo plano a exigência do Ser[7].

A finalidade de estabelecer o contato com o *Hara* é desenvolver a consciência da unidade transcendente da vida original para o Centro do Ser, onde o indivíduo se liberta das demandas do ego e assume os propósitos da sua alma. E assim se sente mais livre, mas, ao mesmo tempo, comprometido com uma nova maneira de ser, com a vida, com uma nova consciência, a consciência da sua alma que faz parte do Ser essencial, do Self.

Dessa forma, o indivíduo se abre para o contato com as forças da profundeza do Ser que sustenta, organiza e que o faz participante do Ser ao qual ele pertence. "O sentimento de unidade com o Ser e essência sobrenatural e a transformação do homem no seu verdadeiro Si-mesmo que o faz testemunha do Ser é o sentido do caminho interior"[8].

O caminho para dentro, para o Centro, para a reunificação, onde o homem pode encontrar a sua verdadeira essência que transcende a dimensão espaço-temporal, é o caminho da transformação da consciência egóica em consciência da alma que está a serviço do Self.

Quando a consciência do Ser surge no homem, o sentido de sua vida se transforma radicalmente, toda a vida resplandece com um brilho particular. Então, o homem adquire uma nova força para enfrentar a existência. Ele percebe o sentido mais profundo e estabelece uma nova forma de contato consigo mesmo e com o mundo. Ele ama de outra maneira. E a vida está a serviço de um novo compromisso e de uma nova profundidade[9].

7. Idem, p. 91.
8. Idem, ibidem.
9. Idem, ibidem.